ŒUVRES

DE

GEORGE SAND

ŒUVRES

DE

GEORGE SAND

NOUVELLE ÉDITION

FORMAT GRAND IN-18

OUVRAGES PARUS OU A PARAITRE :

ANDRÉ.	Un volume.
ELLE ET LUI	Un volume.
LA FAMILLE DE GERMANDRE.	Un volume.
INDIANA.	Un volume.
JEAN DE LA ROCHE	Un volume.
LES MAITRES MOSAÏSTES.	Un volume.
LES MAITRES SONNEURS.	Un volume.
LA MARE AU DIABLE.	Un volume.
LE MARQUIS DE VILLEMER	Un volume.
MAUPRAT	Un volume.
MONT-REVÊCHE.	Un volume.
NOUVELLES.	Un volume.
TAMARIS	Un volume.
VALENTINE.	Un volume.
VALVÈDRE.	Un volume.
LA VILLE NOIRE.	Un volume.
ETC., ETC.	

CLICHY. — Imprimerie de MAURICE LOIGNON et Cie, rue du Bac d'Asnières, 12.

VALVÈDRE

PAR

GEORGE SAND

NOUVELLE ÉDITION

PARIS
MICHEL LÉVY FRÈRES, LIBRAIRES ÉDITEURS
RUE VIVIENNE, 2 BIS, ET BOULEVARD DES ITALIENS, 15
À LA LIBRAIRIE NOUVELLE
—
1863

Tous droits réservés

A MON FILS

Ce récit est parti d'une idée que nous avons savourée en commun, que nous avons, pour ainsi dire, bue à la même source : l'étude de la nature. Tu l'as formulée le premier dans un travail de science qui va paraître. Je la formule à mon tour et à ma manière dans un roman. Cette idée, vieille comme le monde en apparence, est pourtant une conquête assez nouvelle des temps où nous vivons. Pendant de longs siècles, l'homme s'est pris pour le centre et le but de l'univers. Une notion plus juste et plus vaste nous est enseignée aujourd'hui. Plusieurs la professent avec éclat. Adeptes fervents, nous y apporterons aussi notre grain de sable, car elle a besoin de passer dans beaucoup d'esprits pour faire peu à peu à tous le bien qu'elle recèle. Elle peut se résumer en trois mots que ton livre explique et que le mien tentera de prouver : *sortir de soi.* — Il est doux d'en sortir ensemble, et cela nous est arrivé souvent.

Tamaris, 1er mars 1861.

VALVÈDRE

I

Des motifs faciles à apprécier m'obligeant à déguiser tous les noms propres qui figureront dans ce récit, le lecteur voudra bien n'exiger de moi aucune précision géographique. Il y a plusieurs manières de raconter une histoire. Celle qui consiste à vous faire parcourir une contrée attentivement explorée et fidèlement décrite est, sous un rapport, la meilleure : c'est un des côtés par lesquels le roman, cette chose si longtemps réputée frivole, peut devenir une lecture utile, et mon avis est que, quand on nomme une localité réellement existante, on ne saurait la peindre trop consciencieusement; mais l'autre manière, qui, sans être de pure fantaisie, s'abstient de préciser un itinéraire et de nommer le vrai lieu des scènes principales, est parfois préférable pour communiquer certaines impressions reçues. La première sert assez bien le développement graduel des sentiments qui peuvent s'analyser; la seconde laisse à l'élan et au décousu des vives passions un chemin plus large.

D'ailleurs, je ne serais pas libre de choisir entre ces deux méthodes, car c'est l'histoire d'une passion subie, bien plus qu'expliquée, que je me propose de retracer ici. Cette passion souleva en moi tant de troubles, qu'elle m'apparaît encore à travers certains voiles. Il y a de cela vingt ans. Je la portai en divers lieux, qui m'apparurent splendides ou misérables selon l'état de mon âme. Il y eut même des jours, des semaines peut-être, où je vécus sans bien savoir où j'étais. Je me garderai donc de reconstruire, par de froides recherches ou par de laborieux efforts de mémoire, les détails d'un passé où tout fut confusion et fièvre en moi comme autour de moi, et il ne sera peut-être pas mauvais de laisser à mon récit un peu de ce désordre et de ces incomplètes notions qui furent ma vie durant ces jours terribles.

J'avais vingt-trois ans quand mon père, professeur de littérature et de philosophie à Bruxelles, m'autorisa à passer un an sur les chemins; en cela, il cédait à mon désir autant qu'à une considération sérieuse. Je me destinais aux lettres, et j'avais ce rare bonheur que ma vocation inspirât de la confiance à ma famille. Je sentais le besoin de voir et de comprendre la vie générale. Mon père reconnut que notre paisible milieu et notre vie patriarcale constituaient un horizon bien court. Il eut la foi. Il mit la bride sur le cou du cheval impatient. Ma mère pleura; mais elle me cacha ses larmes, et je partis : hélas! pour quels écueils de la vie morale!

J'avais été élevé en partie à Bruxelles, en partie à Paris, sous les yeux d'un frère de mon père, Antonin Valigny, chimiste distingué, mort jeune encore, lorsque je finissais mes classes au collége Saint-Louis. Je n'éprouvais aucune curiosité pour les modernes foyers de civilisation, j'avais soif de poésie et de pittoresque. Je voulais voir, en Suisse d'abord, les grands monuments de la nature; en Italie ensuite, les grands monuments de l'art.

Ma première et presque ma seule visite à Genève fut pour un ami de mon père dont le fils avait été, à Paris, mon compagnon d'études et mon ami de cœur; mais les adolescents s'écrivent peu. Henri Obernay fut le premier à négliger notre correspondance. Je suivis le mauvais exemple. Lorsque je le cherchai dans sa patrie, il y avait déjà des années que nous ne nous écrivions plus. Il est donc probable que je ne l'eusse pas beaucoup cherché, si mon père, en me disant adieu, ne m'eût pas recommandé avec une grande insistance de renouer mes relations avec lui. M. Obernay père, professeur ès sciences à Genève, était un homme d'un vrai mérite. Son fils avait annoncé devoir tenir de lui. Sa famille était chère à la mienne. Enfin ma mère désirait savoir si la petite Adélaïde était toujours aimable et jolie. Je devinai quelque projet ou du moins quelque souhait d'alliance, et, bien que je ne fusse nullement disposé à commencer par la fin le roman de ma jeunesse, la curiosité aidant un peu le devoir, je me présentai chez le professeur ès sciences.

Je n'y trouvai pas Henri; mais ses parents m'accueillirent presque comme si j'eusse été son frère. Ils me retinrent à dîner et me forcèrent de loger chez eux. C'était dans cette partie de Genève appelée la vieille ville, qui avait encore à cette époque tant de physionomie. Séparée par le Rhône et de la cité catholique, et du monde nouveau, et des caravansérails de touristes, la ville de Calvin étageait sur la colline ses demeures austères et ses étroits jardins, ombragés de grands murs et de charmilles taillées. Là, point de bruit, pas de curieux, pas d'oisifs, et, partant, rien de cette agitation qui caractérise la vie industrielle moderne. Le silence de l'étude, le recueillement de la piété ou des travaux de patience et de précision, un *chez soi* hospitalier, mais qui ne paraissait se soumettre à aucun abus, un bien-être méditatif et fier, tel était, en général, le caractère des habitations aisées.

Celle des Obernay était un type adouci et quelque peu modernisé de cette vie respectable et grave. Les chefs de la famille, aussi bien que leurs enfants et leur intime entourage, protestaient contre l'excès des rigidités extérieures. Trop savant pour être fanatique, le professeur suivait le culte et la coutume de ses pères; mais son intelligence cultivée avait fait une large trouée dans le monde du goût et du progrès. Sa femme, plus ménagère que docte, avait néanmoins pour la science le même respect que pour la religion. Il suffisait que M. Obernay fût adonné à certaines études pour qu'elle regardât ces occupations comme les plus importantes et les plus utiles qui pussent remplir la vie d'un homme de bien, et, quand cet époux vénéré demandait un peu de sans-gêne et d'abandon autour de lui pour se reposer de ses travaux, elle s'ingéniait naïvement à lui complaire, persuadée qu'elle travaillait pour la plus grande gloire de Dieu dès qu'elle travaillait pour lui.

Malgré l'absence momentanée de leur famille, ces vieux époux me parurent donc extrêmement aimables. Rien chez eux ne sentait l'esprit souvent étroit de la province. Ils s'intéressaient à tout et n'étaient étrangers à rien. Ils y mettaient même une sorte de coquetterie, et l'on pouvait comparer leur esprit à leur maison, vaste, propre, austère, mais égayée par les plus belles fleurs, et s'ouvrant sur l'aspect grandiose du lac et des montagnes.

Les deux filles, Adélaïde et Rosa, étaient allées voir une tante à Morges. On me montra le portrait de la petite Rosa, dessiné par sa sœur. Le dessin était charmant, la jeune tête ravissante; mais il n'y avait pas de portrait d'Adélaïde.

On me demanda si je me souvenais d'elle. Je répondis hardiment que oui, bien que ce souvenir fût très-vague.

— Elle avait cinq ans dans ce temps-là, me dit madame Obernay; vous pensez qu'elle est bien changée! Pourtant elle passe pour une belle personne. Elle ressemble à son père, qui n'est pas trop mal pour un homme de cinquante-cinq ans. Rosa est moins bien; elle me ressemble, ajouta en riant l'excellente femme, encore fraîche et belle; mais elle est dans l'âge où l'on peut se refaire!

Henri Obernay était parti en tournée de naturaliste avec un ami de la famille. Il explorait en ce moment la région du mont Rose. On me montra une lettre de lui toute récente, où il décrivait avec tant d'enthousiasme les sites où il se trouvait, que je me décidai à aller l'y rejoindre. Déjà familiarisé avec les montagnes et parlant tous les patois de la frontière, il me serait un guide excellent, et sa mère assurait qu'il allait être heureux d'avoir à diriger mes premières excursions. Il ne m'avait pas oublié, il avait toujours parlé de moi avec la plus tendre affection. Madame Obernay me connaissait comme si elle ne m'eût jamais perdu de vue. Elle savait mes penchants, mon caractère, et se rappelait mes fantaisies d'enfant, qu'elle me racontait à moi-même avec une bonhomie charmante. En voyant qu'Henri m'avait fait aimer, je jugeai avec raison qu'il m'aimait réellement, et mon ancien attachement pour lui se réveilla. Après vingt-quatre heures passées à Genève, je me renseignai sur le lieu où j'avais bonne chance de le rencontrer, et je partis pour le mont Rose.

C'est ici, lecteur, qu'il ne faut pas me suivre un guide à la main. Je donnerai aux localités que je me rappelle les premiers noms qui me viendront à l'esprit. Ce n'est point un voyage que je t'ai promis, c'est une histoire d'amour.

A la base des montagnes, du côté de la Suisse, s'abrite un petit village, les Chalets-Saint-Pierre, que j'appellerai Saint-Pierre tout court. C'est là que je trouvai Henri Obernay. Il y était installé pour une huitaine, son compagnon de voyage voulant explorer les glaciers. La maison de bois dont ils s'étaient emparés était grande, pittoresque, et d'une propreté réjouissante. On m'y fit place, car c'était une espèce d'auberge pour les touristes. Je vois encore les paysages grandioses qui se déroulaient sous les yeux, de toutes les faces de la galerie extérieure, placée au couronnement de ce beau chalet. Un énorme banc de rochers préservait le hameau du vent d'est et des avalanches. Ce rempart naturel formait comme le piédestal d'une montagne toute nue, mais verte comme une émeraude et couverte de troupeaux. Du bas de la maison partait une prairie en fleurs qui s'abaissait rapidement vers le lit d'un torrent plein de bruit et de colère, et dans lequel se déversaient de fières et folles cascatelles tombant des rochers qui nous faisaient face. Ces rochers, au sommet desquels commençaient les glaciers, d'abord resserrés en étroites coulisses et peu à peu disposés en vastes arènes éblouissantes, étaient les premières assises de la masse effrayante du mont

1.

Rose, dont les neiges éternelles se dessinaient encore en carmin orangé dans le ciel, quand la vallée nageait dans le bleu du soir.

C'était un spectacle sublime et que je pus savourer durant un jour libre et calme, avant d'entrer dans la tourmente qui faillit emporter ma raison et ma vie.

Les premières heures furent consacrées et pour ainsi dire laborieusement employées à nous reconnaître, Obernay et moi. On sait combien est rapide le développement qui succède à l'adolescence, et nous étions réellement beaucoup changés. J'étais pourtant resté assez petit en comparaison d'Henri, qui avait poussé comme un jeune chêne; mais, à demi Espagnol par ma mère, je m'étais enrichi d'une jeune barbe très-noire qui, selon mon ami, me donnait l'air d'un paladin. Quant à lui, bien qu'à vingt-cinq ans il eût encore le menton lisse, l'extension de ses formes, ses cheveux autrefois d'un blond d'épi, maintenant dorés d'un reflet rougeâtre, sa parole jadis un peu hésitante et craintive, désormais brève et assurée, ses manières franches et ouvertes, sa fière allure, enfin sa force herculéenne plutôt acquise par l'exercice que liée à l'organisation, en faisaient un être tout nouveau pour moi, mais non moins sympathique que l'ancien compagnon d'études, et se présentant franchement comme un aîné au physique et au moral. C'était, en somme, un assez beau garçon, un vrai Suisse de la montagne, doux et fort, tout rempli d'une tranquille et constante énergie. Une seule chose très-caractéristique n'avait pas changé en lui : c'était une peau blanche comme la neige et un ton de visage d'une fraîcheur vive qui eût pu être envié par une femme.

Henri Obernay était devenu fort savant à plusieurs égards ; mais la botanique était pour le moment sa passion dominante. Son compagnon de voyage, chimiste, physicien, géologue, astronome et je ne sais quoi encore, était en course quand j'arrivai, et ne devait rentrer que le soir. Le nom de ce personnage ne m'était pas inconnu, je l'avais souvent entendu prononcer par mes parents : il s'appelait M. de Valvèdre.

La première chose qu'on se demande après une longue séparation, c'est si l'on est content de son sort. Obernay me parut enchanté du sien. Il était tout à la science, et, avec cette passion-là, quand elle est sincère et désintéressée, il n'y a guère de mécomptes. L'idéal, toujours beau, a l'avantage d'être toujours mystérieux, et de ne jamais assouvir les saints désirs qu'il fait naître.

J'étais moins calme. L'étude des lettres, qui n'est autre que l'étude des hommes, est douloureuse quand elle n'est pas terrible. J'avais déjà beaucoup lu, et, bien que je n'eusse aucune expérience de la vie, j'étais un peu atteint par ce que l'on a nommé la *maladie du siècle*, l'ennui, le doute, l'orgueil. Elle est déjà bien loin, cette maladie du romantisme. On l'a raillée, les pères de famille d'alors s'en sont beaucoup plaints ; mais ceux d'aujourd'hui devraient peut-être la regretter. Peut-être valait-elle mieux que la réaction qui l'a suivie, que cette soif d'argent, de plaisirs sans idéal et d'ambitions sans frein, qui ne me paraît pas caractériser bien noblement la *santé du siècle*.

Je ne fis pourtant point part à Obernay de mes souffrances secrètes. Je lui laissai seulement pressentir que j'étais un peu blessé de vivre dans un temps où il n'y avait rien de grand à faire. Nous étions alors dans les premières années du règne de Louis-Philippe. On avait encore la mémoire fraîche des épopées de l'Empire; on avait été élevé dans l'indignation généreuse, dans la haine des idées rétrogrades du dernier Bourbon; on avait rêvé un grand progrès en 1830, et on ne sentait pas ce progrès s'accomplir sous l'influence triomphante de la bourgeoisie. On se trompait à coup sûr : le progrès se fait quand même, à presque toutes les époques de l'histoire, et on ne peut appeler réellement rétrogrades que celles qui lui ferment plus d'issues qu'elles ne lui en ouvrent; mais il est de ces époques où un certain équilibre s'établit entre l'élan et l'obstacle. Ce sont des phases expectantes où la jeunesse souffre et où elle ne meurt pourtant pas, puisqu'elle peut dire ce qu'elle souffre.

Obernay ne comprit pas beaucoup ma critique du siècle (on appelle toujours *le siècle* le moment où l'on vit). Quant à lui, il vivait dans l'éternité, puisqu'il était aux prises avec les lois naturelles. Il s'étonna de mes plaintes, et me demanda si le véritable but de l'homme n'était pas de s'instruire et d'aimer ce qui est toujours grand, ce qu'aucune situation sociale ne peut ni rapetisser, ni rendre inaccessible, l'étude des lois de l'univers. Nous discutâmes un peu sur ce point. Je voulus lui prouver qu'il est, en effet, des situations sociales où la science même est entravée par la superstition, l'hypocrisie, ou, ce qui est pis, par l'indifférence des gouvernants et des gouvernés. Il haussa légèrement les épaules.

— Ces entraves-là, dit-il, sont des accidents transitoires dans la vie de l'humanité. L'éternité s'en moque, et la science des choses éternelles par conséquent.

— Mais, nous qui n'avons qu'un jour à vivre, pouvons-nous en prendre à ce point notre parti? Si tu avais en ce moment devant les yeux la preuve que tes travaux seront enfouis ou supprimés, ou tout au moins sans aucun effet sur tes contemporains, les poursuivrais-tu avec autant d'ardeur?

— Oui certes! s'écria-t-il : la science est une maîtresse assez belle pour qu'on l'aime sans autre profit que l'honneur et l'ivresse de la posséder.

Mon orgueil souffrit un peu de la bravoure enthousiaste de mon ami. Je fus tenté, non de douter de sa sincérité, mais de croire à quelque illusion, ferveur de novice. Je ne voulus pas le lui dire et commencer notre reprise d'amitié par une discussion. J'étais, d'ailleurs, très-fatigué. Je n'attendis pas que son compagnon le savant fût revenu de sa promenade, et je remis au lendemain l'honneur de lui être présenté.

Mais, le lendemain, j'appris que M. de Valvèdre, qui se préparait depuis plusieurs jours à une grande exploration des glaciers et des moraines du mont Rose, fixée la veille encore au surlendemain, voyant toutes choses arrangées et le temps très-favorable, avait voulu profiter d'une des rares époques de l'année où les cimes sont claires et calmes. Il était donc parti à minuit, et Obernay l'avait escorté jusqu'à sa première halte. Mon ami devait être de retour vers midi, et, de sa part, on me priait de l'attendre et de ne point me risquer seul dans les précipices, vu que tous les guides du pays avaient été emmenés par M. de Valvèdre. Sachant que j'étais fatigué, on n'avait pas voulu me réveiller pour me dire ce qui se passait, et j'avais dormi si profondément, que le bruit du départ de l'expédition, véritable caravane avec mulets et bagages, ne m'avait causé aucune alerte.

Je me conformai aux désirs d'Obernay et résolus de l'attendre au chalet, ou, pour mieux dire, à l'hôtel d'Ambroise; tel était le nom de notre hôte, excellent homme, très-intelligent et majestueusement obèse. En causant avec lui, j'appris que sa maison avait été embellie par la munificence et les soins de M. de Valvèdre, lequel avait pris ce pays en amour. Comme il y venait assez souvent, sa propre résidence n'étant pas très-éloignée, il s'était arrangé pour y avoir à sa disposition un pied-à-terre confortable. Il avait si bien fait les choses, qu'Ambroise se regardait autant comme son serviteur que comme son obligé; mais le savant, qui me parut être un original fort agréable, avait exigé que le montagnard fît de sa maison une auberge d'été pour les amants de la nature qui pénétreraient dans cette région peu connue, et même qu'il servît avec dévouement tous ceux qui entreprendraient l'exploration de la montagne, à la seule condition, pour eux, de consigner leurs observations sur un certain registre qui me fut montré, et que j'avouai n'être pas destiné à enrichir. Ambroise n'en fut pas moins empressé à me complaire. J'étais l'ami d'Obernay, je ne pouvais pas ne pas être un peu savant, et Ambroise était persuadé qu'il le deviendrait lui-même, s'il ne l'était pas déjà, pour avoir hébergé souvent des personnes de mérite.

Après avoir employé les premières heures de la journée à écrire à mes parents, je descendis dans la salle commune pour déjeuner, et je m'y trouvai en tête-à-tête avec un inconnu d'environ trente-cinq ans, d'une assez belle figure, et qu'à première vue je reconnus pour un israélite. Cet homme me parut tenir le milieu entre l'extrême distinction et la repoussante vulgarité qui caractérisent chez les juifs deux races ou deux types si tranchés. Celui-ci appartenait à un type intermédiaire ou mélangé. Il parlait assez purement le français, avec un accent allemand désagréable, et montrait tour à tour de la pesanteur et de la vivacité dans l'esprit. Au premier abord, il me fut antipathique. Peu à peu il me parut assez amusant. Son originalité consistait dans une indolence physique et dans une activité d'idées extraordinaires. Mou et gras, il se faisait servir comme un prince ; curieux et commère, il s'enquérait de tout et ne laissait pas tomber la conversation un seul instant.

Comme il me fit, dès le premier moment, l'honneur d'être très-communicatif, je sus bien vite qu'il se nommait Moserwald, qu'il était assez riche pour se reposer un peu des affaires, et qu'il voyageait en ce moment pour son plaisir. Il venait de Venise, où il s'était plus occupé de jolies femmes et de beaux-arts que du soin de sa fortune; il se rendait à Chamounix. Il voulait voir le mont Blanc, et il passait par le mont Rose, dont il avait *souhaité se faire une idée.* Je lui demandai s'il était tenté d'en faire l'escalade.

— Non pas! répondit-il. C'est trop dangereux, et pour voir quoi, je vous le demande? Des glaçons les uns sur les autres! Personne n'a encore atteint la cime de cette montagne, et il n'est pas dit que la caravane partie cette nuit en reviendra au complet. Au reste, je n'ai pas fait beaucoup de vœux pour elle. Arrivé à dix heures hier au soir et à peine endormi, j'ai été réveillé par tous les gros souliers ferrés du pays, qui n'ont fait, deux heures durant, que monter et descendre les escaliers de bois de cette maison à jour. Tous les animaux de la création ont beuglé, patoisé, henni, juré ou braillé sous la fenêtre, et, quand je croyais en être quitte, on est revenu pour chercher je ne sais quel instrument oublié, un baromètre et un télégraphe! Si j'avais eu une potence à mon service, je l'aurais envoyée à ce M. de Valvèdre, que Dieu bénisse! Le connaissez-vous?

— Pas encore. Et vous?

— Je ne le connais que de réputation; on parle beaucoup de lui à Genève, où je réside, et on parle de sa femme encore davantage. La connaissez-vous, sa femme? Non? Ah! mon cher, qu'elle est jolie! Des yeux longs comme ça (il me montrait la lame de son couteau) et plus brillants que ça! ajouta-t-il en montrant un magnifique saphir entouré de brillants qu'il portait à son petit doigt.

— Alors ce sont des yeux étincelants, car vous avez là une belle bague.

— La souhaitez-vous? Je vous la cède pour ce qu'elle m'a coûté.

— Merci, je n'en saurais que faire.

— Ce serait pourtant un joli cadeau pour votre maîtresse, hein?

— Ma maîtresse? Je n'en ai pas!

— Ah bah! vraiment? Vous avez tort.

— Je me corrigerai.

— Je n'en doute pas; mais cette bague-là peut hâter l'heureux moment. Voyons, la voulez-vous? C'est une bagatelle de douze mille francs.

— Mais, encore une fois, je n'ai pas de fortune.

— Ah! vous avez encore plus tort; mais cela peut se corriger aussi. Voulez-vous faire des affaires? Je peux vous lancer, moi.

— Vous êtes bijoutier?

— Non, je suis riche.

— C'est un joli état; mais j'en ai un autre.

— Il n'y a point de joli état, si vous êtes pauvre.

— Pardonnez-moi, je suis libre !

— Alors vous avez de l'aisance, car, avec la misère, il n'y a qu'esclavage. J'ai passé par là, moi qui vous parle, et j'ai manqué d'éducation; mais je me suis un peu refait à mesure que j'ai surmonté le mauvais sort. Donc, vous ne connaissez pas les Valvèdre? C'est un singulier couple, à ce qu'on dit. Une femme ravissante, une vraie femme du monde sacrifiée à un original qui vit dans les glaciers ! Vous jugez...

Ici, le juif fit quelques plaisanteries d'assez mauvais goût, mais dont je ne me scandalisai point, les personnes dont il parlait ne m'étant pas directement connues. Il ajouta que, du reste, avec un tel mari, madame de Valvèdre était dans son droit, si elle avait eu les aventures que lui prêtait la chronique genevoise. J'appris par lui que cette dame paraissait de temps en temps à Genève, mais de moins en moins, parce que son mari lui avait acheté, vers le lac Majeur, une villa d'où il exigeait qu'elle ne sortît point sans sa permission.

— Vous comprenez bien, ajouta-t-il, qu'elle se ménage quelques échappées quand il n'est pas là... et il n'y est jamais ; mais il lui a donné pour surveillante une vieille sœur à lui, qui, sous prétexte de soigner les enfants, — il y en a quatre ou cinq, — fait en conscience son métier de geôlière.

— Je vois que vous plaignez beaucoup l'intéressante captive. Peut-être la connaissez-vous plus que vous ne voulez le dire à table d'hôte?

— Non, parole d'honneur ! Je ne la connais que de vue, je ne lui ai jamais parlé, et pourtant ce n'est pas l'envie qui m'a manqué ; mais patience ! l'occasion viendra un jour ou l'autre, à moins que ce jeune homme qui voyage avec le mari... Je l'ai aperçu hier au soir, M. Obernay, je crois, le fils d'un professeur...

— C'est mon ami.

— Je ne demande pas mieux ; mais je dis qu'il est beau garçon et qu'on n'est jamais trahi que par les siens. Un apprenti, ça console toujours la femme du patron, c'est dans l'ordre !

— Vous êtes un esprit fort, très-sceptique.

— Pas fort du tout, mais méfiant en diable ; sans quoi, la vie ne serait pas tenable. On prendrait la vertu au sérieux, et ce serait triste, quand on n'est pas vertueux soi-même ! Est-ce que vous avez la prétention ?...

— Je n'en ai aucune.

— Eh bien, restez ainsi, croyez-moi. Allez-y franchement, contentez vos passions et n'en abusez pas. Vous voyez, je vous donne de sages conseils, moi !

— Vous êtes bien bon.

— Oui, oui, vous vous moquez ; mais ça m'est égal. Vos sourires n'ôteront pas un sou de ma poche ni un cheveu de ma tête, tandis que votre déférence ne remettrait pas dans ma vie une seule des heures que j'ai perdues ou mal employées.

— Vous êtes philosophe !

— Excessivement, mais un peu trop tard. J'ai vécu

beaucoup depuis que je puis me passer mes fantaisies, et j'en suis puni par la diminution du sens fantaisiste. Oui, vrai, je me blase déjà. J'ai des jours où je ne sais plus que faire pour m'amuser. Voulez-vous venir dehors fumer un cigare? Nous regarderons ce fameux mont Rose; on dit que c'est si joli! Je l'ai regardé hier tout le long du voyage; je l'ai trouvé pareil à toutes les montagnes un peu élevées de la chaîne des Alpes; mais peut-être que vous me le ferez trouver différent. Voyons, qu'est-ce qu'il y a de différent et qu'est-ce qu'il y a de beau selon vous? Je ne demande qu'à admirer, moi; je n'ai été élevé ni en poëte, ni en artiste; mais j'aime le beau, et j'ai des yeux comme un autre.

Il y avait tant de naïveté dans le babil de ce Moserwald, que, tout en fumant dehors avec lui, je me laissai aller à la sotte vanité de lui expliquer la beauté du mont Rose. Il m'écouta avec son bel œil juif, clair et avide, fixé sur moi. Il eut l'air de comprendre et de goûter mon enthousiasme; après quoi, il reprit tout à coup son air de bonhomie railleuse et me dit:

— Mon cher monsieur, vous aurez beau faire, vous ne réussirez pas à me prouver qu'il y ait le moindre plaisir à regarder cette grosse masse blanche. Il n'y a rien de bête comme le blanc, et c'est presque aussi triste que le noir. On dit que le soleil sème des diamants sur ces glaces : pour moi, je vous confesse que je n'en vois pas un seul, et je suis sûr d'en avoir plus à mon petit doigt que ce gros bloc de vingt-cinq ou trente lieues carrées n'en montre sur toute sa surface; mais je suis content de m'en être assuré : vous m'avez prouvé une fois de plus que l'imagination des gens cultivés peut faire des miracles, car vous avez dit les plus jolies choses du monde sur cette chose qui n'est pas jolie du tout. Je voudrais pouvoir en retenir quelque bribe pour la réciter dans l'occasion; mais je suis trop stupide, trop lourd, trop positif, et je ne trouverai jamais un mot qui ne fasse rire de moi. Voilà pourquoi je me garde de l'enthousiasme; c'est un joyau qu'il faut savoir porter, et qui sied mal aux gens de mon espèce. Moi, j'aime le réel; c'est ma fonction; j'aime les diamants fins et ne puis souffrir les imitations, par conséquent les métaphores.

— C'est-à-dire que je ne suis qu'un chercheur de clinquant, et que vous... vous êtes bijoutier, ne le niez pas! Toutes vos paroles vous y ramènent.

— Je ne suis pas un bijoutier; je n'ai ni l'adresse, ni la patience, ni la pauvreté nécessaires.

— Mais autrefois, avant la richesse?

— Autrefois, jamais je n'ai eu d'état manuel. Non, c'est trop bête; je n'ai pas eu d'autre outil que mon raisonnement pour me tirer d'affaire. Les fortunes ne sont pas dans les mains de ceux qui s'amusent à produire, à confectionner ou à créer, mais bien dans celles qui ne touchent à rien. Il y a trois races d'hommes, mon cher : ceux qui vendent, ceux qui achètent et ceux qui servent de lien entre les uns et les autres,

Croyez-moi, les vendeurs et les acheteurs sont les derniers dans l'échelle des êtres.

— C'est-à-dire que celui qui les rançonne est le roi de son siècle?

— Eh! pardieu, oui! à lui seul, il faut qu'il soit plus malin que deux! Vous êtes donc décidé à faire de l'esprit et à vendre des mots? Eh bien, vous serez toujours misérable. Achetez pour revendre ou vendez pour racheter, il n'y a que cela au monde; mais vous ne me comprenez pas et vous me méprisez. Vous dites : « Voilà un brocanteur, un usurier, un crocodile! » Pas du tout, mon cher; je suis un excellent homme, d'une probité reconnue; j'ai la confiance de beaucoup de grands personnages. Des gens de mérite, des philanthropes, des savants même me consultent et reçoivent mes services. J'ai du cœur; je fais plus de bien en un jour que vous n'en pourrez faire en vingt ans; j'ai la main large, et molle, et douce! Eh bien, ouvrez la vôtre si vous avez besoin d'un ami, et vous verrez ce que c'est qu'un bon juif qui est bête, mais qui n'est pas sot.

Je ne songeai pas à me fâcher de ce ton à la fois insolent et amical de protection bizarre. L'homme était réellement tout ce qu'il disait être, bête au point de blesser sans en avoir conscience, assez bon pour faire avec plaisir des sacrifices, fin au point d'être généreux pour se faire pardonner sa vanité. Je pris le parti de rire de son étrangeté, et, comme il vit que je n'avais aucun besoin de lui, mais que je le remerciais sans dédain et sans orgueil, il conçut pour moi un peu plus d'estime et de respect qu'il n'avait fait à première vue. Nous nous quittâmes très-bons amis. Il eût bien voulu m'avoir pour compagnon de sa promenade, il craignait de s'ennuyer seul; mais l'heure approchait où Obernay avait promis de rentrer, et je doutais que ce nouveau visage lui fût agréable. Ayant donc pris congé du juif et m'étant fait indiquer le sentier que devait suivre Obernay pour revenir, je partis à sa rencontre.

Nous nous retrouvâmes au bas des glaciers, dans un bois de pins des plus pittoresque. Obernay rentrait avec plusieurs guides et mulets qui avaient transporté une partie des bagages de son ami. Cette bande continua sa route vers la vallée, et Obernay se jeta sur le gazon auprès de moi. Il était extrêmement fatigué : il avait marché dix heures sur douze sur un terrain non frayé, et cela par amitié pour moi. Partagé entre deux affections, il avait voulu juger des difficultés et des dangers de l'entreprise de M. de Valvèdre, et revenir à temps pour ne pas me laisser seul une journée entière.

Il tira de son bissac quelques aliments et un peu de vin, et, retrouvant peu à peu ses forces, il m'expliqua les procédés d'exploration de son ami. Il s'agissait, non comme M. Moserwald me l'avait dit, d'atteindre la plus haute cime du mont Rose, ce qui n'était peut-être pas possible, mais de faire, par un examen approfondi, la dissection géologique de la masse. L'importance de cette recherche se reliait à une série d'autres explorations faites et à faire encore sur toute la chaîne des Alpes Pennines, et devait servir à confirmer ou à détruire un système scientifique particulier que je serais aujourd'hui fort embarrassé d'exposer au lecteur : tant il y a que cette promenade dans les glaces pouvait durer plusieurs jours. M. de Valvèdre y portait une grande prudence à cause de ses guides et de ses domestiques, envers lesquels il se montrait fort humain. Il était muni de plusieurs tentes légères et ingénieusement construites, qui pouvaient contenir ses instruments et abriter tout son monde. A l'aide d'un appareil à eau bouillante de la plus petite dimension, merveille d'industrie portative dont il était l'inventeur, il pouvait se procurer de la chaleur presque instantanément, en quelque lieu que ce fût, et combattre tous les accidents produits par le froid. Enfin il avait des provisions de toute espèce pour un temps donné, une petite pharmacie, des vêtements de rechange pour tout son monde, etc. C'était une véritable colonie de quinze personnes qu'il venait d'installer au-dessus des glaciers, sur un vaste plateau de neige durcie, hors de la portée des avalanches. Il devait passer là deux jours, puis chercher un passage pour aller s'installer plus loin avec une partie de son matériel et de son monde, le reste pouvant l'y rejoindre en deux ou trois voyages, pendant qu'il tenterait d'aller plus loin encore. Condamné peut-être à ne faire que deux ou trois lieues de découvertes chaque jour à cause de la difficulté des transports, il avait gardé quelques mulets, sacrifiés d'avance aux dangers ou aux souffrances de l'entreprise. M. de Valvèdre était très-riche, et, pouvant faire plus que tant d'autres savants, toujours empêchés par leur honorable pauvreté ou la parcimonie des gouvernements, il regardait comme un devoir de ne reculer devant aucune dépense en vue du progrès de la science. J'exprimai à Henri le regret de ne pas avoir été averti pendant la nuit. J'aurais demandé à M. de Valvèdre la permission de l'accompagner.

— Il te l'eût refusée, répondit-il, comme il me l'avait refusée à moi-même. Il t'eût dit, comme à moi, que tu étais un fils de famille, et qu'il n'avait pas le droit d'exposer ta vie. D'ailleurs, tu aurais compris, comme moi, que, quand on n'est pas fort nécessaire dans ces sortes d'expéditions, on y est fort à charge. Un homme de plus à loger, à nourrir, à protéger, à soigner peut-être dans de pareilles conditions...

— Oui, oui, je le comprends pour moi; mais comment se fait-il que tu ne sois pas extrêmement utile, toi savant, à ton savant ami?

— Je lui suis plus nécessaire en restant à Saint-Pierre, d'où je peux suivre presque tous ses mouvements sur la montagne, et d'où, à un signal donné, je peux lui envoyer des vivres, s'il en manque, et des secours, s'il en a besoin. J'ai, d'ailleurs, à faire marcher une série d'observations comparatives simultanément avec les siennes, et je lui ai donné ma parole d'honneur de n'y pas manquer.

— Je vois, dis-je à Obernay, que tu es excessivement dévoué à ce Valvèdre, et que tu le considères comme un homme du plus grand mérite. C'est l'opinion de mon père, qui m'a quelquefois parlé de lui comme l'ayant rencontré chez le tien à Paris, et je sais que son nom a une certaine illustration dans les sciences.

— Ce que je puis te dire de lui, répondit Obernay, c'est qu'après mon père il est l'homme que je respecte le plus, et qu'après mon père et toi, c'est celui que j'aime le mieux.

— Après moi ? Merci, mon Henri ! Voilà une parole excellente et dont je craignais d'être devenu indigne.

— Et pourquoi cela ? Je n'ai pas oublié que le plus paresseux à écrire, c'est moi qui l'ai été ; mais, de même que tu as bien compris cette infirmité de ma part, de même j'ai eu la confiance que tu me la pardonnais. Tu me connaissais assez pour savoir que, si je ne suis pas un camarade assez démonstratif, je suis du moins un ami aussi fidèle qu'il est permis de le souhaiter.

Je fus vivement touché, et je sentis que j'aimais ce jeune homme de toute mon âme. Je lui pardonnai l'espèce de supériorité de vues ou de caractère qu'il avait paru s'attribuer la veille vis-à-vis de moi, et je commençai à craindre qu'il n'en eût réellement le droit.

Il prit quelques instants de repos, et, pendant qu'il

dormait, la tête à l'ombre et les jambes au soleil, je l'étudiai de nouveau avec intérêt, comme quelqu'un que l'on sent devoir prendre de l'ascendant sur votre existence. Je ne sais pourquoi, je le mis en parallèle dans ma pensée littéraire et descriptive avec l'israélite Moserwald. Cela se présentait à moi comme une antithèse naturelle : l'un gras et nonchalant comme un mangeur repu, l'autre actif et maigre comme un chercheur insatiable; le premier, jaune et luisant comme l'or qui avait été le but de sa vie; l'autre, frais et coloré comme les fleurs de la montagne qui faisaient sa joie, et qui, comme lui, devaient aux âpres caresses du soleil la richesse de leurs tons et la pureté de leurs fins tissus.

Ceci était pour mon imagination, jeune et riante alors, l'indice d'une vocation bien prononcée chez mon ami. Au reste, j'ai toujours remarqué que les vives appétences de l'esprit ont leurs manifestations extérieures dans quelque particularité physique de l'individu. Certains ornithologues ont des yeux d'oiseau; certains chasseurs, l'allure du gibier qu'ils poursuivent. Les musiciens simplement virtuoses ont l'oreille conformée d'une certaine façon, tandis que les compositeurs ont dans la forme du front l'indice de leur faculté résumatrice, et semblent entendre par le cerveau. Les paysans qui élèvent des bœufs sont plus lents et plus lourds que ceux qui élèvent des chevaux, et ils naissent ainsi de père en fils. Enfin, sans vouloir m'égarer dans de nombreux exemples, je puis dire qu'Obernay est resté comme une preuve acquise à mon système. J'ai pleinement reconnu par la suite que, si son visage, sans beauté réelle, mais éminemment agréable, avait l'éclat d'une rose, — son âme, sans génie d'initiative, avait le charme profond de l'harmonie, et comme qui dirait un suave et splendide parfum d'honnêteté.

Quand il eut dormi une heure avec la placidité d'un soldat en campagne habitué à mettre le temps à profit, il se sentit tout à fait bien, et nous nous reprîmes à causer. Je lui parlai de Moserwald, ma nouvelle connaisance, et je lui rapportai les plaisanteries de ce grand sceptique sur sa position de consolateur obligé de madame de Valvèdre. Il faillit bondir d'indignation, mais je le contins.

— Après ce que tu m'as dit de ton affection et de ton respect pour le caractère du mari, il est tout à fait inutile de te défendre d'une trahison indigne, et ce serait même me faire injure.

— Oui, oui, répondit-il avec vivacité, je ne doute pas de toi; mais, si ce juif me tombe sous la main, il fera bien de ne pas me plaisanter sur un pareil sujet!

— Je ne pense pas qu'il pousse jusque-là son débordement d'esprit, quoique, après tout, je ne sache de quoi il n'est pas capable avec sa candeur effrontée. Le connais-tu, ce Moserwald? N'est-il pas de Genève?

— Non, il est Allemand; mais il vient souvent chez nous, je veux dire dans notre ville, et, sans lui avoir jamais parlé, je sais très-bien que c'est un fat.

— Oui, mais si naïvement !

— C'est peut-être joué, cette naïveté cynique. Que sait-on d'un juif?

— Comment, tu aurais des préjugés de race, toi, l'homme de la nature?

— Pas le moindre préjugé et pas la moindre prévention hostile. Je constate seulement un fait : c'est que l'israélite le plus insignifiant a toujours en lui quelque chose de profondément mystérieux. Sommité ou abîme, ce représentant des vieux âges obéit à une logique qui n'est pas la nôtre. Il a retenu quelque chose de la doctrine ésotérique des hypogées, à laquelle Moïse avait été initié. En outre, la persécution lui a donné la science de la vie pratique et un sentiment très-âpre de la réalité. C'est donc un être puissant que je redoute pour l'avenir de la société, comme je redoute pour cette forêt où nous voici la chute des blocs de granit que les glaces retiennent au-dessus d'elle. Je ne hais pas le rocher, il a sa raison d'être, il fait partie de la charpente terrestre. Je respecte son origine, et même je l'étudie avec un certain trouble religieux; mais je vois la loi qui l'entraîne, et qui, tout en le désagrégeant, réunit dans une commune fatalité sa ruine et celle des êtres de création plus moderne qui ont poussé sur ses flancs.

— Voilà, mon ami, une métaphore par trop scientifique.

— Non, non, elle est juste ! Notre sagesse, notre science religieuse et sociale ont pris racine dans la cendre du monde hébraïque, et, ingrats disciples, nous avons voulu l'anéantir au lieu de l'amener à nous suivre. Il se venge. C'est absolument comme ces arbres dont les racines avides et folles soulèvent les roches et creusent le chemin aux avalanches qui les engloutiront.

— Alors, selon toi, les juifs sont les futurs maîtres du monde?

— Pour un moment, je n'en doute pas; après quoi, d'autres cataclysmes les emporteront vite, s'ils restent juifs : il faut que tout se renouvelle ou périsse, c'est la loi de l'univers; mais, pour en revenir à Moserwald, quel qu'il soit, crains de te lier avec lui avant de le bien connaître.

— Je ne compte pas me lier jamais avec lui, bien que je le juge mieux que tu ne fais.

— Je ne le juge pas; je ne sais rien sur son compte qui m'autorise à le soupçonner en tant qu'individu. Au contraire, je sais qu'il a la réputation de tenir sa parole et d'être large en affaires plus qu'aucun de sa race; mais tu me dis qu'il parle légèrement de M. de Valvèdre, et cela me déplaît. Et puis il t'offre ses services, et cela m'inquiète. On peut toujours avoir besoin d'argent, et la fable de Shylock est un symbole éternellement vrai. Le juif a instinctivement besoin de manger un morceau de notre cœur, lui qui a tant de motifs de nous haïr, et qui n'a pas acquis avec le baptême la sublime notion du pardon. Je t'en supplie, si tu te voyais entraîné à quelque dépense imprévue, excédant sérieusement tes ressources, adresse-toi à moi, et jamais à ce Moserwald. Jure-le-moi, je l'exige.

Je fus surpris de la vivacité d'Obernay, et me hâtai de le rassurer en lui parlant de l'honnête aisance de ma famille et de la simplicité de mes goûts.

— N'importe, reprit-il, promets-moi de me regarder comme ton meilleur ami. Je ne sais quelle sera ta vie... D'après ce que tu m'as laissé entrevoir hier de tes angoisses vis-à-vis de l'avenir et de ton mécontentement du présent, je crains que les passions ne jouent un rôle trop impérieux dans ta destinée. Il ne me semble pas que tu aies travaillé à te forger le frein nécessaire...

— Quel frein ? la botanique ou la géologie ?

— Oh ! si tu railles, parlons d'autre chose.

— Je ne raille pas quand il s'agit de t'aimer et d'être touché de ton affection généreuse ; mais conviens que tu penses trop en homme de spécialité et que tu dirais volontiers : « Hors de la science, point de salut. »

— Eh bien, oui, je le dirais volontiers. J'ai la candeur et le courage d'en convenir. J'ai eu sous les yeux de tels exemples de ces fausses théories qui ont déjà troublé ton âme !...

— Quelles théories me reproches-tu ? Voyons !

— La théorie en la personnalité d'abord, la prétention de réaliser une existence de gloire personnelle avec la résolution d'être furieux et désespéré, si tu échoues.

— Eh bien, tu te trompes; j'ai deux cordes à mon ambition. J'accepte la gloire sans bonheur ou le bonheur sans gloire.

Obernay me raillia à son tour de ma prétendue modestie, et, tout en discutant de la sorte, je ne sais plus comment nous vînmes à parler de M. de Valvèdre et de sa femme. J'étais assez curieux de savoir ce qu'il y avait de vrai dans les commérages de Moserwald, et Obernay était précisément disposé à une extrême réserve. Il faisait le plus grand éloge de son ami, et il évitait d'avoir une opinion sur le compte de madame de Valvèdre; mais, malgré lui, il devenait nerveux et presque irascible en prononçant son nom. Il avait des réticences troublées; le rouge lui montait au front quand je lui en demandais la cause. Mon esprit fit fausse route. Je m'imaginai qu'en dépit de sa vertu, de sa raison et de sa volonté, il était amoureux de cette femme, et, dans un moment où il s'en défendait le plus, il m'échappa de lui dire ingénument :

— Elle est donc bien séduisante !

— Ah ! s'écria-t-il en frappant du poing sur la boîte de métal qui contenait ses plantes et qui lui avait servi d'oreiller, je vois que les mauvaises pensées de ce juif ont déteint sur toi. Eh bien, puisque tu me pousses à bout, je te dirai la vérité. Je n'estime pas la femme dont tu me parles... A présent, me croiras-tu capable de l'aimer ?

— Eh ! mais... c'est quelquefois une raison de plus; l'amour est si fantasque !

— Le mauvais amour, ou l'amour des romans et des drames modernes ; mais les mauvaises amours n'éclosent que dans les âmes malsaines, et, Dieu merci, la mienne est pure. La tienne est-elle donc déjà corrompue, que tu admets ces honteuses fatalités ?

— Je ne sais si mon âme est pure comme la tienne, mon cher Henri ; mais elle est vierge, voilà ce dont je puis te répondre.

— Eh bien, ne la laisse pas gâter et affaiblir d'avance par ces idées fausses. Ne te laisse pas persuader que l'artiste et le poëte soient destinés à devenir la proie des passions, et qu'il leur soit permis, plus qu'aux autres hommes, d'aspirer à une prétendue grande vie sans entraves morales ; ne t'avoue jamais à toi-même, quand même cela serait, que tu peux tomber sous l'empire d'un sentiment indigne de toi !...

— Mais, en vérité, tu vas me faire peur de moi-même, si tu continues ! Tu me mets sous les yeux des dangers auxquels je ne songeais pas, et pour un peu je croirais que c'est moi qui suis épris, sans la connaître, de cette fameuse madame de Valvèdre.

— Fameuse ! Ai-je dit qu'elle était fameuse ? reprit Obernay en riant avec un peu de dédain. Non ; la renommée n'a rien à faire avec elle, ni en bien ni en mal. Sache que les aventures qu'on lui prête à Genève, selon M. Moserwald (et je crois qu'on ne lui en prête aucune), n'existent que dans l'imagination de ce triomphant israélite. Madame de Valvèdre vit à la campagne, fort retirée, avec ses deux belles-sœurs et ses deux enfants.

— Je vois que Moserwald est, en effet, mal renseigné : il m'avait dit quatre enfants et une belle-sœur ; mais, toi, sais-tu que tu te contredis beaucoup sur le compte de cette femme? Elle est irréprochable, et pourtant tu ne l'estimes pas !

— Je ne sais rien à reprendre dans sa conduite ; je n'estime pas son caractère, son esprit, si tu veux.

— En a-t-elle, de l'esprit?

— Moi, je ne trouve pas ; mais elle passe pour en avoir.

— Elle est toute jeune?

— Non ! Elle s'est mariée à vingt ans, il y a déjà... oui, il y a dix ans environ. Elle peut avoir la trentaine.

— Eh ! ce n'est pas si jeune, en effet ! Et son mari?

— Il a quarante ans, lui, et il est plus jeune qu'elle, car il est agile et fort comme un sauvage, tandis qu'elle est nonchalante et fatiguée comme une créole.

— Qu'elle est?

— Non, c'est la fille d'une Espagnole et d'un Suédois ; son père était consul à Alicante, où il s'est marié.

— Singulier mélange de races ! Cela doit avoir produit un type bizarre?

— Très-réussi comme beauté physique.

— Et morale?

— Morale, moins, selon moi... Une âme sans énergie, un cerveau sans étendue, un caractère inégal, irritable et mou; aucune aptitude sérieuse et de sots dédains pour ce qu'elle ne comprend pas.

— Même pour la botanique ?

— Oh ! pour la botanique plus que pour toute autre chose.

— En ce cas, me voilà bien rassuré sur ton compte. Tu n'aimes pas, tu n'aimeras jamais cette femme-là !

— Cela, je t'en réponds, dit gaiement mon ami en rebouclant son sac et en repassant sa *jeannette* [1] en sautoir. Il est permis aux fleurs de ne pas aimer les femmes; mais les femmes qui n'aiment pas les fleurs sont des monstres !

Il me serait bien impossible de dire pourquoi et comment cet entretien brisé et repris plusieurs fois durant le reste de la journée, et toujours sans aucune préméditation de part ou d'autre, engendra en moi une sorte de trouble et comme une prédisposition à subir les malheurs dont Obernay voulait me préserver. On eût dit que, doué d'une subite clairvoyance, il lisait dans le livre de mon avenir. Et pourtant je n'étais ni un caractère passif, ni un esprit sans réaction; mais je croyais beaucoup à la fatalité. C'était la mode en ce temps-là, et croire à la fatalité, c'est la créer en nous-mêmes.

— Qui donc va s'emparer de moi? me disais-je en

---

1. C'est la boîte de fer battu où les botanistes mettent leurs plantes à la promenade pour les conserver fraîches.

m'endormant avec peine vers minuit, tandis qu'Obernay, couché à six heures du soir, se relevait pour se livrer aux observations scientifiques dont son ami lui avait confié le programme. Pourquoi Henri a-t-il paru si inquiet de moi? Son œil exercé à lire dans les nuages a-t-il aperçu au delà de l'horizon les tempêtes qui me menacent? Qui donc vais-je aimer? Je ne connais aucune femme qui m'ait fait beaucoup songer, si ce n'est deux ou trois grandes artistes lyriques ou dramatiques auxquelles je n'ai jamais parlé et ne parlerai probablement jamais. J'ai eu la vie, sinon la plus calme, du moins la plus pure. J'ai senti en moi les forces de l'amour, et j'ai su les conserver entières pour un objet idéal que je n'ai pas encore rencontré.

Je rêvai, en dormant, à une femme que je n'avais jamais vue, que, selon toute apparence, je ne devais jamais voir, à madame de Valvèdre. Je l'aimai passionnément durant je ne sais combien d'années dont la vision ne dura peut-être pas une heure; mais je m'éveillai surpris et fatigué de ce long drame dont je ne pus ressaisir aucun détail. Je chassai ce fantôme et me rendormis sur le côté gauche. J'étais agité. Le juif Moserwald m'apparut et m'offensa si cruellement, que je lui donnai un soufflet. Éveillé de nouveau, je retrouvai sur mes lèvres des mots confus qui n'avaient aucun sens. Dans mon troisième somme, je revis le même personnage, amical et railleur, sous la forme d'un oiseau fantastique énormément gras, qui s'enlevait lourdement de terre, et que je poursuivais cependant sans pouvoir l'atteindre. Il se posait sur les rochers les plus élevés, et, les faisant crouler sous son poids, il m'environnait en riant de lavanges de pierres et de glaçons. Toutes les métaphores dont Obernay m'avait régalé prenaient une apparence sensible, et je ne pus reposer qu'après avoir épuisé ces fantaisies étranges.

Quand je me levai, Obernay, qui avait veillé jusqu'à l'aube, s'était recouché pour une heure ou deux. Il avait l'admirable faculté d'interrompre et de reprendre son sommeil comme toute autre occupation soumise à sa volonté. Je m'informai de Moserwald ; il était parti au point du jour.

J'attendis le réveil d'Henri, et, après un frugal déjeuner, nous partîmes ensemble pour une belle promenade qui dura une grande partie de la journée, et durant laquelle il ne fut plus question ni des Valvèdre, ni du juif, ni de moi-même. Nous étions tout à la nature splendide qui nous environnait. J'en jouissais en artiste ébloui qui ne cherche pas encore à se rendre compte de l'effet produit sur son âme par la nouveauté des grands spectacles, et qui, dominé par la sensation, n'a pas le loisir de savourer et de résumer. Familiarisé avec la sublimité des montagnes et occupé de surprendre les mystères de la végétation, Obernay me paraissait moins enivré et plus heureux que moi. Il était sans fièvre et sans cris, tandis que je n'étais que vertige et transports.

Vers trois heures de l'après-midi, comme il parlait

d'escalader encore une banquette de roches terribles pour chercher un petit saxifrage *rarissimus* qui devait se trouver par là, je lui avouai que je me sentais très-fatigué, et que je me mourais de faim, de chaud et de soif.

— Au fait, cela doit être, répondit-il. Je suis un égoïste, je ne songe pas que toute chose exige un apprentissage, et que tu ne seras pas bon marcheur dans ce pays-ci avant huit ou dix jours de fatigues progressives. Tu me permettras d'aller chercher mon saxifrage; il est un peu tard dans la saison, et je crains fort de le trouver tout en graines, si je remets la chose à demain. Peut-être, ce soir, trouverai-je encore quelques corolles ouvertes. Je te rejoindrai à Saint-Pierre, à l'heure du dîner. Toi, tu vas suivre le sentier où nous sommes; il te conduira sans danger et sans fatigue, dans dix minutes tout au plus, à un chalet caché derrière le gros rocher qui nous fait face. Tu trouveras là du lait à discrétion. Tu descendras ensuite vers la vallée en prenant toujours à gauche, et tu regagneras notre gîte en flânant le long du torrent. Le chemin est bon, et tu seras en pleine ombre.

Nous nous séparâmes, et, après m'être désaltéré et reposé un quart d'heure au chalet indiqué, je descendis vers la vallée. Le sentier était fort bon, en comparaison de ceux qu'Obernay m'avait fait parcourir, mais si étroit, que, lorsque je m'y rencontrais avec des troupeaux défilant tête par tête à mes côtés, je devais leur céder le pas et grimper sur des talus plus ou moins accessibles, pour n'être pas précipité dans une profonde coupure à pic qui rasait le bord opposé. J'avais réussi à me préserver, lorsque, me trouvant dans un des passages les plus étranglés, j'entendis derrière moi un bruit de sonnettes régulièrement cadencé. C'était une bande de mulets chargés que je me mis tout de suite en mesure de laisser passer. A cet effet, j'avisai une roche qui me mettait de niveau avec la tête de ces bêtes imperturbables, et je m'y assis pour les attendre. La vue était magnifique, mais la petite caravane qui approchait absorba bientôt toute mon attention.

En tête, une mule assez pittoresquement caparaçonnée à l'italienne, et menée en main par un guide à pied, portait une femme drapée dans un léger burnous blanc. Derrière ce groupe venait un groupe à peu près semblable, un guide, un mulet, et sur le mulet une autre femme plus grande ou plus svelte que la première, coiffée d'un grand chapeau de paille et vêtue d'une amazone grise. Un troisième guide, conduisant un troisième mulet et une troisième femme qui avait l'air d'une soubrette, était suivi de deux autres mulets portant des bagages, et d'un quatrième guide qui fermait la marche avec un domestique à pied.

J'eus tout le temps d'examiner ce personnel, qui descendait lentement vers moi ; je pouvais très-bien distinguer les figures, sauf celle de la dame en burnous dont le capuchon était relevé, et ne laissait à découvert qu'un œil noir étrange et assez effrayant.

Cet œil se fixa sur le mien au moment où la voyageuse se trouva près de moi, et elle arrêta brusquement sa monture en tirant sur la bride, au point de faire trébucher le guide, et au risque de le faire tomber dans le précipice. Elle ne parut pas s'en soucier, et, m'adressant la parole d'une voix assez dure, elle me demanda si j'étais du pays. Sur ma réponse négative, elle allait passer outre, lorsque la curiosité me fit ajouter que j'y étais depuis deux jours, et que, si elle avait besoin d'un renseignement, j'étais peut-être à même de le lui donner.

— Alors, reprit-elle, je vous demanderai si vous avez entendu dire que le comte de Valvèdre fût dans les environs.

— Je sais qu'un M. de Valvèdre est à cette heure en excursion sur le mont Rose.

— Sur le mont Rose? tout en haut?

— Dans les glaciers, voilà tout ce que je sais.

— Ah! je devais m'attendre à cela! dit la dame avec un accent de dépit.

— Oh! mon Dieu! ajouta la seconde amazone, qui s'était approchée pour écouter mes réponses, voilà ce que je craignais!

— Rassurez-vous, mesdames; le temps est magnifique, le sommet très-clair, et personne n'est inquiet de l'expédition. Tout fait croire aux gens du pays qu'elle ne sera pas dangereuse.

— Je vous remercie pour votre bon augure, répondit cette personne à la figure ouverte et à la voix douce; madame de Valvèdre et moi, sa belle-sœur, nous vous en savons gré.

Mademoiselle de Valvèdre m'adressa ce doux remerciement en passant devant moi pour suivre sa belle-sœur, qui s'était déjà remise en marche. Je suivis des yeux le plus longtemps possible la surprenante apparition. Madame de Valvèdre se retourna, et, dans ce mouvement, je vis son visage tout entier. C'était donc là cette femme qui avait tant piqué ma curiosité, grâce aux réticences dédaigneuses d'Obernay! Elle ne me plaisait point. Elle me paraissait maigre et colorée, deux choses qui jurent ensemble. Son regard était dur et sa voix aussi, ses manières brusques et nerveuses. Ce n'était pas là un type que j'eusse jamais rêvé; mais comme, en revanche, mademoiselle de Valvèdre me semblait douce et d'une grâce sympathique! D'où vient qu'Obernay ne m'avait point dit que son ami eût une sœur? L'ignorait-il? ou bien était-il amoureux d'elle et jaloux de son secret au point de ne vouloir pas seulement laisser deviner l'existence de la personne aimée?

Je doublai le pas, et j'arrivai au hameau peu d'instants après les voyageuses. Madame de Valvèdre était déjà devenue invisible; mais sa belle-sœur errait encore par les escaliers, s'enquérant de toutes choses relatives à l'excursion de son frère. Dès qu'elle me vit, elle me questionna d'un air de confiance en me demandant si je ne connaissais pas Henri Obernay.

— Oui, sans doute, répondis-je, il est mon meilleur ami.

— Oh! alors, reprit-elle avec abandon, vous êtes Francis Valigny, de Bruxelles, et sans doute vous me connaissez déjà, moi? Il a dû vous dire que j'étais sa fiancée?

— Il ne me l'a pas dit encore, répondis-je un peu troublé d'une si brusque révélation.

— C'est qu'il attendait ma permission, apparemment. Eh bien, vous lui direz que je l'autorise à vous parler de moi, pourvu qu'il vous dise de moi autant de bien qu'il m'en a dit de vous; mais vous, monsieur Valigny, parlez-moi de mon frère et de lui!... Est-ce bien vrai qu'ils ne sont pas en danger?

Je lui appris qu'Obernay n'avait suivi M. de Valvèdre que pendant une nuit, et qu'il allait rentrer.

— Mais, ajoutai-je, devez-vous être inquiète à ce point de votre frère? N'êtes-vous pas habituée à le voir entreprendre souvent de pareilles courses?

— Je devrais m'y habituer, répondit-elle simplement.

En ce moment, madame de Valvèdre la fit appeler par une soubrette italienne d'accent et très-jolie de type. Mademoiselle de Valvèdre me quitta en me disant :

— Allez donc voir si Henri revient de sa promenade, et apprenez-lui que Paule vient d'arriver.

— Allons, pensai-je, silence à tout jamais devant elle, mon pauvre étourdi de cœur! Tu dois être le frère et rien que le frère de cette charmante fille. D'ailleurs, tu serais bien ridicule de vouloir lutter contre un rival aimé, et sans doute plus que toi digne de l'être. N'es-tu pas déjà un peu coupable d'avoir tressailli légèrement au frôlement de cette robe virginale?

Obernay arrivait; je courus au-devant de lui pour l'avertir de l'événement. Sa figure rose passa au vermillon le plus vif, puis le sang se retira tout entier vers le cœur, et il devint pâle jusqu'aux lèvres. Devant cette franchise d'émotion, je lui serrai la main en souriant.

— Mon cher ami, lui dis-je, je sais tout, et je t'envie, car tu aimes, et c'est tout dire!

— Oui, j'aime de toute mon âme, s'écria-t-il, et tu comprends mon silence! A présent, parlons raison. Cette arrivée imprévue, qui me comble de joie, me cause aussi de l'inquiétude. Avec les caprices de... certaines personnes... ou de la destinée...

— Dis les caprices de madame de Valvèdre. Tu crains de sa part quelque obstacle à ton bonheur?

— Des obstacles, non! mais... des influences... Je ne plais pas beaucoup à la belle Alida!

— Elle s'appelle Alida? C'est recherché, mais c'est joli, plus joli qu'elle! Je n'ai pas été émerveillé du tout de sa figure.

— Bien, bien, n'importe... Mais, dis-moi, puisque tu l'as vue, sais-tu ce qu'elle vient faire ici?

— Et comment diable veux-tu que je le sache? J'ai

cru comprendre qu'une vive inquiétude conjugale...

— Madame de Valvèdre inquiète de son mari?... Elle ne l'est pas ordinairement; elle est si habituée...

— Mais mademoiselle Paule?

— Oh! elle adore son frère, elle; mais ce n'est certainement pas son ascendant qui a pu agir en quoi que ce soit sur sa belle-sœur. Toutes deux savent, d'ailleurs, que Valvèdre n'aime pas qu'on le suive et qu'on le tiraille pour le déranger de ses travaux. Il doit y avoir quelque chose là-dessous, et je cours m'en informer, s'il est possible de le savoir.

Moi, je courus m'habiller, espérant que les voyageuses dîneraient dans la salle commune; mais elles n'y parurent pas. On les servit dans leur appartement, et elles y retinrent Obernay. Je ne le revis qu'à la nuit close.

— Je te cherche, me dit-il, pour te présenter à ces dames. On m'a chargé de t'inviter à prendre le thé chez elles. C'est une petite solennité; car, de la terrasse, nous verrons, à neuf heures, partir de la montagne une ou plusieurs fusées qui seront, de la part de Valvèdre, un avis télégraphique dont j'ai la clef.

— Mais la cause de l'arrivée de ces dames? Je ne suis pas curieux, pourtant je désire bien apprendre que ce n'est pas pour toi un motif de chagrin ou de crainte.

— Non, Dieu merci! Cette cause reste mystérieuse. Paule croit que sa belle-sœur était réellement inquiète de Valvèdre. Je ne suis pas aussi candide; mais Alida est charmante avec moi, et je suis rassuré. Viens.

Madame de Valvèdre s'était emparée du logement de son mari, qui était assez vaste, eu égard aux proportions du chalet. Il se composait de trois chambres dans l'une desquelles Paule préparait le thé en nous attendant. Elle était si peu coquette, qu'elle avait gardé sa robe de voyage toute fripée et ses cheveux dénoués et en désordre sous son chapeau de paille. C'était peut-être un sacrifice qu'elle avait fait à Obernay de rester ainsi, pour ne pas perdre un seul des instants qu'ils pouvaient passer ensemble. Pourtant je trouvai qu'elle acceptait trop bien cet abandon de sa personne, et je pensai tout de suite qu'elle n'était pas assez femme pour devenir autre chose que la femme d'un savant. J'en félicitai Obernay dans mon cœur; mais tout sentiment d'envie ou de regret personnel fit place à une franche sympathie pour la bonté et la raison dont sa future était douée.

Madame de Valvèdre n'était pas là. Elle resta dans sa chambre jusqu'au moment où Paule frappa à la porte en lui criant que c'était bientôt l'heure du signal. Elle sortit alors de ce sanctuaire, et je vis qu'elle avait endossé un délicieux négligé. Ce n'était peut-être pas bien conforme aux agitations d'esprit qu'elle affichait; mais, si par hasard elle avait fait cette toilette à mon intention, pouvais-je ne pas lui en savoir gré?

Elle m'apparut tellement différente de ce qu'elle m'avait semblé sur le sentier de la montagne, que, si je l'eusse revue ailleurs que chez elle, j'eusse hésité à la reconnaître. Perchée sur son mulet et drapée dans son burnous, je l'avais imaginée grande et forte ; elle était, en réalité, petite et délicate. Animée par la chaleur, sous le reflet de son ombrelle, elle m'avait paru rouge et comme marbrée de tons violacés. Elle était pâle et de la carnation la plus fine et la plus lisse. Ses traits étaient charmants, et toute sa personne avait, comme sa mise, une exquise distinction.

J'eus à peine le temps de la regarder et de la saluer. L'heure approchait, et l'on se précipitait sur le balcon. Elle s'y plaça la dernière, sur un siége que je lui présentai, et, m'adressant la parole avec douceur :

— Il me semble, dit-elle, que les premiers gîtes de ceux qui entreprennent de semblables courses n'ont rien d'inquiétant.

— En effet, répondit Obernay, ce gîte est un trou dans le rocher, avec quelques pierres alentour. On n'y est pas trop bien, mais on y est en sûreté. Attention cependant ! Voici les cinq minutes écoulées...

— Où faut-il regarder? demanda vivement mademoiselle de Valvèdre.

— Où je vous ai dit. Et pourtant... non ! voici la fusée blanche. C'est de beaucoup plus haut qu'elle part. Il aura dédaigné l'étape marquée par les guides. Il est sur les grands plateaux, si je ne me trompe.

— Mais les grands plateaux ne sont-ils pas des plaines de neige?

— Permettez... Seconde fusée blanche !... La neige

est dure, et il a installé sa tente sans difficulté... Troisième fusée blanche! Ses instruments ont bien supporté le voyage, rien n'est cassé ni endommagé. Bravo!

— Dès lors il passera une meilleure nuit que nous, dit madame de Valvèdre; car ses instruments sont ce qu'il a de plus cher au monde.

— Pourquoi, madame, ne dormiriez-vous pas tranquille? me hasardai-je à dire à mon tour. M. de Valvèdre est si bien prémuni contre le froid; il a une telle expérience de ces sortes d'aventures...

Madame de Valvèdre sourit imperceptiblement, soit pour me remercier de mes consolations, soit pour les dédaigner, soit encore parce qu'elle me trouvait bien naïf de croire qu'un mari comme le sien pût être la cause de ses insomnies. Elle quitta le balcon où Obernay, n'attendant plus d'autre signal, restait à parler de Valvèdre avec Paule, et, comme je suivais Alida auprès de la table à thé, je fus encore une fois très-indécis sur le charme de sa physionomie. Il sembla qu'elle devinait mon incertitude, car elle s'étendit nonchalamment sur une sorte de chaise longue assez basse, et je pus la voir enfin, éclairée en entier par la lampe placée sur la table.

Je la contemplais depuis un instant sans parler, et légèrement troublé, lorsqu'elle leva lentement ses yeux sur les miens, comme pour me dire : « Eh bien, vous décidez-vous enfin à voir que je suis la plus parfaite créature que vous ayez jamais rencontrée? » Ce regard de femme fut si expressif, que je le sentis passer en moi, de la tête aux pieds, comme un frisson brûlant, et que je m'écriai éperdu :

— Oui, madame, oui !

Elle vit à quel point j'étais jeune et ne s'en offensa point; car elle me demanda avec un étonnement peu marqué à quoi je répondais.

— Pardon, madame, j'ai cru que vous me parliez!
— Mais pas du tout. Je ne vous disais rien !

Et un second regard, plus long et plus pénétrant que le premier, acheva de me bouleverser, car il m'interrogeait jusqu'au fond de l'âme.

A ceux qui n'ont pas rencontré le regard de cette femme, je ne pourrai jamais faire comprendre quelle était sa puissance mystérieuse. L'œil, extraordinairement long, clair et bordé de cils sombres qui le détachaient du plan de la joue par une ombre changeante, n'était ni bleu, ni noir, ni verdâtre, ni orangé. Il était tout cela tour à tour, selon la lumière qu'il recevait ou selon l'émotion intérieure qui le faisait pâlir ou briller. Son expression habituelle était d'une langueur inouïe, et nul n'était plus impénétrable quand il rentrait son feu pour le dérober à l'examen; mais en laissait-il échapper une faible étincelle, toutes les angoisses du désir ou toutes les défaillances de la volupté passaient dans l'âme dont il voulait s'emparer, si bien gardée ou si méfiante que fût cette âme-là.

La mienne n'était nullement avertie, et ne songea pas un instant à se défendre. Elle vit bien celle qui venait de me réduire! Nous n'avions échangé que les trois paroles que je viens de rapporter, et Obernay s'approchait de nous avec sa fiancée, que tout était déjà consommé dans ma pensée et dans ma conscience; j'avais rompu avec mes devoirs, avec ma famille, avec ma destinée, avec moi-même; j'appartenais aveuglément, exclusivement, à cette femme, à cette inconnue, à cette magicienne.

Je ne sais rien de ce qui fut dit autour de cette petite table, où Paüle de Valvèdre remuait des tasses en échangeant de calmes répliques avec Obernay. J'ignore absolument si je bus du thé. Je sais que je présentai une tasse à madame de Valvèdre et que je restai près d'elle, les yeux attachés sur son bras mince et blanc, n'osant plus regarder son visage, persuadé que je perdrais l'esprit et tomberais à ses pieds, si elle me regardait encore. Quand elle me rendit la tasse vide, je la reçus machinalement et ne songeai point à m'éloigner. J'étais comme noyé dans les parfums de sa robe et de ses cheveux. J'examinais plutôt stupidement que sournoisement les dentelles de ses manchettes, le fin tissu de son bas de soie, la broderie de sa veste de cachemire, les perles de son bracelet, comme si je n'eusse jamais vu de femme élégante, et comme si j'eusse voulu m'instruire des lois du goût. Une timidité qui était presque de la frayeur m'empêchait de penser à autre chose qu'à ce vêtement dont émanait un fluide embrasé qui m'empêchait de respirer et de parler. Obernay et Paule parlaient pour quatre. Que de choses ils avaient donc à se dire! Je crois qu'ils se communiquaient des idées excellentes dans un langage meilleur encore; mais je n'entendis rien. J'ai constaté plus tard que mademoiselle de Valvèdre avait une belle intelligence, beaucoup d'instruction, un jugement sain, élevé, et même un grand charme dans l'esprit; mais, en ce moment où, recueilli en moi-même, je ne songeais qu'à contenir les battements de mon cœur, combien je m'étonnais de la liberté morale de ces heureux fiancés qui s'exprimaient si facilement et si abondamment leurs pensées! Ils avaient déjà l'amour communicatif, l'amour conjugal : pour moi, je sentais que le désir est farouche et la passion muette.

Alida avait-elle de l'esprit naturel? Je ne l'ai jamais su, bien que je l'aie entendue dire des choses frappantes et parler quelquefois avec l'éloquence de l'émotion; mais, d'habitude, elle se taisait, et, ce soir-là, soit qu'elle voulût ne rien révéler de son âme, soit qu'elle fût brisée de fatigue ou fortement préoccupée, elle ne prononça qu'avec effort quelques mots insignifiants. Je me trouvais et je restais assis beaucoup trop près d'elle; j'aurais pu et j'aurais dû être à distance plus respectueuse. Je le sentais et je me sentais aussi cloué à ma place. Elle en souriait sans doute intérieurement, mais elle ne paraissait pas y prendre garde, et les deux fiancés étaient trop occupés l'un de l'autre pour s'en apercevoir. Je serais resté là toute la nuit sans faire un mouvement, sans avoir une idée nette, tant je me trouvais mal et bien à la fois. Je vis Obernay serrer fraternellement la main de Paule en lui disant qu'elle devait avoir besoin de dormir. Je me retrouvai dans ma chambre sans savoir comment j'avais pu prendre congé et quitter mon siége ; je me jetai sur mon lit à moitié déshabillé, comme un homme ivre.

Je ne repris possession de moi-même qu'au premier froid de l'aube. Je n'avais pas fermé l'œil. J'avais été en proie à je ne sais quel délire de joie et de désespoir. Je me voyais envahi par l'amour, que, jusqu'à cette heure de ma vie, je n'avais connu qu'en rêve, et que l'orgueil un peu sceptique d'une éducation recherchée m'avait fait à la fois redouter et dédaigner. Cette révélation soudaine avait un charme indicible, et je sentais qu'un homme nouveau, plus énergique et plus entreprenant, avait pris place en moi; mais l'ardeur de cette volonté que j'étais encore si peu sûr de pouvoir assouvir me torturait, et, quand elle se calma, elle fut suivie d'un grand effroi. Je ne me demandai certes pas si, envahi à ce point, je n'étais pas perdu ; ceci m'importait peu. Je ne me consultai que sur la marche à suivre pour n'être pas ridicule, importun et bientôt éconduit. Dans ma folie, je raisonnai très-serré ; je me traçai un plan de conduite. Je compris que je ne devais rien laisser soupçonner à Obernay, vu que son amitié pour Valvèdre me le rendrait infailliblement contraire. Je résolus de gagner sa confiance en paraissant partager ses préventions contre Alida, et de savoir par lui tout ce que je pouvais craindre ou espérer d'elle. Rien n'était plus étranger à mon caractère que cette perfidie, et, chose étonnante, elle ne me coûta nullement. Je ne m'y étais jamais essayé, j'y fus passé maître du premier coup. Au bout de deux heures de promenade matinale avec mon ami, je tenais tout ce qu'il m'avait marchandé jusque-là, je savais tout ce qu'il savait lui-même.

II

Sans fortune et sans aïeux, Alida avait été choisie par Valvèdre. L'avait-il aimée? l'aimait-il encore? Personne ne le savait; mais personne n'était fondé à croire que l'amour n'eût pas dirigé son choix, puisque Alida n'avait d'autre richesse que sa beauté. Pendant les premières années, ce couple avait été inséparable. Il est vrai que peu à peu, depuis cinq ou six ans, Valvèdre avait repris sa vie d'exploration et de voyages, mais sans paraître délaisser sa compagne et sans cesser de l'entourer de soins, de luxe, d'égards et de condescendances. Il était faux, selon Obernay, qu'il la retînt prisonnière dans sa villa, ni que mademoiselle Juste de Valvèdre, l'aînée de ses belles-sœurs, fût une duègne chargée de l'opprimer. Mademoiselle Juste était, au contraire, une personne du plus grand mérite, chargée de l'éducation première des enfants et de la gouverne de la maison, soins auxquels Alida elle-même se déclarait impropre. Paule avait été élevée par sa sœur aînée. Toutes trois vivaient donc à leur guise : Paule soumise par goût et par devoir à sa sœur Juste, Alida complétement indépendante de l'une et de l'autre.

Quant aux aventures qu'on lui prêtait, Obernay n'y croyait réellement pas; du moins aucune liaison exclusive n'avait pris une place ostensible dans sa vie depuis qu'il la connaissait.

— Je la crois coquette, disait-il, mais *par genre* ou par désœuvrement. Je ne la juge ni assez active ni assez énergique pour avoir des passions ou seulement des fantaisies un peu vives. Elle aime les hommages, elle s'ennuie quand elle en manque, et peut-être en manque-t-elle un peu à la campagne. Elle en manque aussi chez nous à Genève, où elle nous fait l'honneur d'accepter de temps en temps l'hospitalité. Notre entourage est un peu sérieux pour elle; mais ne voilà-t-il pas un grand malheur qu'une femme de trente ans soit forcée, par les convenances, de vivre d'une manière raisonnable? Je sais que, pour lui complaire, son mari l'a menée beaucoup dans le monde autrefois; mais il y a temps pour tout. Un savant se doit à la science, une mère de famille à ses enfants. A te dire le vrai, j'ai médiocre opinion d'une cervelle de femme qui s'ennuie au sein de ses devoirs.

— Il paraît cependant qu'elle y est soumise, puisque, libre de se lancer dans le tourbillon, elle vit dans la retraite.

— Il faudrait qu'elle s'y lançât toute seule, et ce n'est pas bien aisé, à moins d'une certaine vitalité audacieuse qu'elle n'a pas. A mon avis, elle ferait mieux d'en avoir le courage, puisqu'elle en a l'aspiration, et mieux vaudrait pour Valvèdre avoir une femme tout à fait légère et dissipée, qui le laisserait parfaitement libre et tranquille, qu'une élégie en jupons qui ne sait prendre aucun parti, et dont l'attitude brisée semble être une protestation contre le bon sens, un reproche à la vie rationnelle.

— Tout cela est bien aisé à dire, pensai-je; peut-être cette femme soupire-t-elle après autre chose que les plaisirs frivoles; peut-être a-t-elle grand besoin d'aimer, surtout si son mari lui a fait connaître l'amour avant de la délaisser pour la physique et la chimie. Telle femme commence réellement la vie à trente ans, et la société de deux marmots et de deux belles-sœurs infiniment vertueuses ne me paraît pas un idéal auquel je voulusse me consacrer. Pourquoi exigeons-nous de la beauté, qui est exclusivement faite pour l'amour, ce que nous autres, le *sexe laid,* nous ne serions pas capables d'accepter; M. de Valvèdre, à quarante ans, est tout entier à la passion des sciences. Il a trouvé fort juste de pouvoir planter là les sœurs, les marmots et la femme par-dessus le marché... Il est vrai qu'il lui laisse la liberté... Eh bien, qu'elle en profite, c'est son droit, et c'est la tâche d'une âme ardente et jeune comme la mienne de lui faire vaincre les scrupules qui la retiennent!

Je me gardai bien de faire part de ces réflexions à Obernay. Je feignis, au contraire, d'acquiescer à tous ses jugements, et je le quittai sans lui avoir opposé la plus légère contradiction. — Je devais revoir Alida, comme la veille, à l'heure du signal de Valvèdre. Fatiguée de la journée de mulet qu'elle avait faite pour venir de Varallo à Saint-Pierre, elle gardait le lit. Paule travaillait à ranger des plantes qu'elle avait fait cueillir en route par les guides, et qu'elle devait, dans la soirée, examiner avec son fiancé, qui lui apprenait la botanique. Instruit de ces détails, et voyant Obernay partir tranquillement pour la promenade en attendant l'heure d'être admis à faire sa cour, je me dispensai de l'accompagner. J'errai à l'aventure autour de la maison et dans la maison même, observant les allées et venues du domestique et de la femme de chambre d'Alida, essayant de surprendre les paroles qu'ils échangeaient, espionnant en un mot, car il me venait comme des révélations d'expérience, et je me disais avec raison que, pour juger le problème de la conduite d'une femme, il fallait avant tout examiner l'attitude des gens qui la servaient. Ceux-ci me parurent empressés de la satisfaire; car, sonnés à plusieurs reprises, ils parcoururent la galerie, montèrent et redescendirent vingt fois l'escalier sans témoigner d'humeur.

J'avais laissé la porte de ma chambre ouverte; il

n'y avait pas d'autres voyageurs que nous, et la belle auberge rustique d'Ambroise était si tranquille, que je ne perdais rien de ce qui s'y passait. Tout à coup j'entendis un grand frôlement de jupons au bout du corridor. Je m'élançai, croyant qu'on se décidait à sortir; mais je ne vis passer qu'une belle robe de soie dans les mains de la femme de chambre. Elle venait sans doute de la déballer, car un nouveau mulet chargé de caisses et de cartons était arrivé depuis quelques instants devant l'auberge. Cette circonstance me fit espérer un séjour de plusieurs journées à Saint-Pierre; mais comme celle dont j'attendais la fin me paraissait longue! Serait-elle donc perdue absolument pour mon amour? Que pouvais-je inventer pour la remplir, ou pour faire révoquer l'arrêt des convenances qui me tenait éloigné?

Je me livrai à mille projets plus fous les uns que les autres. Tantôt je voulais me déguiser en marchand d'agates herborisées pour me faire admettre dans ce sanctuaire dont je voyais la porte s'ouvrir à chaque instant; tantôt je voulais courir après quelque montreur d'ours et faire grogner ses bêtes de manière à attirer les voyageuses à leur fenêtre. Il me prit aussi envie de décharger un pistolet pour causer quelque inquiétude dans la maison; on croirait peut-être à un accident, on enverrait peut-être savoir de mes nouvelles, et même si j'étais un peu blessé...

Cette extravagance me sourit tellement, qu'il s'en fallut de bien peu qu'elle ne fût mise à exécution.

Enfin je m'arrêtai à un parti moins dramatique qui fut de jouer du hautbois. J'en jouais très-bien, au dire de mon père, qui était bon musicien, et que ne contredisaient pas trop, sous ce rapport, les artistes qui fréquentaient notre maison belge. Ma porte était assez éloignée de celle de madame de Valvèdre pour que ma musique ne troublât pas trop son sommeil, si elle dormait, et, si, elle ne dormait pas, ce qui était plus que probable d'après les fréquentes entrées de sa suivante, elle s'informerait peut-être de l'agréable virtuose : mais quel fut mon dépit lorsqu'au beau milieu de ma plus belle mélodie le valet de chambre, ayant frappé discrètement à ma porte, me tint d'un air aussi embarrassé que respectueux le discours suivant :

— Je demande bien des pardons à monsieur ; mais, si monsieur ne tient pas absolument à faire ses études dans une auberge, il y a madame qui est très-souffrante, et qui demande en grâce à monsieur...

Je lui fis signe que c'était assez d'éloquence, et je remis avec humeur mon instrument dans son étui. Elle voulait donc absolument dormir ! Mon dépit devint une sorte de rage, et je fis des vœux pour qu'elle eût de mauvais rêves ; mais un quart d'heure ne se passa pas sans que je visse reparaître le domestique. Madame de Valvèdre me remerciait beaucoup, et, ne pouvant dormir malgré mon silence, elle m'autorisait à reprendre mes études musicales ; en même temps, elle me faisait demander si je n'avais pas un livre quelconque à lui prêter, *pourvu que ce fût un ouvrage littéraire et pas scientifique.* Le valet fit si bien cette commission, que je pensai qu'il l'avait, cette fois, apprise par cœur. J'avais, pour toute bibliothèque de voyage, un ou deux romans nouveaux en petit format, contrefaçon achetée à Genève, et un tout petit bouquin anonyme que j'hésitai un instant à joindre à mon envoi, et que j'y glissai, ou plutôt que j'y jetai tout à coup, avec l'émotion de l'homme qui brûle ses vaisseaux.

Ce mince bouquin était un recueil de vers que j'avais publié à vingt ans sous le voile de l'anonyme, encouragé par un oncle éditeur qui me gâtait, et averti par mon père que je ferais sagement de ne pas compromettre son nom et le mien pour le plaisir de produire cette bagatelle.

— Je ne trouve pas tes vers trop mauvais, m'avait dit cet excellent père; il y a même des pièces qui me plaisent; mais, puisque tu te destines aux lettres, contente-toi de lancer ceci comme un ballon d'essai, et ne t'en vante pas, si tu veux savoir ce qu'on en pense. Si tu es discret, cette première expérience te servira. Si tu ne l'es pas, et que ton livre soit raillé, d'une part tu en auras du dépit, de l'autre tu te seras créé un fâcheux précédent qu'il sera difficile de faire oublier.

J'avais religieusement suivi ce bon conseil. Mes petits vers n'avaient pas fait grand bruit, mais ils n'avaient pas déplu, et même quelques passages avaient été remarqués. Ils n'avaient, selon moi, qu'un mérite, ils étaient sincères. Ils exprimaient l'état d'une jeune âme avide d'émotions, qui ne se pique pas d'une fausse expérience, et qui ne se vante pas trop d'être à la hauteur de ses rêves.

C'était certes une grande imprudence que je venais de commettre en les envoyant à madame de Valvèdre. Si elle devinait l'auteur et qu'elle trouvât les vers ridicules, j'étais perdu. L'amour-propre ne m'aveuglait pas. Mon livre était l'œuvre d'un enfant. Une femme de trente ans s'intéresserait-elle à des élans si naïfs, à une candeur si peu fardée?... Mais pourquoi me devinerait-elle ? n'avais-je pas su garder mon secret avec mes meilleurs amis? Et, si j'étais plus troublé à l'idée de ses sarcasmes que je ne pouvais l'être de ceux de toute autre personne, n'avais-je pas une chance de guérison dans le dépit que sa dureté me causerait?

Je ne voulais pourtant pas guérir, je ne le sentais que trop, et les heures se traînaient, mortellement lentes, plus cruelles encore depuis que j'avais fait ce coup de tête d'envoyer mon cœur de vingt ans à une femme nerveuse et ennuyée qui ne lui accorderait peut-être pas un regard. Aucune nouvelle communication ne m'arrivant plus, je sortis pour ne pas étouffer. J'accostai le premier passant, et parlai haut sous la fenêtre des voyageuses. Personne ne parut. J'avais envie de rentrer, et je m'éloignai pourtant, ne sachant où j'allais.

Je marchais à l'aventure sur le chemin qui mène à Varallo, lorsque je vis venir à moi un personnage que je crus reconnaître et dont l'approche me fit singulièrement tressaillir. C'était M. Moserwald, je ne me trompais pas. Il montait à pied une côte rapide; son petit char de voyage le suivait avec ses effets. Pourquoi le retour de cet homme me sembla-t-il un événement digne de remarque? Il parut s'étonner de mes questions. Il n'avait pas dit qu'il quittât la vallée définitivement. Il était allé faire une excursion dans les environs, et, comptant en faire d'autres, il revenait à Saint-Pierre comme au seul gîte possible à dix lieues à la ronde. Pour lui, il n'était pas grand marcheur, disait-il; il ne tenait pas à se casser le cou pour regarder de haut : il trouvait les montagnes plus belles, vues à mi-côte. Il admirait fort les chercheurs d'aventures, mais il leur souhaitait bonne chance et prenait ses aises le plus qu'il pouvait. Il ne comprenait pas qu'on parcourût les Alpes à pied et avec économie. Il fallait là plus qu'ailleurs dépenser beaucoup d'argent pour se divertir un peu.

Après beaucoup de lieux communs de ce genre, il me salua et remonta dans son véhicule; puis, arrêtant son conducteur au premier tour de roue, il me rappela en disant :

— J'y songe! C'est bientôt l'heure du dîner là-bas, et vous êtes peut-être en retard? Voulez-vous que je vous ramène?

Il me sembla qu'après s'être montré très-balourd, à dessein peut-être, il attachait sur moi un regard de perspicacité soudaine. Je ne sais quelle défiance ou quelle curiosité cet homme m'inspirait. Il y avait de l'un et de l'autre. Mon rêve m'avait laissé une superstition. Je pris place à ses côtés.

— Avez-vous quelque voyageur nouveau ici? me dit-il en me montrant le hameau, dont le petit clocher à jour se dessinait en blanc vif sur un fond de verdure sombre.

Des *voyageurs?* Non! répondis-je en me retranchant dans un jésuitisme des plus maladroits.

Je me sentais beaucoup moins d'aplomb pour cacher mon trouble à Moserwald, dont la sincérité m'était suspecte, que je n'en éprouvais à tromper effrontément Obernay, le plus droit, le plus sincère des hommes. C'était comme un châtiment de ma duplicité, cette lutte avec un juif qui s'y entendait beaucoup mieux que moi, et j'étais humilié de me trouver engagé dans cet assaut de dissimulation. Il eut un sourire d'astuce niaise en reprenant :

— Alors vous n'avez pas vu passer une certaine caravane de femmes, de guides et de mulets?... Moi, je l'ai rencontrée hier au soir, à dix lieues d'ici, au village de Varallo, et je croyais bien qu'elle s'arrêterait à Saint-Pierre; mais, puisque vous dites qu'il n'est arrivé personne...

Je me sentis rougir, et je me hâtai de répondre avec un sourire forcé que j'avais nié l'arrivée de nouveaux voyageurs, non celle de voyageuses inattendues.

— Ah! bien! vous avez joué sur le mot!... Avec

vous, il faut préciser le genre, je vois cela. N'importe, vous avez vu ces belles chercheuses d'aventures; quand je dis ces belles..., vous allez peut-être me reprocher de ne pas faire accorder le nombre plus que le genre..., car il n'y en a qu'une de belle ! L'autre..., c'est, je crois, la petite sœur du géologue..., est tout au plus passable. Vous savez que monsieur... comment l'appelez-vous?... votre ami? n'importe, vous savez qui je veux dire : il l'épouse !

— Je n'en sais rien du tout ; mais, si vous le croyez, si vous l'avez ouï dire, comment avez-vous eu le mauvais goût de faire des plaisanteries, l'autre jour, sur ses relations avec...?

— Avec qui donc? Qu'est-ce que j'ai dit? Vrai ! je ne m'en souviens plus! On dit tant de choses dans la conversation! *Verba volant!* N'allez pas croire que je sache le latin! Qu'est-ce que j'ai dit? Voyons! dites donc !

Je ne répondis pas. J'étais plein de dépit. Je m'enferrais de plus en plus; j'avais envie de chercher noise à ce Moserwald, et pourtant il fallait prendre tout en riant ou le laisser lire dans mon cerveau bouleversé. J'eus beau essayer de rompre l'entretien en lui montrant les beaux troupeaux qui passaient près de nous, il y revint avec acharnement et il me fallut nommer madame de Valvèdre. Il fut aveugle ou charitable : il ne releva pas l'étrange physionomie que je dus avoir en prononçant ce nom terrible.

— Bon! s'écria-t-il avec sa légèreté naturelle ou

affectée : j'ai dit cela, moi, que M. Obernay (voilà son nom qui me revient) avait des vues sur la femme de son ami? C'est possible!... On a toujours des vues sur la femme de son ami... Je ne savais pas alors qu'il dût épouser la belle-sœur, parole ! Je ne l'ai su qu'hier au matin en faisant causer le domestique de ces dames. Je vous dirai bien que cela ne me paraît pas une raison sans appel... Je suis sceptique, moi, je vous l'ai dit; mais je ne veux pas vous scandaliser, et je veux bien croire... Mon Dieu, comme vous êtes distrait! A quoi donc pensez-vous?

— A rien, et c'est votre faute! Vous ne dites rien qui vaille. Vous n'avez pas le sens commun, mon cher, avec vos idées de profonde scélératesse. Quel mauvais genre vous avez là ! C'est très-mal porté, surtout quand on est riche et gras.

Si j'avais su combien il était impossible de fâcher Moserwald, je me serais dispensé de ces duretés gratuites, qui le divertissaient beaucoup. Il aimait qu'on s'occupât de lui, même pour le rudoyer ou le railler.

— Oui, oui, vous avez raison ! reprit-il comme transporté de reconnaissance ; vous me dites ce que me disent tous mes amis, et je vous en sais gré. Je suis ridicule, et c'est là le plus triste de mon affaire ! J'ai le spleen, mon cher, et l'incrédulité des autres sur mon compte vient s'ajouter à celle que j'ai envers tout le monde et envers moi-même. Oui, je devrais être heureux, parce que je suis riche et bien portant, parce que je suis gras ! Et cependant je m'ennuie, j'ai mal au foie, je ne crois pas aux hommes, aux femmes encore moins! Ah çà! comment faites-vous pour croire aux femmes, par exemple? Vous me direz que vous êtes jeune! Ce n'est pas une raison. Quand on est très-instruit et très-intelligent, on n'est jamais jeune. Pourtant voilà que vous êtes amoureux...

— Moi! où prenez-vous cela?

— Vous êtes amoureux, je le vois, et aussi naïvement que si vous étiez sûr de réussir à être aimé; mais, mon cher enfant, c'est la chose impossible, cela! On n'est jamais aimé que par intérêt! Moi, je l'ai été parce que j'ai un capital de plusieurs millions; vous, vous le serez parce que vous avez un capital de vingt-trois ou vingt-quatre ans, de cheveux noirs, de regards brûlants, capital qui promet une somme de plaisirs d'un autre ordre et non moins positifs que ceux que mon argent représente, beaucoup plus positifs, devrais-je dire, car l'argent procure des plaisirs élevés, le luxe, les arts, les voyages... tandis que, lorsqu'une femme préfère à tout cela un beau garçon pauvre, on peut être sûr qu'elle fait grand cas de la réalité. Mais ce n'est pas de l'amour comme nous l'entendons, vous et moi. Nous voudrions être aimés pour nous-mêmes, pour notre esprit, pour nos qualités sociales, pour notre mérite personnel enfin. Eh bien, voilà ce que vous achèterez probablement au prix de votre liberté, ce que je payerais volontiers de toute ma fortune, et ce que nous ne rencontrerons jamais! Les femmes n'ont pas de cœur. Elles se servent du mot *vertu* pour cacher leur infirmité, et avec cela elles font encore des dupes! des dupes que j'envie, je vous le déclare...

— Ah çà! m'écriai-je en interrompant ce flux de philosophie nauséabonde, que me chantez-vous là depuis une heure? Vous me dites que vous avez été aimé, que je le serai...

— Ah! mon Dieu! vous croyez que je vous parlais de madame de Valvèdre? Je n'y pensais pas, mon cher, je parlais en général. D'abord je ne la connais pas; sur l'honneur, je ne lui ai jamais parlé. Quant à vous... vous ne pouvez pas la connaître encore; vous lui avez peut-être parlé cependant?... A propos, la trouvez-vous jolie?

— Qui? madame de Valvèdre? Pas du tout, mon cher, elle m'a semblé laide.

Je fis cette réponse avec tant d'assurance, une assurance si désespérée (je voulais à tout prix me soustraire aux investigations de Moserwald), que celui-ci en fut dupe, et me laissa voir sa satisfaction. Quand nous descendîmes de voiture, j'avais enfin réussi à lui ôter la lumière qu'il avait cru saisir, qu'il avait saisie un moment, et il retombait dans les ténèbres, tout en me laissant son secret dans les mains. Il était bien évidemment revenu à Saint-Pierre parce qu'il avait rencontré madame de Valvèdre à Varallo, parce qu'il avait questionné son laquais, parce qu'il était épris d'elle, parce qu'il espérait lui plaire, et il m'avait tâté pour voir s'il ne me trouverait pas en travers de son chemin.

4.

Ayant appris d'Antoine que les dames de Valvèdre ne dîneraient pas en bas, je voulus me soustraire au déplaisir d'un nouveau tête-à-tête avec Moserwald en me faisant servir mystérieusement dans un coin du petit jardin de mon hôte, quand celui-ci m'annonça que je serais seul dans sa grande salle basse avec Obernay, l'israélite ayant dit qu'il souperait peut-être dans la soirée.

— Et que fait-il? où est-il maintenant? demandai-je.

— Il est chez madame de Valvèdre, répondit Antoine, dont la figure prit une expression d'étonnement comique à l'aspect de ma stupeur.

— Ah çà! m'écriai-je, il la connaît donc?

— Je n'en sais rien, monsieur; comment voulez-vous que je sache?...

— C'est juste, cela vous est fort égal, et, quant à moi... Mais vous le connaissez, vous, ce M. Moserwald?

— Non, monsieur; je l'ai vu avant-hier pour la première fois.

— Il vous avait dit en partant qu'il reviendrait bientôt?

— Non, monsieur, il ne m'avait rien dit du tout.

Je ne sais quelle sourde colère s'était emparée de moi en apprenant que ce juif avait eu l'audace ou l'habileté, à peine débarqué, de pénétrer auprès d'Alida, qu'il prétendait ne pas connaître. Obernay s'attarda beaucoup, il faisait nuit quand il rentra; je l'avais attendu pour dîner, et sans mérite aucun, je n'avais certes pas faim. Je ne lui parlai pas de Moserwald, craignant de trahir ma jalousie.

— Mets-toi à table, me dit-il, il me faut absolument un quart d'heure pour arranger quelques plantes fontinales extrêmement délicates que je rapporte.

Il me quitta, et Antoine me servit mon repas, disant qu'il connaissait les quarts d'heure d'Obernay déballant son butin de botaniste, et que ce n'était pas une raison pour me faire manger un rôti desséché. J'étais à peine assis, que Moserwald parut, s'écria qu'il était charmé de ne pas souper seul, et ordonna à notre hôte de le servir vis-à-vis de moi, ceci sans m'en demander aucunement la permission. Cette familiarité, qui m'eût diverti dans une autre situation d'esprit, me parut intolérable, et j'allais le lui faire entendre quand, la curiosité dominant toutes mes autres angoisses, je résolus de me contenir et de le faire parler. C'était une curiosité douloureuse et indignée ; mais je fus stoïque, et, d'un air tout à fait dégagé, je lui demandai s'il avait réussi à voir madame de Valvèdre.

— Non, répondit-il en se frottant les mains ; mais je la verrai tantôt avec vous, dans une heure.

— Ah ! vraiment ?

— Cela vous étonne ? C'est pourtant bien simple. Ma figure et ma voix étaient déjà connues de la belle-sœur, qui m'avait remarqué à Varallo. Oh ! je dis cela sans fatuité, je n'ai pas de prétention de ce côté-là. Je note qu'elle m'avait remarqué avant-hier en passant dans ce village où nous nous croisions. Eh bien, nous

nous sommes rencontrés de nouveau tout à l'heure, là-haut, dans la galerie. Elle est toute franche, toute confiante, cette grande fille; elle est venue à moi pour savoir si je n'avais pas recueilli sur mon chemin quelque nouvelle de son frère.

— Dont vous ne saviez rien?

— Pardon! avec de l'argent, on sait toujours ce qu'on veut savoir. Voyant ces dames inquiètes, j'avais, dès hier au soir, dépêché le plus hardi montagnard de Varallo vers la station présumée de M. de Valvèdre. Ah! dame! cela m'a coûté cher; pendant la nuit et par des sentiers impossibles, il a prétendu que cela valait...

— Faites-moi grâce des écus que vous avez dépensés. Vous avez des nouvelles de l'expédition?

— Oui, et de très-bonnes. La sœur a failli me sauter au cou. Elle voulait tout de suite me présenter à madame de Valvèdre; mais celle-ci, qui avait passé la journée dans son lit, était en train de se lever et m'a remis à tantôt. Voilà, mon cher! ce n'est pas plus malin que ça?

Moserwald ne dissimulait plus ses projets; il avait trop besoin de se vanter de son habileté et de sa libéralité pour être prudent. Ma jalousie essaya de se calmer. Que pouvais-je craindre d'un concurrent si vain et si vulgaire? N'était-ce pas faire injure à une femme exquise comme l'était Alida que de redouter pour elle les séductions d'un Moserwald?

J'allais le questionner davantage quand Obernay

vint manger à la hâte et avec preoccupation un reste de volaille ; après quoi, il regarda sa montre et nous dit qu'il était temps de monter chez ces dames pour voir partir les fusées.

— Il paraît, dit-il à Moserwald, que vous êtes invité à prendre le thé là-haut en remerciement des bonnes nouvelles que vous avez données, ce dont, pour ma part, je vous sais gré ; mais permettez-moi une question.

— Mille, si vous voulez, *mon très-cher*, répondit Moserwald avec aisance.

— Vous avez dépêché un montagnard vers la pointe de l'Ermitage ; il s'y est rendu à travers mille périls, et vous l'avez attendu à Varallo jusqu'à ce matin. A-t-il vu M. de Valvèdre ? lui a-t-il parlé ?

— Il l'a vu de trop loin pour lui parler, mais il l'a vu.

— C'est fort bien ; mais, s'il vous prenait l'obligeante fantaisie d'envoyer encore des exprès et qu'ils parvinssent jusqu'à lui, veuillez ne pas les charger de lui dire que sa femme et sa sœur sont à sa recherche.

— Pas si sot ! s'écria Moserwald avec un rire d'une ingénuité admirable.

— Comment, pas si sot ? répliqua Obernay surpris en le regardant entre les deux yeux.

Moserwald fut embarrassé un instant ; mais son esprit délié lui suggéra vite une réponse assez ingénieuse.

— Je sais fort bien, reprit-il, que votre savant ami

serait fort contrarié de l'arrivée et de l'inquiétude de ces dames. Quand on risque ses os dans une pareille campagne et que l'on a dans l'esprit les grands problèmes de science auxquels je déclare ne rien comprendre, mais dont j'admets la passion, vu que je comprends toutes les passions, moi qui vous parle...

Obernay l'interrompit avec impatience en jetant sa serviette.

— Enfin, dit-il, vous avez deviné la vérité. M. de Valvèdre a besoin de toute la liberté d'esprit possible en ce moment. Montons, nous n'avons plus le temps de causer.

Alida était mise plus simplement que la veille. Je lui sus un gré infini de ne pas s'être parée pour Moserwald; elle n'en était, d'ailleurs, que plus belle. Je ne sais pas si sa belle-sœur était moins négligée que le jour précédent; je crois que je ne la vis pas du tout ce soir-là. J'étais si rempli de mon drame intérieur, que je m'imaginais presque être en tête-à-tête avec madame de Valvèdre.

Son premier accueil fut froid et méfiant. Elle parut être impatiente de voir partir la fusée. Je ne la suivis pas sur le balcon. Je ne sais pas si les signaux furent de bon augure, je ne me souviens pas de m'en être enquis. Je sais seulement qu'un quart d'heure après, Paule de Valvèdre et son fiancé étaient assis à une grande table, et qu'ils examinaient des plantes, baptisant de noms barbares ou pompeux la bourrache et le chiendent, pendant que madame de Valvèdre, à demi couchée sur sa chaise longue, avec un guéridon placé entre elle et moi, brodait nonchalamment sur du gros canevas, comme pour se dispenser de rencontrer les regards. Je voyais bien, à ses mains distraites, qu'elle ne travaillait que pour se renfermer en elle-même. Ses traits expressifs avaient en ce moment une placidité mystérieuse. Il n'y avait, à coup sûr, aucune affinité sympathique entre elle et Moserwald. Je remarquai même avec plaisir qu'au fond des paroles de politesse et de remerciement qu'elle lui adressa dans une forme très-laconique, il y avait un léger dédain.

Je me rassurai tout à fait en remarquant aussi que l'israélite, d'abord plein d'aplomb vis-à-vis d'elle, perdait à chaque minute un peu de sa vitalité. Sans doute, il avait compté, comme d'habitude, sur les saillies enjouées et paradoxales de son esprit naturel pour faire passer son manque d'éducation; mais sa faconde l'avait rapidement abandonné. Il ne disait plus que des platitudes, et je l'y aidais cruellement, devinant un imperceptible sourire d'ironie sur les lèvres closes de madame de Valvèdre.

Pauvre Moserwald! il était pourtant meilleur et plus vrai en ce moment de sa vie qu'il ne l'avait peut-être jamais été. Il était amoureux et très-réellement ému. Comme moi, il buvait l'étrange poison de passion irrésistible qui m'avait enivré, et, quand je songe à tout ce que par la suite cette passion lui a fait faire de contraire à ses théories, à ses idées et à ses instincts, je me demande avec stupeur s'il y a une école pour le sentiment, et si le sentiment lui-même n'est pas le révélateur par excellence.

A mesure qu'il se troublait, je retrouvais ma lucidité. Bientôt je fus en état de comprendre et de commenter de sang-froid la situation. Il n'avait pas osé se vanter à mademoiselle de Valvèdre de tout le zèle qu'il avait mis à trouver un prétexte pour s'introduire auprès d'Alida. Il avait même eu le bon goût de ne pas parler de son argent dépensé. Il prétendait avoir seulement été aux informations dans les environs, et avoir réussi à déterrer un chasseur qui descendait de la montagne et qui avait vu de loin le campement du savant et le savant lui-même en lieu sûr et en bonne apparence de santé. On l'avait remercié de son obligeance, Paule disait ingénument « de son bon cœur. » On le connaissait de nom et de réputation; mais on n'avait jamais remarqué sa figure, bien qu'il s'évertuât à vouloir rappeler diverses circonstances où il s'était trouvé, à la promenade à Genève ou au spectacle à Turin, non loin de *ces dames*. Il insinuait, avec autant de finesse qu'il lui était possible, que madame de Valvèdre l'avait vivement frappé, que, tel jour et en telle rencontre, il avait remarqué tous les détails de sa toilette.

— On jouait *le Barbier de Séville*.

— Oui, je m'en souviens, répondait-elle.

— Vous aviez une robe de soie bleu pâle avec des ornements blancs, et vos cheveux étaient bouclés, au lieu d'être en bandeaux comme aujourd'hui.

— Je ne m'en souviens pas, répondait Alida d'un ton qui signifiait : « Qu'est-ce que cela vous fait? »

Il y eut un tel *crescendo* de froideur de sa part, que le pauvre juif, tout à fait décontenancé, quitta l'angle de la cheminée, où il se dandinait depuis un quart d'heure, et alla déranger et impatienter les fiancés botanistes en leur faisant de lourdes questions railleuses sur leurs saintes études de la nature. Je m'emparai de cette place que Moserwald avait accaparée : c'était la plus favorable pour voir Alida sans être gêné par la petite lampe dont elle s'était masquée ; c'était aussi la plus proche que l'on pût convenablement prendre auprès d'elle. Jusque-là, ne voulant pas m'asseoir plus loin, je n'avais fait que la deviner.

Je pus enfin lui parler. J'eus bien de la peine à lui adresser une question directe. Enfin ma langue se délia par un effort désespéré, et, au risque d'être aussi gauche et aussi bête que Moserwald, je lui demandai si j'étais assez malheureux pour que mon maudit hautbois eût réellement troublé son sommeil.

— Tellement troublé, répondit-elle en souriant tristement, que je n'ai pas pu me rendormir ; mais ne prenez pas ce reproche pour une critique. Il m'a semblé que vous jouiez fort bien : c'est précisément parce que j'étais forcée de vous écouter... Mais je ne veux pas non plus vous faire de compliments. A votre âge, cela ne vaut rien.

— A mon âge ? Oui, je suis un enfant, c'est vrai, rien

qu'un enfant! C'est l'âge où l'on est avide de bonheur. Est-ce un crime d'être heureux d'un rien, d'un mot, d'un regard, fût-ce un regard distrait ou sévère, fût-ce un mot de simple bienveillance ou seulement de généreux pardon sous forme d'éloge?

— Je vois, répondit-elle, que vous avez lu le petit volume que vous m'avez envoyé ce matin; car vous êtes tout rempli de l'orgueil de la première jeunesse, et ce n'est guère obligeant pour ceux ou pour celles qui sont entrés dans la seconde.

— Dans les volumes que, par votre ordre, je vous ai fait remettre ce matin, y en avait-il donc un qui ait eu le malheur de vous déplaire?

Elle sourit avec une ineffable douceur, et elle allait répondre. J'étais suspendu au mouvement de ses lèvres; Moserwald, penché sur la table, ne regardait nullement dans la loupe d'Obernay, qu'il avait prise machinalement et qu'il ternissait de son haleine, au grand déplaisir du botaniste. Il grimaçait derrière cette loupe; mais il avait un œil braqué sur moi, et louchait d'une façon si burlesque, que madame de Valvèdre partit d'un éclat de rire. Ce fut pour moi un moment de cruel triomphe, mais qu'un instant après j'expiai cruellement. En riant, madame de Valvèdre laissa tomber sa broderie et un petit objet de métal que je pris pour un dé et que je ramassai précipitamment; mais je l'eus à peine dans les mains, qu'un cri de surprise et de douleur m'échappa.

— Qu'est-ce donc que cela? m'écriai-je.

— Eh bien, répondit-elle tranquillement, c'est ma bague. Elle est beaucoup trop large pour mon doigt.

— Votre bague!... répétai-je hors de moi en regardant d'un œil hagard le gros saphir entouré de brillants que j'avais vu l'avant-veille au doigt de Moserwald.

Et j'ajoutai, en proie à un véritable désespoir :

— Mais cette chose-là n'est point à vous, madame!

— Pardonnez-moi : à qui voulez-vous donc qu'elle soit?

— Ah! vous l'avez achetée aujourd'hui?

— Eh bien, qu'est-ce que cela vous fait, par exemple? Rendez-la-moi donc!

— Puisque vous l'avez achetée, lui dis-je d'un ton amer en la lui rendant, gardez-la, elle est bien à vous; mais, à votre place, je ne la porterais pas. Elle est d'un goût affreux!

— Vous trouvez? C'est bien possible. J'ai acheté cela hier vingt-cinq francs à un vilain petit juif qui monte en vermeil, à Varallo, les améthystes et les autres cailloux du pays; mais la grosse pierre est jolie. Je la ferai arranger autrement, et tout le monde croira que c'est un saphir oriental.

J'allais dire à madame de Valvèdre que le petit juif avait volé cette bague à M. Moserwald, lorsque, la modicité du prix de vente supposant chez un juif bijoutier une ignorance par trop invraisemblable de la valeur de l'objet, je me sentis replongé dans une énigme insoluble. Alida venait de parler avec une sincérité évidente, et pourtant, quelque effort que fît Moserwald pour me cacher sa main gauche, je voyais bien qu'il n'avait plus sa bague. Un soupçon hideux pesait sur moi comme un cauchemar. Je pris le bras de l'israélite et je l'emmenai sur la galerie, comme pour lui parler d'autre chose. Je flattai sa vanité pour lui arracher la vérité.

— Vous êtes un habile homme et un amant magnifique, lui dis-je; vous faites accepter vos dons de la manière la plus ingénieuse!

Il donna dans le piége sans se faire prier.

— Eh bien, oui, dit-il, voilà comme je suis! Rien ne me coûte pour procurer un petit plaisir à une jolie femme, et je n'ai pas le mauvais goût de lui faire des conditions, moi! C'est à elle de deviner.

— Et certainement on vous devine? Vous êtes coutumier du fait?

— Avec celle-ci... c'est la première fois, et je me demande avec un peu de crainte si elle prend réellement cette gemme de premier choix pour une améthyste de cent sous! Non, ce n'est pas probable. Toutes les femmes se connaissent en gemmes, elles les aiment tant!

— Pourtant, si *elle* n'y connaît rien, elle ne vous devine pas, et vous voilà dans une impasse. Ou il faut vous déclarer, ou il faut risquer de voir la bague passer à la femme de chambre.

— Me déclarer? répondit-il avec un véritable effroi. Oh! non, c'est trop tôt! je ne suis pas encouragé jusqu'à présent... à moins que ce ton moqueur ne soit une manière de grande dame !... C'est possible, je n'avais jamais visé si haut, moi !... car elle est comtesse, vous savez? Son mari ne prend pas de titre, mais il est de grande maison...

— Mon cher, repris-je avec une ironie qu'il ne comprit pas, tout madré qu'il était, je ne vois qu'un moyen : c'est qu'un ami généreux l'éclaire sur la valeur de l'objet qu'on lui a fait si adroitement accepter. Voulez-vous que je m'en charge?

— Oui! mais pas aujourd'hui au moins! Vous attendrez que je sois parti.

— Bah! vous voilà bien craintif! N'êtes-vous pas persuadé qu'une femme est toujours flattée d'un riche cadeau?

— Non! cela dépend; elle peut aimer le cadeau et détester la personne qui l'offre. Dans ce cas-là, il faut beaucoup de patience et beaucoup de cadeaux, toujours glissés dans ses mains sans qu'elle songe à les repousser, et ne témoignant jamais d'aucune espérance. Vous voyez que j'ai ma tactique!

— Elle est magnifique, et très-flatteuse pour les femmes que vous honorez de vos poursuites!

— Mais... je la crois fort délicate, reprit-il avec conviction, et, si vous la critiquez, c'est qu'il vous serait impossible de la suivre!

Je ne lui passai pas ce mouvement d'impertinence et je rentrai au petit salon, bien décidé à l'en punir. Je me sentis dès lors un aplomb extraordinaire, et, m'approchant d'Alida :

— Savez-vous, madame, lui dis-je, de quoi je m'entretenais avec M. Moserwald au clair de la lune?

— Du clair de lune, peut-être?

— Non, nous parlions bijouterie. Monsieur prétend que toutes les femmes se connaissent en pierres précieuses parce qu'elles les aiment passionnément, et j'ai promis de m'en rapporter à votre arbitrage.

— Il y a là deux questions, répondit madame de Valvèdre. Je ne peux pas résoudre la première; car, pour mon compte, je n'y entends rien; mais, pour la seconde, je suis forcée de donner raison à M. Moserwald. Je crois que toutes les femmes aiment les bijoux.

— Excepté moi pourtant, dit Paule avec gaieté; je ne m'en soucie pas le moins du monde.

— Oh! vous, ma chère, reprit Alida du même ton, vous êtes une femme supérieure! Il n'est question ici que des simples mortelles.

— Moi, dis-je à mon tour avec une amertume extrême, je croyais qu'en fait de femmes il n'y avait que les courtisanes qui eussent la passion des diamans.

Alida me regarda d'un air très-étonné.

— Voilà une singulière idée! reprit-elle. Chez les créatures dont vous parlez, cette passion-là n'existe pas du tout. Les diamants ne représentent pour elles que des écus. Chez les femmes honnêtes, c'est quelque chose de plus noble : cela représente les dons sacrés de la famille ou les gages durables des affections sérieuses. Cela est si vrai, que, ruinée, une véritable grande dame souffre mille privations plutôt que de vendre son écrin. Elle n'en fait le sacrifice que pour sauver ses enfants ou ses princes.

— Ah! que cela est bien dit et que cela est vrai! s'écria Moserwald enthousiasmé. Entre la femme et le diamant, il y a une attraction surnaturelle! J'en ai vu mille exemples. Le serpent avait, dit une légende, un gros diamant dans la tête; Ève vit ce feu à travers ses yeux et fut fascinée. Elle s'y mira comme dans les glaces d'un palais enchanté...

— Voilà de la poésie, ou je ne m'y connais pas, dis-je en l'interrompant. Et vous vous moquez des poëtes, vous!

— Cela vous étonne, mon cher? reprit-il. C'est que je deviens poëte aussi, apparemment, avec les personnes qui m'inspirent!

En parlant ainsi, il lança sur Alida un regard enflammé qu'elle rencontra et soutint avec une impassibilité extraordinaire. C'était le comble du dédain ou de l'effronterie, car son grand œil interrogateur était toujours plein de mystères. Je ne pus supporter cette situation douteuse, horrible pour elle, si elle n'était pas la dernière des femmes. Je lui demandai à voir encore sa bague de vingt-cinq francs, et, l'ayant regardée :

— Je m'étonne beaucoup, lui dis-je, du peu d'attention que vous avez accordée à une gemme si belle après l'aveu que vous venez de faire de votre goût pour ces sortes de choses. Savez-vous bien, madame, que l'on vous a vendu là une pierre d'un très-grand prix?

— Comment? Quoi? Est-ce possible? dit-elle en reprenant la bague et en la regardant. Est-ce que vous avez des connaissances dans cette partie-là?

— J'ai pour toute connaissance M. Moserwald, ici présent, qui, pas plus tard qu'avant-hier, m'a montré une bague toute pareille, avec des brillants comme ceux-ci, et qui me l'a offerte pour douze mille francs, c'est-à-dire pour rien, selon lui, car elle vaut beaucoup plus.

Devant cette interpellation directe, la figure de Moserwald se décomposa, et le rapide coup d'œil d'Alida, allant de lui à moi, acheva de le bouleverser.

Madame de Valvèdre ne se troubla pas. Elle garda quelques instants le silence, comme si elle eût voulu résoudre un problème intérieur; puis, me présentant la bague :

— Qu'elle ait ou non de la valeur, dit-elle, je la trouve décidément fort laide. Voulez-vous me faire le plaisir de la jeter par la fenêtre?

— Vraiment? par la fenêtre? s'écria Moserwald incapable de maîtriser son émotion.

— Vous voyez bien, lui répondit Alida, que c'est une chose qui a été perdue, trouvée par votre coreligionnaire de Varallo, et vendue sans qu'il en ait connu la valeur. Eh bien, il faut rendre cette chose à sa destinée, qui est d'être ramassée dans la boue par les personnes qui ne craignent pas de se salir les mains.

Moserwald, poussé à bout, eut beaucoup de sang-froid et de présence d'esprit. Il me pria de lui donner la bague, et, comme je la lui rendais avec l'affectation d'une restitution légitime, il la remit à son doigt en disant :

— Puisqu'elle devait être jetée aux ordures, je la ramasse, moi. Je ne sais d'où elle sort, mais je sais qu'elle a été purifiée à tout jamais en passant une journée au doigt de madame de Valvèdre! Et maintenant, qu'elle vaille vingt-cinq sous ou vingt-cinq mille francs, elle est sans prix pour moi et ne me quittera jamais! Là-dessus, ajouta-t-il en se levant et en me regardant, je pense que ces dames sont fatiguées, et qu'il serait temps...

— M. Obernay et M. Valigny ne se retirent pas encore, répondit madame de Valvèdre avec une intention désespérante; mais vous êtes libre, d'autant plus que vous partez demain matin, j'imagine! Quant à la bague, vous ne pouvez pas la garder. Elle est à moi. Je l'ai payée et ne vous l'ai pas donnée... Rendez-la-moi!

Les gros yeux de Moserwald brillèrent comme des escarboucles. Il crut son triomphe assuré en dépit d'un congé donné pour la forme, et rendit la bague avec un sourire qui signifiait clairement : « Je savais bien qu'on la garderait! » Madame de Valvèdre la prit, et, la jetant hors de sa chambre sur le palier, par la porte ouverte, elle ajouta :

— La ramassera qui voudra! elle ne m'appartient

plus ; mais celui qui la portera en mémoire de moi pourra se vanter d'avoir là une chose que je méprise profondément.

Moserwald sortit dans un état d'abattement qui me fit peine à voir. Paule n'avait absolument rien compris à cette scène, à laquelle, d'ailleurs, elle avait donné peu d'attention. Quant à Obernay, il avait essayé un instant de comprendre; mais il n'en était pas venu à bout, et, attribuant tout ceci à quelque étrange caprice de madame de Valvèdre, il avait repris tranquillement l'analyse de la *saxifraga retusa*.

III

J'avais suivi Moserwald sans affectation, pensant bien que, s'il avait du cœur, il me demanderait compte de la manière dont j'avais servi sa cause. Je le vis hésiter à ramasser sa bague, hausser les épaules et la reprendre. Dès qu'il m'aperçut, il m'attira jusque dans sa chambre et me parla avec beaucoup d'amertume, raillant ce qu'il appelait mes préjugés et déclarant mon austérité la chose du monde la plus ridicule. Je le laissai à dessein devenir un peu grossier dans ses reproches, et, quand il en fut là :

— Vous savez, mon cher monsieur, lui dis-je, que,

si vous n'êtes pas content, il y a une manière de s'expliquer, et me voici à vos ordres. N'allez pas plus loin en paroles; car je serais forcé de vous demander la réparation que je vous offre.

— Quoi? qu'est-ce à dire? fit-il avec beaucoup de surprise. Vous voulez vous battre? Eh bien, voilà un trait de lumière, un aveu! Vous êtes mon rival, et c'est par jalousie que vous m'avez si brutalement ou si maladroitement trahi! Dites que c'est là votre motif, alors je vous comprends et je vous pardonne.

Je lui déclarai que je n'avais aucun aveu à faire, et que je ne tenais pas à son pardon; mais, comme je ne voulais pas perdre avec lui les précieux instants que je pouvais passer encore auprès de madame de Valvèdre ce soir-là, je le quittai en l'engageant à faire ses réflexions, et en lui disant que dans une heure je serais chez lui.

La galerie de bois découpé faisant extérieurement le tour de la maison, je revins par là à l'appartement de madame de Valvèdre; mais je la trouvai sur cette galerie, et venant à ma rencontre.

— J'ai une question à vous adresser, me dit-elle d'un ton froid et irrité. Asseyez-vous là. Nos amis sont encore plongés dans la botanique. Comme il est au moins inutile de les mettre au courant d'un accident ridicule, nous pouvons échanger ici quelques mots. Vous plaît-il de me dire, monsieur Francis Valigny, quel rôle vous avez joué dans cet incident, et comment vous avez été informé de ce que vous m'avez donné à deviner?

Je lui racontai tout avec la plus entière sincérité.

— C'est bien, dit-elle, vous avez eu bonne intention, et vous m'avez réellement rendu service en m'empêchant de donner un instant de plus dans un piége que je ne veux pas qualifier. Vous auriez pu être moins acerbe dans la forme; mais vous ne me connaissez pas, et, si vous me prenez pour une femme perdue, ce n'est pas plus votre faute que la mienne.

— Moi! m'écriai-je, je vous prends... Moi qui...!

Je me mis à balbutier d'une manière extravagante.

— Laissez, laissez, reprit-elle. Ne vous défendez pas de vos préventions, je les connais. Elles ont percé trop brutalement, lorsqu'à propos de ma théorie tout impersonnelle sur les diamants, vous avez dit que c'était un goût de courtisane!

— Mais, au nom du ciel, laissez-moi jurer que je n'ai pas dit cela!

— Vous l'avez pensé, et vous avez dit l'équivalent. Écoutez, je viens de recevoir ici, de la part de ce juif et par contre-coup de la vôtre, une mortelle insulte. Ne croyez pas que le dédain qui me préserve de la colère me garantisse d'une réelle et profonde douleur...

Je vis, aux rayons de la lune, un ruisseau de larmes briller comme un flot de perles sur les joues pâles de cette charmante femme, et, sans savoir ce que faisais, encore moins ce que je disais, je tombai à ses pieds en lui jurant que je la respectais, que je la plaignais, et que j'étais prêt à la venger. Peut-être en ce moment m'arriva-t-il de lui dire que je l'aimais. Troublés tous deux, moi de sa douleur, elle de ma subite émotion, nous fûmes quelques instants sans nous entendre l'un l'autre et sans nous entendre nous-mêmes.

Elle surmonta ce trouble la première, et, répondant à une parole que je lui répétais pour atténuer ma faute :

— Oui, je le sais, dit-elle, vous êtes un enfant; mais, s'il n'y a rien de généreux comme un enfant qui croit, il n'y a rien de terrible et de cruel comme un enfant qui doute, et vous êtes l'ami, l'*alter ego* d'un autre enfant bien plus sceptique et bien plus brutal que vous... Mais je ne veux me brouiller ni avec l'un ni avec l'autre. Il faut que l'aimable et douce Paule de Valvèdre soit heureuse. Vous êtes déjà son ami, puisque vous êtes celui de son fiancé; ou j'aurais tort contre vous trois, ou, en me donnant raison contre vous deux, Paule souffrirait. Permettez donc que je m'explique avec vous, et que je vous dise un peu qui je suis. Ce sera dit en deux mots. Je suis une personne *accablée, finie*, inoffensive par conséquent. Henri Obernay m'a présentée à vous, je le sais, comme une plaintive et ennuyeuse créature, mécontente de tout et accusant tout le monde. C'est sa thèse, il l'a soutenue devant moi; car, s'il est mal élevé, il est sincère, et je sais bien que je n'ai pas en lui un ennemi perfide. Dites-lui que je ne me plains de personne, et, ceci établi, faites-lui part du motif qui m'amenait ici, vous qui savez et devez taire celui qui va dès demain me faire repartir.

— Demain! vous partez demain?

— Oui, si M. Moserwald reste, et je n'ai aucune autorité sur lui.

— Il partira, je vous en réponds!

— Et moi, je vous défends d'épouser ma querelle! De quel droit, s'il vous plait, prétendriez-vous me compromettre en vous faisant mon chevalier?

— Mais pourquoi donc voulez-vous partir, mon Dieu? Est-ce que les outrages de cet homme vous atteignent?

— Oui, l'outrage atteint toujours une veuve dont le mari est vivant.

— Ah! madame, vous êtes méconnue et délaissée, je le savais bien, moi! mais...

— Il n'y a pas de *mais*. Les choses sont ainsi. M. de Valvèdre est un homme infiniment respectable, qui sait tout, excepté l'art de faire respecter la femme qui porte son nom; mais cette femme sait heureusement ce qu'elle doit à ses enfants, et, pour se faire respecter elle-même, elle n'a qu'un refuge, la retraite et la solitude. Elle y retournera donc, et, puisque vous savez pourquoi elle y rentre, sachez aussi pourquoi elle en était sortie un instant. Il faut que la solitude qu'on lui a choisie soit au moins à elle, et que personne n'ait le droit de l'y troubler. Eh bien, je ne me plains pas; mais, cette fois, je réclame. Mademoiselle Juste de

Valvèdre m'est une société antipathique. Mon mari assure qu'il ne l'a pas placée auprès de moi pour me surveiller, mais pour servir de chaperon à Paule, et ne pas me condamner, disait-il, à un rôle qui n'est pas encore de mon âge. Cependant, mademoiselle Juste de Valvèdre s'est faite oppressive et offensante. J'ai supporté cela cinq ans : je suis au bout de mes forces. Le moment logique et naturel d'en finir est venu, puisque le mariage de Paule avec Obernay est résolu, et devait être célébré au commencement de l'année. M. de Valvèdre semble l'avoir oublié, et Henri, comme tous les savants, a beaucoup de patience en amour. Je venais donc dire à mon mari : « Paule s'ennuie, et, moi, je me meurs de lassitude et de dégoût. Mariez Paule, et délivrez-moi de Juste, ou, si Juste doit rester souveraine dans ma maison, permettez-moi de transporter mes enfants et mes pénates auprès de Paule, à Genève, où elle doit demeurer après son mariage. Et, si cela ne convient pas à Obernay, laissez-moi chercher ou fixez-moi une autre retraite, un ermitage dans une thébaïde quelconque, pourvu que je sois délivrée de l'autorité tout à fait illégitime d'une personne que je ne puis aimer. » J'espérais, je croyais trouver M. de Valvèdre ici. Il a pris son vol vers les nuages, où je ne puis l'atteindre. Je ne voulais pas et je ne veux pas écrire : écrire accuse trop les torts des absents. Je ne veux pas non plus m'expliquer directement avec Obernay sur le compte de mademoiselle Juste. Il lui est très-attaché et ne manquerait pas de lui donner raison contre moi. Nous nous froisserions mutuellement, comme cela est arrivé déjà. Puisque je ne puis attendre M. de Valvèdre ici, je vous charge au moins d'expliquer à Henri le motif en apparence si inquiétant et si mystérieux de mon voyage. S'il aime Paule, il fera quelque effort pour hâter son mariage et ma délivrance. J'ai dit. Oubliez-moi et portez-vous bien.

En achevant cette explication sur un ton d'enjouement qui refoulait un profond sanglot, elle me tendit la main et se leva pour me quitter.

Je la retins.

— Je vous jure, m'écriai-je, que vous ne partirez pas, que vous attendrez M. de Valvèdre ici, et que vous mènerez à bien un projet qui n'a rien que de légitime et de raisonnable. Je vous jure que Moserwald, s'il ne part pas, n'osera plus lever les yeux sur vous, car Obernay et moi l'en empêcherons. Nous en avons le droit, puisque Obernay va devenir votre beau-frère, et que je suis son *alter ego,* vous l'avez dit. Notre devoir est donc de vous défendre et de ne pas même souffrir qu'on vous importune. Je vous jure enfin qu'Henri ne prendra pas obstinément le parti d'une autre personne qui vous déplaît et qui ne peut pas avoir raison contre vous. Henri aime ardemment sa fiancée, je ne crois pas à la patience qu'il affecte; de grâce, madame, croyez en nous, croyez en moi : je comprends l'honneur que vous venez de me faire en me parlant comme à quelqu'un de votre famille, et, dès ce jour, je vous suis dévoué jusqu'à la mort.

La chaleur de mon zèle ne parut pas effrayer madame de Valvèdre : elle avait pleuré, elle était brisée ; elle sembla se laisser aller instinctivement au besoin de se fier à un ami. Je ne comprenais pas, moi, qu'une femme si ravissante, si fière et si douce en même temps, fût isolée dans la vie à ce point d'avoir besoin de la protection d'un enfant qu'elle voyait pour la première fois. J'en étais surpris, indigné contre son mari et sa famille, mais follement heureux pour mon compte.

En la quittant, je me rendis chez Moserwald.

— Eh bien, lui dis-je, où en sommes-nous? Nous battrons-nous?

— Ah! vous arrivez en fier-à-bras, répondit-il, parce que vous croyez peut-être que je reculerais? Vous vous trompez, mon cher, je sais me battre et je me bats quand il le faut. J'ai eu trop d'aventures de femmes pour ne pas savoir qu'il faut être brave à l'occasion ; mais il n'y a pas ici de motif suffisant, et je ne suis pas en colère. J'ai du chagrin, voilà tout. Consolez-moi, ce sera beaucoup plus humain et plus sage.

— Vous voulez que je vous console?

— Oui, vous le pouvez ; dites-moi que vous n'êtes pas son amant, et je garderai l'espérance.

— Son amant! quand je l'ai vue hier pour la première fois! Mais pour quelle femme la prenez-vous donc, esprit corrompu et salissant que vous êtes?

— Vous me dites des injures; vous êtes amoureux d'elle! Oui, oui, c'est clair. Vous vous êtes moqué de moi; vous m'avez dit que vous la trouviez laide, vous m'avez offert de me servir..., et j'ai donné dans le panneau. Ah! comme l'amour rend bête! Vous, cela vous a donné de l'esprit: c'est la preuve que vous aimez moins que moi!

— Vous avez la prétention d'aimer, vous qui ne connaissez que les voies de l'infamie, et qui croyez pouvoir acheter l'amour?

— Voilà vos exagérations, et je m'étonne qu'un garçon aussi intelligent que vous comprenne si mal la réalité. Comment! c'est outrager une femme que de la combler de présents et de richesses sans lui rien demander?

— Mais on connaît cette manière de ne rien demander, mon cher! Elle est à l'usage de tous les nababs impertinents, elle constate une confiance intérieure, une attente tranquille et perfide dont une femme d'honneur doit s'indigner. C'est une manière de placer un capital sur la certitude d'un plaisir personnel et sur l'inévitable lâcheté de la personne séduite: beau désintéressement en vérité, et, si j'étais femme, j'en serais singulièrement touchée!

Moserwald subit mon indignation avec une douceur étonnante. Assis devant une table, la tête dans ses mains, il paraissait réfléchir. Quand il releva la tête, je vis avec la plus grande surprise qu'il pleurait.

— Vous m'avez fait du mal, dit-il, beaucoup de mal ; mais je ne vous en veux pas. J'ai mérité tout cela par mon manque d'esprit et d'éducation. Que voulez-vous ! je n'ai jamais fait la cour à une femme si haut placée, moi, et ce que j'imagine de plus *artiste* et de plus délicat est précisément ce qui l'offense le plus..., tandis que vous... avec rien, avec des airs et des paroles, vous qui ne la connaissez que d'hier et qui ne l'aimez certainement pas comme je l'aime, moi, depuis deux ans..., car il y a deux ans, oui, deux ans que j'en suis malade, que j'en deviens fou chaque fois que je la rencontre !... J'en perds l'esprit, entendez-vous, mon cher ? Et je vous le dis, à vous, mon rival, destiné à me supplanter parce que vous avez pour vous la musique du sentiment, et que les femmes les plus sensées se laissent endormir par cette musique-là... Cela ne les amuse pas toujours, mais cela flatte leur vanité quelquefois plus que les parures et que le bonheur. Eh bien, je le répète, je ne vous en veux pas. C'est votre droit, et, si vous m'en voulez de ce que j'ai fait, vous manquez d'esprit. Nous ne nous devons rien l'un à l'autre, n'est-ce pas ? nous n'avons donc pas de motifs pour nous haïr. Au fond, je vous aime, je ne sais pas pourquoi ; un instinct, un caprice d'esprit, peut-être une idée romanesque, parce que vous aimez la même femme que moi, et que nous devons nous retrouver plus d'une fois emboîtant le pas derrière elle. Qui sait ? nous serons peut-être éconduits tous deux, et peut-être aussi vous d'abord..., moi plus tard... Enfin je n'y renonce pas, vous voyez! Je vous le promettrais que je mentirais, et je suis la franchise même. Je pars demain matin; c'est ce que vous désirez? Je le désire également. Votre Obernay m'ennuie, et cette belle-sœur me gêne. Adieu donc, mon trèscher, et au revoir... Ah! attendez! vous êtes pauvre, et vous croyez qu'on peut se passer d'argent en amour. Grave erreur! il vous en faut, ou il vous en faudra bientôt, ne fût-ce que pour payer une chaise de poste au besoin! Voilà mon blanc-seing. Donnez-le n'importe où, à n'importe quel banquier,... on vous comptera la somme que vous jugerez nécessaire. Je m'en rapporte à votre délicatesse et à votre discrétion! Direz-vous à présent que les juifs n'ont rien de bon?

Je lui saisis le bras au moment où il me présentait sa signature, qu'il venait de tracer rapidement avec quelques mots d'argot financier sur une feuille de papier blanc. Je le forçai de remettre cela sur la table sans que mes mains y eussent touché.

— Un instant! lui dis-je; avant de nous quitter, je veux savoir, je veux comprendre l'étrangeté de votre conduite. Je ne me paye pas de paroles vagues, et je ne vous crois pas fou. Vous me prenez pour un rival, pour un rival heureux qui plus est, et vous voulez me fournir les moyens qui, selon vous, me sont nécessaires pour assouvir ma passion! Quel est ce calcul? Répondez, répondez, ou je prendrai pour une grave injure l'offre que vous me faites, car je perds patience, je vous en avertis.

Je parlais avec tant de fermeté, que Moserwald se déconcerta. Il resta pensif un instant; puis il répondit, avec un beau et franc sourire qui me le montra sous un jour nouveau, tout à fait inexplicable.

— Vous ne le devinez pas, enfant, mon calcul? C'est que vous voulez voir un calcul où il n'y en a pas! C'est un élan et une inspiration tellement naturels...

— Vous voulez acheter ma reconnaissance?

— Précisément, et cela pour que vous ne parliez pas de moi avec aversion et mépris à cette femme que j'aime... Vous refusez mes services? N'importe! vous ne pourrez pas oublier avec quelle courtoisie je vous les ai offerts, et un jour viendra où vous les réclamerez.

— Jamais! m'écriai-je indigné.

— Jamais? reprit-il. Dieu lui-même ne connaît pas ce mot-là; mais, pour le moment, je m'en empare : c'est un aveu de plus de votre amour!

Je sentis que, quelle que fût mon attitude, légère ou sérieuse, je n'aurais pas le dernier mot avec cet homme bizarre, têtu autant que souple, et naïf autant que rusé. Je brûlai devant lui son blanc-seing; mais je ne sais avec quel art il tourna la fin de notre entretien. Il est de fait qu'en le quittant je m'aperçus qu'il m'avait forcé de le remercier, et que, venu là en humeur de le battre, je m'en allais en touchant la main qu'il me tendait.

Il partit au point du jour, laissant notre hôte et tous les gens de la maison et du village enthousiasmés de sa générosité. Il n'eût pas fait bon le traiter de juif devant eux; je crois qu'on nous eût lapidés.

Je ne saurais dire si je dormis mieux cette nuit-là que les précédentes. Je crois qu'à cette époque j'ai dû passer des semaines entières sans sommeil et sans en sentir le besoin, tant la vie s'était concentrée dans mon imagination. Le lendemain, Paule et Obernay vinrent déjeuner dans la salle basse avec Alida. Ils avaient forcé madame de Valvèdre à une explication qui, contrairement aux prévisions de celle-ci, n'avait amené aucun orage. Il est bien vrai qu'Henri avait défendu le caractère et les intentions de mademoiselle Juste; mais Paule avait tout apaisé en déclarant que sa sœur aînée avait outre-passé son mandat, qu'au lieu de se borner à soulager madame de Valvèdre des soins de la famille et du ménage, elle avait usurpé une autorité qui ne lui appartenait pas, en un mot qu'Alida avait raison de se plaindre, et qu'elle-même avait souffert une certaine persécution très-injuste et très-fâcheuse pour avoir voulu défendre les droits de la véritable mère de famille.

Obernay n'aimait pas Alida, et il aimait encore moins que sa fiancée prît parti pour elle; mais il craignait avant tout d'être injuste, et, en présence de cet intérieur troublé, il jugea fort sainement qu'il fallait céder sous peine d'exaspérer. Puis, la question de son prochain mariage se trouvant soulevée par l'incident, il éprouva tout à coup une vive reconnaissance pour madame de Valvèdre, et passa dans son camp avec armes et bagages. Si botaniste qu'il fût, il était homme et amoureux. Quelques mots de lui, pendant qu'on servait le déjeuner, me mirent au courant de ce qui s'était passé la veille au soir après ma sortie, et de ce qui avait été décidé le matin même après la nouvelle du départ de Moserwald. On devait attendre à Saint-Pierre le retour de Valvèdre, afin de lui soumettre le vœu commun, à savoir le prochain mariage de Paule et l'expulsion à l'amiable de mademoiselle Juste. Cette dernière mesure, venant de l'initiative apparente du chef de la famille, ne pouvait manquer d'être à la fois absolue et douce dans la forme.

Le séjour d'Alida à Saint-Pierre pouvait donc durer huit jours, quinze jours, peut-être davantage. M. de Valvèdre avait mis dans ses prévisions qu'il redescendrait peut-être la montagne par le versant qui nous était opposé, et que, là, renouvelant ses provisions et ses guides, il recommencerait l'ascension d'un autre côté, si ses premiers efforts n'avaient pas abouti. Quels souhaits je fis dès lors pour l'insuccès de l'exploration scientifique! Alida semblait calmée et presque gaie de ce campement dans la montagne. Elle me parlait avec douceur et abandon, elle me souffrait auprès d'elle. J'étais assis à la même table. Elle projetait une promenade, et ne me défendait pas de l'accompagner. J'étais tout espoir et tout bonheur, en même temps que la douleur de l'avoir offensée un instant restait en moi comme un remords.

Il y a un langage mystérieux entre les âmes qui se

cherchent. Ce langage n'a même pas besoin du regard pour persuader ; il est complétement inappréciable aux yeux comme aux oreilles des indifférents ; mais il traverse le milieu obscur et borné des perceptions physiques, il embrasse je ne sais quels fluides, il va d'un cœur à l'autre sans se soumettre aux manifestations extérieures. Alida me l'a dit souvent depuis. Dès cette matinée, où je ne songeai pas à lui exprimer mon repentir et ma passion par un seul mot, elle se sentit adorée, et elle m'aima. Je ne lui fis point de *déclaration*, elle ne me fit point d'*aveux*, et pourtant, le soir de ce jour-là, nous lisions dans la pensée l'un de l'autre et nous tremblions de la tête aux pieds quand, malgré nous, nos regards se rencontraient.

A la promenade, je ne la quittai pas d'un instant. Elle était médiocrement marcheuse, et, ne se résignant pas à emprisonner ses petits pieds dans de gros souliers, elle s'en allait, adroite, insouciante, mais vite meurtrie et fatiguée, à travers les pierres de la montagne et les galets du torrent, avec ses bottines minces, son ombrelle dans une main, un gros bouquet de fleurs sauvages dans l'autre, et laissant sa robe s'accrocher à tous les obstacles du chemin. Obernay allait devant avec Paule, emportés tous deux par une ardeur d'herborisation effrénée ; puis ils faisaient de longues pauses pour comparer, choisir et parer les échantillons qu'ils emportaient. Nous n'avions pas de guide ; Henri nous en dispensait. Il me confiait madame de Valvèdre, heureux de n'avoir pas à se préoccuper d'elle et de pouvoir être tout entier à son intrépide et infatigable élève.

— Suivez-nous ou devancez-nous, m'avait-il dit; il suffit que vous ne nous perdiez pas de vue. Je ne vous mènerai pas dans des endroits dangereux. Pourtant surveille un peu madame de Valvèdre, elle est fort distraite et ne doute de rien.

J'avais eu, moi, l'infâme hypocrisie de lui dire que j'étais la victime de la journée et que j'aimerais bien mieux herboriser à ma manière, c'est-à-dire errer et contempler à ma guise, que d'accompagner cette belle dame nonchalante et fantasque.

— Prends patience pour aujourd'hui, avait répondu Obernay; demain, nous arrangerons cela autrement. Nous lui donnerons un mulet et un guide.

Candide Obernay!

Je fis si bien, que ces quatre heures de promenade furent un tête-à-tête ininterrompu avec Alida. Quand nos compagnons s'arrêtaient, je la faisais marcher, afin, disais-je, de n'avoir pas à se presser pour les rejoindre quand ils reprendraient les devants, et, quand nous avions un peu d'avance, je l'invitais à se reposer jusqu'à ce que nous les vissions se remettre en marche. Je ne lui disais rien. J'étais auprès d'elle ou autour d'elle comme un chien de garde, ou plutôt comme un esclave intelligent occupé à écarter les épines et les cailloux de son chemin. Si elle regardait un brin d'herbe sur le revers du rocher, je m'élançais, au risque de me tuer, pour le lui rapporter en un clin d'œil. Je tenais son ombrelle quand elle était assise, je débarrassais son écharpe des brins de mousse qu'elle avait ramassés en frôlant les sapins; je lui trouvais des fraises là où il n'y en avait pas; je crois que j'aurais fait fleurir des camellias sur le glacier. Et je prenais tous ces soins classiques, je lui rendais tous ces hommages, aujourd'hui passés de mode et dès lors assez rebattus, avec une ivresse de bonheur qui m'empêcha d'être ridicule. Elle essaya bien d'abord de s'en moquer; mais, voyant que je me livrais tout entier à son dédain et à son ironie sans me plaindre et sans me décourager, elle devint sérieuse, et je sentis qu'à chaque instant elle s'attendrissait.

Le soir, dans sa chambre, après le départ des fusées qui nous signalèrent l'expédition dans une région moins élevée que la veille, mais plus éloignée au flanc de la montagne, elle reprit sa broderie, et les fiancés reprirent leur étude. Je m'assis auprès d'elle et lui offris de lui faire la lecture à voix basse.

— Je veux bien, dit-elle avec douceur en me montrant mon volume de poésies sur son guéridon. J'ai tout lu, mais les vers se laissent relire.

— Non, pas ceux-ci! ils sont médiocres.

— Ils sont jeunes, ce n'est pas la même chose. N'avons-nous pas fait hier le panégyrique de la jeunesse?

— Il y a jeunesse et jeunesse, celle qui attend l'amour et celle qui l'éprouve. La première parle beaucoup pour ne rien dire, la seconde ne dit rien et comprend l'infini.

— Voyons toujours le rêve de la première !

— Soit ! On pourra s'en moquer, n'est-ce pas ?

— Non ! je prends l'enfant sous ma protection. J'ai lu, dans les dix lignes de la préface, que l'auteur n'avait que vingt ans. A propos, croyez-vous qu'il les ait encore ?

— Le livre est daté de 1832 ; mais c'est égal, si vous voulez que l'auteur n'ait pas vieilli...

— Quel âge avez-vous donc, vous ?

— Je n'en sais rien ; j'ai l'âge que Votre Majesté voudra.

Je retrouvais le courage de plaisanter, parce que je voyais Obernay m'écouter d'une oreille. Quand il crut s'être convaincu que je n'avais que des riens à échanger avec cette femme réputée par lui frivole, il n'écouta plus ; mais alors je ne trouvai plus rien à dire, l'émotion me prit à la gorge, et je sentis qu'il me serait impossible de lire une page. Alida s'en aperçut bien, et, reprenant le livre :

— Je vois, dit-elle, que vous méprisez beaucoup mon petit poëte ; moi, sans l'admirer précisément, je l'aimais. Puisque vous faites si peu de cas de l'ingénuité romanesque, je ne vous le rendrai pas, je vous en avertis. Est-ce que vous le connaissez, ce garçon-là ?

— Il est anonyme.

— Ce n'est pas une raison.

— C'est vrai. Je peux parler de lui sans le compromettre et vous dire ce qu'il est devenu. Il est resté anonyme et ne fait plus de vers.

— Ah! mon Dieu! est-ce qu'il est devenu savant? dit-elle en baissant la voix et comme pénétrée d'effroi.

— Vous détestez donc bien la science? repris-je en baissant la voix aussi. Oh! ne vous gênez pas, je ne sais rien au monde!

— Vous avez bien raison; mais je ne peux rien dire ici. Nous parlerons de cela demain à la promenade.

— Nous parlerons! je ne crois pas!

— Pourquoi? Voyons, dit-elle en s'efforçant de faire envoler en paroles l'émotion qui m'accablait et qu'elle ne voulait plus subir en dépit d'elle-même, pourquoi ne nous sommes-nous rien dit aujourd'hui? Moi, je suis taciturne, mais c'est par timidité. Une ignorante qui a vécu dix ans avec des oracles a dû prendre l'habitude de se taire; mais vous? Allons, puisque vous n'êtes en train ni de lire ni de causer, vous devriez me faire un peu de musique... Non? Je vous en prie!

Madame de Valvèdre, je l'ai su plus tard, était une séduisante enfant qu'il fallait toujours occuper et distraire pour l'arracher à une mélancolie profonde. Elle sentait si bien ce besoin, qu'elle allait quêtant les soins et les attentions avec une naïveté désœuvrée qui la faisait paraître tantôt coquette, tantôt voluptueuse. Elle n'était ni l'un ni l'autre. L'ennui et le besoin d'émotions étaient les mobiles de toute sa conduite, dirai-je aussi de ses attachements?... Je ne sus pas résister à sa prière et j'obtins seulement la permission de faire de la musique à distance. Placé au bout de la galerie, je fis chanter mon hautbois comme une voix de la nuit. Le bruit des cascades de la montagne, la magie du clair de lune aidèrent au prestige; Alida fut vivement émue, les fiancés eux-mêmes m'écoutèrent avec intérêt. Quand je rentrai, le bon Obernay m'accabla d'éloges; la candide Paule aussi se fit la complice de mon succès. Madame de Valvèdre ne me dit rien; elle dit aux autres à demi-voix — mais je l'entendis bien — que j'avais le talent le plus sympathique qu'elle eût encore rencontré.

Que se passa-t-il durant les deux jours qui suivirent? Je n'eus pas la hardiesse de me déclarer et je fus compris; je tremblais d'être repoussé si je parlais. Mon ingénuité était grande : on lisait clairement dans mon cœur, et on se laissait adorer.

Le troisième jour, Obernay me prit à l'écart après le départ des fusées.

— Je suis inquiet et je pars, me dit-il; le signal que je viens d'expliquer à ces dames comme n'annonçant rien de fâcheux était presque un signal de détresse. Valvèdre est en péril; il ne peut ni monter ni descendre, et le temps menace. Pour rien au monde, il ne faut inquiéter Paule ni avertir Alida; elles voudraient me suivre, ce qui rendrait tout impossible. Je viens d'inventer une migraine, et je suis censé me retirer pour dormir; mais je me mets en route sur l'heure avec les guides, qui, par mon ordre, sont toujours prêts. Je marcherai toute la nuit, et, demain, j'espère rejoindre l'expédition dans l'après-midi. Tu le sauras, s'il m'est possible de t'envoyer une fusée

6.

dans la soirée. Si tu ne vois rien, il n'y aura rien à dire, rien à faire ; tu t'armeras de courage en te disant que ce n'est pas une preuve de désastre, mais que la provision de pièces d'artifice est épuisée ou endommagée, ou bien encore que nous sommes dans un pli de terrain qui ne nous permet pas d'être vus d'ici. Quoi qu'il arrive, reste auprès de ces deux femmes jusqu'à mon retour, ou jusqu'à celui de Valvèdre... ou jusqu'à une nouvelle quelconque...

— Je vois, lui dis-je, que tu n'es pas sûr de revenir ! Je veux t'accompagner !

— N'y songe pas, tu ne ferais que me retarder et compliquer mes préoccupations. Tu es nécessaire ici. Au nom de l'amitié, je te demande de me remplacer, de protéger ma fiancée, de soutenir son courage au besoin... de lui donner patience, si, comme je l'espère, il ne s'agit que de quelques jours d'absence, enfin d'aider madame de Valvèdre à rejoindre ses enfants, si...

— Allons, ne croyons pas au malheur ! Pars vite, c'est ton devoir ; je reste, puisque c'est le mien.

Il fut convenu que, le lendemain matin, j'expliquerais l'absence d'Henri en disant qu'il avait reçu un message de M. de Valvèdre, lequel l'envoyait faire des observations sur une montagne voisine ; que, pour la suite, j'inventerais au besoin d'autres prétextes de son absence en m'inspirant des circonstances qui pourraient se présenter.

J'entrais donc dans le poëme de l'amour heureux

sous les plus funèbres auspices. J'avoue que je m'inquiétais médiocrement de M. de Valvèdre. Il suivait sa destinée, qui était de préférer la science à l'amour ou tout au moins au bonheur domestique; il y risquait, par conséquent, son honneur conjugal et sa vie. Soit! c'était son droit, et je ne voyais pas pourquoi je l'aurais plaint ou épargné; mais Obernay m'était un grave sujet d'effroi et de tristesse. J'eus beaucoup de peine à paraître calme en expliquant son départ. Heureusement, mes compagnes furent aisément dupes. Alida était plutôt portée à se plaindre des périlleuses excursions de son mari qu'à s'en tourmenter. Il était facile de voir qu'elle était humiliée d'avoir perdu l'ascendant qui l'avait retenu plusieurs années dans son ménage. Elle ne paraissait plus en souffrir pour son propre compte, mais elle en rougissait devant le monde. Quant à Paule, elle croyait si religieusement à la confiance et à la sincérité d'Obernay, qu'elle combattit bravement un premier mouvement d'inquiétude en disant :

— Non, non! Henri ne m'eût pas trompée. Si mon frère était en danger, il me l'eût dit. Il n'eût pas douté de mon courage, il n'eût laissé à nul autre que moi le soin de soutenir celui de ma belle-sœur.

Le temps était brouillé, on ne sortit pas ce jour-là. Paule travailla dans sa chambre; malgré l'air humide et froid, Alida passa l'après-midi assise sur la galerie, disant qu'elle étouffait dans ces pièces écrasées par un plancher bas. J'étais à ses côtés, et ne pouvais douter qu'elle ne se prêtât au tête-à-tête; j'eusse été enivré la veille de tant de bontés, mais j'étais mortellement triste en songeant à Obernay, et je faisais de vains efforts pour me sentir heureux. Elle s'en aperçut, et, sans songer à deviner la vérité, elle attribua mon abattement à la passion contenue par la crainte. Elle me pressa de questions imprudentes et cruelles, et ce que je n'eusse pas osé lui dire dans l'ivresse de l'espérance, elle me l'arracha dans la fièvre de l'angoisse; mais ce furent des aveux amers et remplis de ces injustes reproches qui trahissent le désir plus que la tendresse. Pourquoi voulait-elle lire dans mon cœur troublé, si le sien, qui paraissait calme, n'avait à m'offrir qu'une pitié stérile?

Elle ne fut pas blessée de mes reproches.

— Écoutez, me dit-elle, j'ai provoqué cet abandon de votre part, vous allez savoir pourquoi, et, si vous m'en savez mauvais gré, je croirai que vous n'êtes pas digne de ma confiance. Depuis le premier jour où nous nous sommes vus, vous avez pris vis-à-vis de moi une attitude douloureuse, impossible. On m'a souvent reproché d'être coquette; on s'est bien trompé, puisque la chose que je crains et que je hais le plus, c'est de faire souffrir. J'ai inspiré plusieurs fois, je ne sais pourquoi ni comment, des passions subites, je devrais plutôt dire des fantaisies ardentes, offensantes même... Il en est pourtant que j'ai dû plaindre, ne pouvant les partager. La vôtre...

— Tenez, m'écriai-je, ne parlez pas de moi: vous

me calomniez, ne pouvant me comprendre! Il est possible que vous soyez douce et bonne, mais vous n'avez jamais aimé!

— Si fait, reprit-elle : j'ai aimé... mon mari! mais ne parlons pas d'amour, il n'est pas question de cela. Ce n'est pas de l'amour que vous avez pour moi! Oh! restez là, et laissez-moi tout vous dire. Vous subissez une très-vive émotion auprès de moi, je le vois bien. Votre imagination s'est exaltée, et vous me diriez que vous êtes capable de tout pour m'obtenir, que je ne vous contredirais pas. Chez les hommes, ces sortes de vouloirs sont aveugles; mais croyez-vous que la force de votre désir vous crée un mérite quelconque? dites, le croyez-vous? Si vous le croyez, pourquoi refuseriez-vous à M. Moserwald un droit égal à ma bienveillance?

Elle me faisait horriblement souffrir. Elle avait raison dans son dire; mais n'avais-je pas raison, moi aussi, de trouver cette froide sagesse bien tardive après trois jours de confiance perfide et de muet encouragement? Je m'en plaignis avec énergie; j'étais outré et prêt à tout briser, dussé-je me briser moi-même.

Elle ne s'offensa de rien. Elle avait de l'expérience et peut-être l'habitude de scènes semblables.

— Tenez, reprit-elle quand j'eus exhalé mon dépit et ma douleur, vous êtes malheureux dans ce moment-ci; mais je suis plus à plaindre que vous, et c'est pour toute la vie... Je sens que je ne guérirai jamais du mal que vous me faites, tandis que vous...

— Expliquez-vous! m'écriai-je en serrant ses mains dans les miennes avec violence. Pourquoi souffririez-vous à cause de moi?

— Parce que j'ai un rêve, un idéal que vous contristez, que vous brisez affreusement! Depuis que j'existe, j'aspire à l'amitié, à l'amour vrai; je peux dire ce mot-là, si celui d'amitié vous révolte. Je cherche une affection à la fois ardente et pure, une préférence absolue, exclusive, de mon âme pour un être qui la comprenne et qui consente à la remplir sans la déchirer. On ne m'a jamais offert qu'une amitié pédante et despotique, ou une passion insensée, pleine d'égoïsme ou d'exigences blessantes. En vous voyant... oh! je peux bien vous le dire, à présent que vous l'avez déjà méprisée et refoulée en moi, j'ai senti pour vous une sympathie étrange..., perfide, à coup sûr! J'ai rêvé, j'ai cru me sentir aimée; mais, dès le lendemain, vous me haïssiez, vous m'outragiez... Et puis vous vous repentiez aussitôt, vous demandiez pardon avec des larmes, j'ai recommencé à croire. Vous étiez si jeune et vous paraissiez si naïf! Trois jours se sont passés, et... voyez comme je suis coquette et rusée! je me suis sentie heureuse et je vous le dis! Il me semblait avoir enfin rencontré mon ami, mon frère..., mon soutien dans une vie dont vous ne pouvez deviner les souffrances et les amertumes!... Je m'endormais tranquille, insensée. Je me disais : « C'est peut-être enfin *lui* qui est là! » Mais, aujourd'hui, je vous ai vu sombre et chargé d'ennuis à mes côtés. La peur m'a prise, et j'ai voulu savoir... A présent, je sais, et me voilà tranquille, mais morne comme le chagrin sans remède et sans espoir. C'est une dernière illusion qui s'envole, et je rentre dans le calme de la mort.

Je me sentis vaincu, mais aussi j'étais brisé. Je n'avais pas prévu les suites de ma passion, ou du moins je n'avais rêvé qu'une succession de joies ou de douleurs terribles, auxquelles je m'étais vaillamment soumis. Alida me montrait un autre avenir tout à fait inconnu et plus effrayant encore. Elle m'imposait la tâche d'adoucir son existence brisée et de lui donner un peu de repos et de bonheur au prix de tout mon bonheur et de tout mon repos. Si elle voulait sincèrement m'éloigner d'elle, c'était le plus habile expédient possible. Épouvanté, je gardai un cruel silence en baissant la tête.

— Eh bien, reprit-elle avec une douceur qui n'était pas sans mélange de dédain, vous voyez! j'ai bien compris, et j'ai bien fait de vouloir comprendre : vous ne m'aimez pas, et l'idée de remplir envers moi un devoir de cœur vous écrase comme une condamnation à mort! Je trouve cela tout simple et très-juste, ajouta-t-elle en me tendant la main avec un doux et froid sourire, et, comme vous êtes trop sincère pour essayer de jouer la comédie, je vois que je peux vous estimer encore. Restons amis. Je ne vous crains plus, et vous pouvez cesser de vous craindre vous-même.

Vous aurez la vie triomphante et facile des hommes qui ne cherchent que le plaisir. Vous êtes dans le réel et dans le vrai, n'en soyez pas humilié. L'*anonyme* ne fait plus de vers, m'avez-vous dit : il a bien raison, puisque la poésie l'a quitté! Il lui reste une honnête mission à remplir, celle de ne tromper personne.

C'était là une sorte d'appel à mon honneur, et l'idée ne me vint pas que je pusse être indigne même de la froide estime accordée comme un pis-aller. Je n'essayai ni de me justifier ni de m'excuser. Je restai muet et sombre. Alida me quitta, et bientôt je l'entendis causer avec Paule sur un ton de tranquillité apparente.

Mon cœur se brisa tout à coup. C'en était donc fait pour toujours de cette vie ardente à laquelle j'étais né depuis si peu de jours, et qui me semblait déjà l'habitude normale, le but, la destinée de tout mon être? Non! cela ne se pouvait pas! Tout ce qu'Alida m'avait dit pour refouler ma passion, pour me faire rougir de mes aspirations violentes, ne servait qu'à en raviver l'intensité.

— Égoïste, soit! me disais-je; l'amour peut-il être autre chose qu'une expansion de personnalité irrésistible? Si elle m'en fait un crime, c'est qu'elle ne partage pas mon trouble. Eh bien, je ne saurais m'en offenser. J'ai manqué d'initiative, j'ai été maladroit : je n'ai su ni parler ni me taire à propos. Cette femme exquise, blasée sur les hommages rendus à sa beauté, m'a pris pour un enfant sans cœur et sans force morale, capable de l'abandonner au lendemain de sa défaite. C'est à moi de lui prouver maintenant que je suis un homme, un homme positif en amour, il est vrai, mais susceptible de dévouement, de reconnaissance et de fidélité. Donnons-lui confiance en acceptant à titre d'épreuve tous les sacrifices qu'il lui plaira de m'imposer. C'est à moi de la persuader peu à peu, de fasciner sa raison, d'attendrir son cœur et de lui faire partager le délire qui me possède.

Je me jurai de ne pas être hypocrite, de ne me laisser arracher aucune promesse de vertu irréalisable, et de faire simplement accepter ma soumission comme une marque de respectueuse patience. J'écrivis quelques mots au crayon sur une page de carnet :

« Vous avez mille fois raison ; je n'étais pas digne de vous. Je le deviendrai, si vous ne m'abandonnez pas au désespoir. »

Je rentrai chez elle sous le prétexte de reprendre un livre, je lui glissai le billet presque sous les yeux de Paule, et je retournai sur la galerie, où la réponse ne se fit pas attendre. Elle vint me l'apporter elle-même en me tendant la main avec un regard et un sourire ineffables.

— Nous essayerons! me dit-elle.

Et elle s'enfuit en rougissant.

J'étais trop jeune pour suspecter la sincérité de cette femme, et en cela j'étais plus clairvoyant que ne l'eût été l'expérience, car cette femme était sincère. Elle avait besoin d'aimer, elle aimait, et elle cherchait le moyen de concilier le sentiment de sa fierté avec les élans de son cœur avide d'émotions. Elle se réfugiait dans un *mezzo termine* où la vertu n'eût pas vu bien clair, mais où la pudeur alarmée pouvait s'endormir quelque temps. Elle m'aidait à la tromper, et nous nous trompions l'un l'autre en nous persuadant que la loyauté la plus stricte présidait à ce contrat perfide et boiteux. Tout cela m'entraînait dans un abîme. Je débutais dans l'amour par une sorte de parjure; car, en me vouant à une vertu de passage dont j'étais avide de me dépouiller, j'étais plus coupable que je ne l'avais été jusque-là en m'abandonnant à une passion sans frein, mais sans arrière-pensée.

Il ne me fut pas permis de m'en apercevoir suffisamment pour m'en préserver. A partir de ce moment, Alida, exaltée par une reconnaissance que j'étais loin de mériter, m'enivra de séductions invincibles. Elle se fit tendre, naïve, confiante jusqu'à la folie, simple jusqu'à l'enfantillage, pour me dédommager des privations qu'elle m'imposait. Sa grâce et son abandon lui créèrent des périls inouïs avec lesquels elle se joua comme si elle pouvait les ignorer. Sans doute, il y a un grand charme dans ces souffrances de l'amour contenu qui attend et qui espère. Elle en exaspéra pour moi les délices et les angoisses. Elle fut passionnément coquette avec moi, ne s'en cachant plus et disant que cela était permis à une femme qui aimait éperdument et qui voulait donner à son amant tout le bonheur conciliable avec sa pudeur et ses devoirs : étrange sophisme, où elle puisait effectivement pour son compte tout le bonheur dont elle était susceptible, mais dont les âcres jouissances détérioraient mon âme, annulaient ma conscience et flétrissaient ma foi!

Deux jours se passèrent sans que j'eusse aucun signal de la montagne, aucune nouvelle d'Obernay. Cette mortelle inquiétude me rendit plus âpre au bonheur, et le remords ajoutait encore à l'étourdissement de mes coupables joies. Le soir, seul dans ma chambre, je frissonnais à l'idée qu'en ce moment peut-être Obernay et Valvèdre, ensevelis sous les glaces, exhalaient leur dernier souffle dans une étreinte suprême! Et moi, j'avais pu oublier mon ami pendant des heures entières auprès d'une femme qui me couvait d'un céleste regard de tendresse et de béatitude, sans pressentir le destin qui pesait sur elle et qui peut-être la faisait veuve en cet instant-là! Je me sentais alors baigné d'une sueur froide, j'avais envie de m'élancer dans la nuit pour courir à la recherche d'Obernay; il y avait des moments où, en songeant que je trompais Valvèdre, un agonisant peut-être, un martyr de la science, je me sentais lâche et me faisais l'effet d'un assassin.

Enfin je reçus une lettre d'Obernay.

« Tout va bien, me disait-il. Je n'ai pu encore rejoindre Valvèdre; mais je sais qu'il est à B***, à six lieues de moi, et qu'il est en bonne santé. Je me repose quelques heures et je cours auprès de lui. J'espère le décider à s'en tenir là et le ramener à Saint-

Pierre, car la tourmente a envahi les hautes neiges, et les dangers qu'il a courus pour en sortir seraient aujourd'hui insurmontables. Tu peux maintenant dire la vérité à ces dames et les exhorter à la patience. Dans deux ou trois jours, nous serons tous réunis. »

En apprenant que Valvèdre avait été en grand péril, en devinant, à travers le silence d'Obernay sur son propre compte, que lui-même avait dû courir des dangers sérieux, Paule, à qui je fis part de la lettre, eut un tremblement nerveux assez violent et me serra la main en silence.

— Courage, lui dis-je, ils sont sauvés! La fiancée d'un savant doit être une femme forte et s'habituer à souffrir.

— Vous avez raison, répondit la brave enfant en essuyant de grosses larmes qui vinrent à propos la soulager; oui, oui, il faut du courage : j'en aurai! Songeons à ma belle-sœur : que lui dirons-nous? Elle n'est pas forte; depuis quelques jours surtout, elle est très-nerveuse et très-agitée. Elle ne dort pas. Laissez-moi la lettre, je ne la lui montrerai qu'après l'avoir convenablement avertie.

— Elle est donc bien attachée à son mari? m'écriai-je étourdiment.

— En doutez-vous? reprit Paule étonnée de mon exclamation.

— Non certes; mais...

— Mais si, vous en doutez! Ah! vous n'avez pas traversé Genève sans entendre quelque calomnie sur le compte de la pauvre Alida! Eh bien, repoussez tout cela de votre pensée. Alida est bonne, elle a du cœur. A beaucoup d'égards, c'est une enfant; mais elle est juste, et elle sait apprécier le meilleur des hommes. Il est si bon pour elle! Si vous les aviez vus un instant ensemble, vous sauriez tout de suite à quoi vous en tenir sur leur prétendue désunion. Tant d'égards mutuels, tant de déférences exquises et de délicates attentions ne se retrouvent pas entre gens qui ont des reproches sérieux à se faire. Il y a entre eux des différences de goûts et d'opinions, cela est certain; mais, si c'est là un malheur réel dans la vie conjugale, il y a aussi dans les motifs sérieux d'affection réciproque des compensations suffisantes. Ceux qui accusent mon frère de froideur sont injustes et mal informés; ceux qui accusent sa femme d'ingratitude ou de légèreté sont des méchants ou des imbéciles.

Quelle que pût être l'ingénuité optimiste de Paule, ses paroles me firent une vive impression. Je me sentis partagé entre une violente jalousie naissante contre cet époux si parfait, si respecté, et une sorte de blâme amer contre la femme qui cherchait ailleurs attachement et protection. Ce furent les premières atteintes du mal implacable qui devait me torturer plus tard. Quand je revis Alida, sa figure altérée sembla confirmer les assertions de sa belle-sœur; elle avait été bouleversée et semblait attendre avec impatience le retour de son mari. J'en pris une humeur féroce, et, comme le temps s'était adouci et que nous nous promenions au bord du torrent, Paule s'éloignant souvent avec le guide pour chercher des plantes et satisfaire son ardeur de locomotion, je pressai madame de Valvèdre de questions aigres et de réflexions désespérées. Elle se vit alors entraînée et comme forcée à me parler de son mari, de son intérieur, et à me raconter sa vie.

— J'ai passionnément aimé M. de Valvèdre, dit-elle. C'est la seule passion de ma vie. Paule vous a dit qu'il était parfait : eh bien, oui, elle a raison, il est parfait. Il n'a qu'un défaut, il n'aime pas. Il ne peut, ni ne sait, ni ne veut aimer. Il est supérieur aux passions, aux souffrances, aux orages de la vie. Moi, je suis une femme, une vraie femme, faible, ignorante, sans valeur aucune. Je ne sais qu'aimer. Il fallait me tenir compte de cela et ne pas me demander autre chose. Ne le savait-il pas, lorsqu'il m'épousa, que je n'avais ni connaissances sérieuses, ni talents distingués? Je n'avais pas voulu me farder, et c'eût été bien en vain que je l'eusse tenté avec un homme qui sait tout. Je lui plus, il me trouva belle, il voulut être mon mari afin de pouvoir être mon amant. Voilà tout le mystère de ces grandes affections auxquelles une jeune fille sans expérience est condamnée à se laisser prendre. Certes, l'homme qui la trompe ainsi n'est pas coupable de dissimulation. Aveuglé, il se trompe lui-même, et son erreur porte le châtiment avec elle, puisque cet homme s'enchaîne à jamais, sauf à s'en repentir plus tard. Valvèdre s'est repenti à coup sûr :

il me l'a caché aussi bien que possible; mais je l'ai deviné, et j'en ai été mortellement humiliée. Après beaucoup de souffrances, l'orgueil froissé a tué l'amour dans mon cœur. Nous n'avons donc été coupables ni l'un ni l'autre. Nous avons subi une fatalité. Nous sommes assez intelligents, assez équitables, pour l'avoir reconnu et pour n'avoir point nourri d'amertume l'un contre l'autre. Nous sommes restés amis, frère et sœur, muets sur le passé, calmes dans le présent et résignés à l'avenir. Voilà toute notre histoire. Quel sujet de colère et de jalousie y trouvez-vous donc?...

J'en trouvais mille, et des soupçons et des inquiétudes sans nombre. Elle l'avait passionnément aimé, elle le proclamait devant moi, sans paraître se douter de la torture attachée pour un cœur tout neuf à ce mot de la femme adorée : « Vous n'êtes pas le premier dans ma vie. » J'aurais voulu qu'elle me trompât, qu'elle me fît croire à un mariage de raison, à un attachement paisible dès le principe, ou qu'elle prît la peine de me répéter ce banal mensonge, naïf souvent chez les femmes à passions vives : « J'ai cru aimer; mais ce que j'éprouve pour vous me détrompe. C'est vous seul qui m'avez appris l'amour. » Et, en même temps, je me rendais bien compte de l'incrédulité avec laquelle j'eusse accueilli ce mensonge, de la fureur qui m'eût envahi en me sentant trompé dès les premiers mots. J'étais en proie à toutes les contradictions d'un sentiment sauvage et despotique. Par moments, je m'essayais à l'amitié, à l'amour pur comme elle l'entendait; mais je reconnaissais avec terreur que ce qu'elle m'avait dit de son mari pourrait bien s'appliquer à moi. Je ne trouvais pas en elle ce fond de logique, cette maturité de l'esprit, cette conscience de la volonté, qui sont les indispensables bases d'une affection bienfaisante et d'une intimité heureuse. Elle s'était bien confessée, elle était femme jusqu'au bout des ongles, faite seulement pour aimer, disait-elle... faite, à coup sûr, pour allumer mille ardeurs sans qu'on pût prévoir si elle était capable de les apaiser et de les convertir un jour en bonheur durable et vrai. Un point, d'ailleurs, restait voilé dans son bref récit, et ce point terrible, l'infidélité..., *les infidélités* qu'on lui attribuait, je voulais et ne voulais pas l'éclaircir. Je questionnais malgré moi; elle s'en offensa.

— Vous voulez que je vous rende compte de ma conduite? dit-elle avec hauteur. De quel droit? Et pourquoi me faites-vous l'honneur de m'aimer, si d'avance vous ne m'estimez pas? Est-ce que, moi, je vous questionne? Est-ce que je ne vous ai pas accepté tel que vous êtes, sans rien savoir de votre passé?

— Mon passé! m'écriai-je. Est-ce que j'ai un passé, moi? Je suis un enfant dont tout le monde a pu suivre la vie au grand jour, et jamais je n'ai eu de motifs pour cacher la moindre de mes actions. D'ailleurs, je vous l'ai dit et je peux l'attester sur l'honneur, je n'ai jamais aimé. Je n'ai donc rien à confesser, rien à raconter, tandis que vous... vous qui repoussez la passion aveugle et confiante, et qui exigez un sentiment désintéressé, un amour idéal... il vous faut imposer l'estime de votre caractère et donner des garanties morales à l'homme dont vous prenez la conscience et la vie.

— Voici la question bien déplacée, répondit-elle en tirant de son sein le billet que je lui avais écrit l'avant-veille. Je croyais que vous me demandiez de vous rendre digne de moi, et de ne pas vous abandonner au désespoir. Aujourd'hui, c'est autre chose, c'est moi qui apparemment implore votre confiance et vous supplie de me croire digne de vous. Tenez, pauvre enfant! vous avez un caractère violent avec une tête faible, et je ne suis ni assez énergique ni assez habile pour vous apprendre à aimer; je souffrirais trop, et vous deviendriez fou. Nous avons fait un roman. N'en parlons plus.

Elle déchira le billet en menus fragments qu'elle sema dans l'herbe et dans les buissons; puis elle se leva, sourit, et voulut rejoindre sa belle-sœur. J'aurais dû la laisser faire, nous étions sauvés!... Mais son sourire était déchirant, et il y avait des larmes au bord de ses paupières. Je la retins, je demandai pardon, je m'interdis de jamais l'interroger. Les deux jours qui suivirent, je manquai cent fois de parole; mais elle ne s'expliqua pas davantage, et les pleurs furent toute sa réponse. Je me haïssais de faire souffrir une si douce créature, car, malgré de nombreux accès de dépit et de vives révoltes de fierté, elle ne savait pas rompre : elle ignorait le ressentiment, et son pardon avait une infinie mansuétude.

IV

J'oubliais tout au milieu de ces orages mêlés de délices, et, en exerçant mes forces contre le torrent qui m'entraînait, je les sentais s'éteindre et se tourner vers le rêve du bonheur à tout prix, lorsqu'un signal parti de la montagne m'annonça le retour probable d'Obernay pour le lendemain. C'était une double fusée blanche attestant que tout allait bien, et que mon ami se dirigeait vers nous; mais M. de Valvèdre était-il avec lui? serait-il à Saint-Pierre dans douze heures?

Ce fut la première fois que je pensai à l'attitude qu'il faudrait prendre vis-à-vis de ce mari, et je n'en pus imaginer aucune qui ne me glaçât de terreur. Que n'aurais-je pas donné pour avoir affaire à un homme brutal et violent que j'aurais paralysé et dominé par un froid dédain et un tranquille courage? Mais ce Valvèdre qu'on m'avait dépeint si calme, si indifférent ou si miséricordieux envers sa femme, en tout cas si poli, si prudent, et religieux observateur des plus délicates convenances, de quel front soutiendrais-je son regard? de quel air recevrais-je ses avances? car il était bien certain qu'Obernay lui avait déjà parlé de moi comme de son meilleur ami, et qu'en raison de son âge et de son état dans le monde, M. de

Valvèdre me traiterait en jeune homme que l'on veut encourager, protéger ou conseiller au besoin. Je n'avais plus senti la force d'interroger Obernay sur son compte. Depuis que j'aimais Alida, j'aurais voulu oublier l'existence de son mari. D'après le peu de mots que, malgré moi, j'avais été forcé d'entendre, je me représentais un homme froid, très-digne et assez railleur. Selon Alida, c'était le type des intentions généreuses avec le secret dédain des consciences imbues de leur supériorité.

Qu'il fût paternel ou blessant dans sa bienveillance, j'étais bien assez malheureux sans avoir encore la honte et le remords de trahir un homme qu'il m'eût peut-être fallu estimer et respecter en dépit de moi-même. Je résolus de ne pas l'attendre; mais Alida me trouva lâche et m'ordonna de rester.

— Vous m'exposez à d'étranges soupçons de sa part, me dit-elle. Que va-t-il penser d'un jeune homme qui, après avoir accepté le soin de me protéger dans mon isolement, s'enfuit comme un coupable à son approche? Obernay et Paule seront également frappés de cette conduite, et n'auront pas plus que moi une bonne raison à donner pour l'expliquer. Comment! vous n'avez pas prévu qu'en aimant une femme mariée, vous contractiez l'obligation d'affronter tranquillement la rencontre de son mari, que vous me deviez de savoir souffrir pour moi, qui vais souffrir pour vous cent fois davantage? Songez donc au rôle de la femme en pareille circonstance : s'il y a lieu de feindre et de mentir, c'est sur elle seule que tombe tout le poids de cette odieuse nécessité. Il suffit à son complice de paraître calme et de ne commettre aucune imprudence ; mais elle qui risque tout, son honneur, son repos et sa vie, elle doit tendre toutes les forces de sa volonté pour empêcher le soupçon de naître. Croyez-moi, pour celle qui n'aime pas le mensonge, c'est là un véritable supplice, et pourtant je vais le subir, et je n'ai pas seulement songé à vous en parler. Je ne vous ai pas demandé de m'en plaindre, je ne vous ai pas reproché de m'y avoir exposée. Et vous, à l'approche du danger qui me menace, vous m'abandonnez en disant : « Je ne sais pas feindre, je suis trop fier pour me soumettre à cette humiliation! » Et vous prétendez que vous m'aimez, que vous voudriez trouver quelque terrible occasion de me le prouver, de me forcer à y croire! En voici une prévue, banale, vulgaire et facile entre toutes, et vous fuyez!

Elle avait raison. Je restai. La destinée, qui me poussait à ma perte, parut venir à mon secours. Obernay revint seul. Il apportait à madame de Valvèdre une lettre de son mari, qu'elle me montra, et qui contenait à peu près ceci :

« Mon amie, ne m'en veuillez pas de m'être encore laissé *tenter par les cimes*. On n'y périt pas toujours, puisque m'en voilà revenu sain et sauf. Obernay m'a dit la cause de votre excursion dans ces montagnes. Je me rends sans conteste à vos motifs, et je regarde comme mon premier devoir de faire droit à vos réclamations. Je vais à Valvèdre chercher ma sœur aînée. Je me charge de l'installer tout de suite à Genève, afin que vous puissiez retourner chez vous sans chagrin aucun. En même temps, je vais tout disposer à Genève pour le mariage de Paule, et je vous prierai de venir m'y rejoindre avec elle au commencement du mois prochain. De cette façon, la sœur aînée pourra assister à la cérémonie sans que vous ayez l'air de n'être pas en bonne intelligence. Vous amènerez les enfants. Voici l'âge venu où Edmond doit entrer au collége. Obernay complétera ma lettre par tous les détails que vous pourrez désirer. Comptez toujours sur le dévouement de votre ami et serviteur,

» Valvèdre. »

Cette missive, dont je suis sûr d'avoir rendu sinon les expressions, du moins la teneur et l'esprit, confirmait pleinement tout ce qu'Alida m'avait dit des bons procédés et des formes polies de son mari, en même temps qu'elle peignait le détachement d'une âme supérieure aux déceptions ou aux désastres de l'amour. Il y avait peut-être un drame poignant sous cette parfaite sérénité ; mais l'impression en était effacée, soit par la force de la volonté, soit par la froideur de l'organisation.

J'ignore pourquoi la lecture de cette lettre produisit sur moi un effet tout contraire à celui que madame de

Valvèdre en attendait : elle me l'avait fait lire, croyant éteindre les feux de ma jalousie; ils en furent ravivés et comme exaspérés. Un époux tellement irréprochable dans la gouverne de sa famille avait, devant Dieu et devant les hommes, le droit de tout exiger en retour de ses promptes et généreuses condescendances. Il était bien légitimement le maître et l'arbitre de cette femme dont il se disait chevaleresquement le serviteur et l'ami dévoué. Oui certes, il avait le droit pour lui, puisqu'il avait la justice et la raison souveraines. Rien ne pouvait jamais autoriser sa faible compagne à rompre des liens qu'il savait rendre doublement sacrés. Elle était à lui pour toujours, fût-ce à titre de sœur, comme elle le prétendait, car ce frère-là, mari ou non, était un appui plus légitime et plus sérieux que l'amant de la veille ou que celui du lendemain.

Je sentis mon rôle éphémère, presque ridicule. Je me flattais de le répudier quand ma passion serait assouvie, et je ne songeai plus qu'à l'assouvir. Alida ne l'entendait pas ainsi. Je commençai à la tromper résolûment et à lui inspirer de la confiance, avec l'intention bien arrêtée de surprendre son imagination ou ses sens.

Elle repartait le surlendemain pour sa villa de Valvèdre. Obernay était chargé de l'accompagner; mais on devait prendre le plus long, afin de ne pas se croiser avec M. de Valvèdre emmenant sa vieille sœur à Genève. Je n'avais plus de prétexte pour rester auprès d'Alida, car j'avais annoncé à Obernay qu'après une huitaine de jours à lui consacrés, je continuerais ma tournée en Suisse, sauf à retourner le voir à Genève avant de me rendre en Italie. Il ne m'aida pas à changer de projets.

— Valvèdre a fixé mon mariage au 1ᵉʳ août, me dit-il; je regarde comme impossible que tu me refuses d'y assister. Moi, je serai dans ma famille dès le 15 juillet, et je t'attendrai. Nous sommes le 2, tu as donc tout le temps d'aller voir une partie de nos grands lacs et de nos belles montagnes; mais il ne faut pas tarder à commencer ta tournée. Je presse ton départ, tu le vois, mais c'est pour mieux m'assurer ton retour.

Assister au mariage d'Henri avec mademoiselle de Valvèdre, c'était me placer forcément en présence de ce mari que j'étais si content d'avoir évité. Ce n'est pas sous les yeux de toute cette famille, avec son chef en tête, que je voulais revoir Alida. Pourtant je ne trouvais aucun moyen de refuser. Lancé dans la voie du mensonge, je promis, avec la résolution de me casser une jambe en voyage plutôt que de tenir ma parole.

Je fis mes paquets et partis une heure après, laissant Alida effrayée de ma précipitation, blessée de ma résistance au désir qu'elle m'exprimait d'avoir mon escorte durant une partie de sa route. La laisser inquiète et mécontente faisait partie de mon plan de séduction.

Je souris bien tristement, quand je pense aujourd'hui à mes tentatives de perversité : elles étaient si peu de mon âge et si éloignées de mon caractère, que je me trouvai comme soulagé de pouvoir les oublier pendant quelques jours. Je m'enfonçai dans les hautes montagnes, en attendant le moment où le retour de M. de Valvèdre et d'Obernay à Genève me permettrait d'aller surprendre Alida dans sa résidence, dont je m'étais tracé, sur ma carte routière, un itinéraire détaillé.

Je passai une dizaine de jours à me fatiguer les jambes et à m'exalter le cerveau. Je traversai les Alpes Pennines, et je remontai les Alpes du Valais vers le Simplon. Du haut de ces régions grandioses, ma vue plongeait tour à tour sur la Suisse et l'Italie. C'est un des plus vastes et des plus fiers tableaux que j'aie jamais vus. Je voulus aller aussi haut que possible sur les croupes du Sempione italien, voir de près ses étranges et horribles cascades ferrugineuses, qui, à côté de fleuves de lait écumeux, semblent rayer les neiges de fleuves de sang. Je bravai le froid, le péril, et le sentiment de la détresse morale qui s'empare d'une jeune âme dans ces affreuses solitudes. L'avouerai-je? j'éprouvais le besoin de m'égaler, à mes propres yeux, en courage et en stoïcisme à M. de Valvèdre. J'avais été irrité d'entendre sa femme et sa sœur parler sans cesse de sa force et de son intrépidité. Il semblait que ce fût un titan, et, un jour que j'avais exprimé le désir de tenter une excursion pareille, Alida avait souri comme si un nain eût parlé de suivre un géant à la course. J'aurais trouvé puéril de m'exercer en sa présence; mais, seul, et au risque de me briser ou de me perdre dans les abîmes, je consolais mon orgueil froissé, et je m'évertuais à devenir, moi aussi, un type de vigueur et d'audace. J'oubliais que ce qui faisait le mérite de ces entreprises désespérées, c'était un but sérieux, l'espoir des conquêtes scientifiques. Il est vrai que je croyais marcher à la conquête du démon poétique, et je m'évertuais à improviser au milieu des glaciers et des précipices; mais il faut être un demi-dieu pour trouver sur de pareilles scènes l'expression d'un sentiment personnel. C'est à peine si je rencontrais, dans l'écrin chatoyant des épithètes et des images romantiques, un faible équivalent pour traduire la sublimité des choses environnantes. Le soir, quand j'essayais d'écrire mes rimes, je m'apercevais bien que ce n'étaient que des rimes, et pourtant j'avais bien vu, bien décrit, bien traduit; mais précisément la poésie, comme la peinture et la musique, n'existe qu'à la condition d'être autre chose qu'un équivalent de traduction. Il faut que ce soit une idéalisation de l'idéal. J'étais effrayé de mon insuffisance et ne m'en consolais qu'en l'attribuant à la fatigue physique.

Une nuit, dans un misérable chalet où j'avais demandé l'hospitalité, je fus navré par une scène tout humaine, que je m'exerçai à regarder de sang-froid, afin de la rendre plus tard sous forme littéraire. Un enfant se mourait dans les convulsions. Le père et la mère, ne sachant pas le soulager et le jugeant perdu, le regardaient d'un œil sec et morne se débattre sur la paille. Le désespoir muet de la femme était sublime d'expression. Cette laide créature, goîtreuse, à demi crétine, devenait belle par l'instinct de la maternité. Le père, farouche et dévot, priait sans espoir. Assis sur mon grabat, je les contemplais, et ma stérile pitié ne rencontrait que des mots et des comparaisons! J'en fus irrité contre moi-même, et je pensai qu'en ce moment il eût mieux valu être un petit médecin de campagne que le plus grand poëte du monde.

Quand le jour vint, je m'éveillai et m'aperçus seulement alors que la fatigue m'avait vaincu. Je me soulevai, croyant voir l'enfant mort et la mère prosternée; mais je vis la mère assise, et, sur ses genoux, l'enfant qui souriait. Auprès d'eux était un homme en casaque de laine et en guêtres de cuir, dont les mains blanches et la trousse de voyage dépliée annonçaient autre chose qu'un colporteur ou un contrebandier. Il fit prendre au petit malade une seconde dose de je ne sais quel calmant, donna ses instructions aux parents dans leur dialecte, que je comprenais peu, et se retira en refusant l'argent qu'on lui offrait. Quand il fut sorti, on s'aperçut qu'au lieu d'en recevoir, il en avait laissé à dessein dans la sébile du foyer.

Il était donc venu pendant mon sommeil; il avait été envoyé là, dans ce désert, par la Providence, l'homme de bien et de secours, le messager d'espoir et de vie, le petit médecin de campagne, antithèse du poëte sceptique.

Il y avait là *un sujet*. Je me mis à le composer en

descendant la montagne, après avoir joint mon offrande à celle du médecin; mais bientôt j'oubliai tout pour admirer le portique grandiose que je franchissais. Au bout d'une demi-heure de marche, j'avais laissé au-dessus de moi les glaciers et les cimes formidables; j'entrais dans la vallée du Rhône, que je dominais encore d'une hauteur vertigineuse, et qui s'ouvrait sous mes pieds comme un abîme de verdure traversé de mille serpents d'or et de pourpre. Le fleuve et les nombreux torrents qui se précipitent dans son lit s'embrasaient de la rougeur du matin. Une brume rosée qui s'évanouissait rapidement me faisait paraître encore plus lointaines les dentelures neigeuses de l'horizon et les profondeurs magiques de l'amphithéâtre. A chaque pas, je voyais surgir de ces profondeurs des crêtes abruptes couronnées de roches pittoresques ou de verdure dorée par le soleil levant, et, entre ces cimes qui s'abaissaient graduellement, il y avait d'autres abîmes de prairies et de forêts. Chacun de ces recoins formait un magnifique paysage, quand le regard et la pensée s'y arrêtaient un instant; mais, si l'on regardait alentour, au delà et au-dessous, le paysage sublime n'était plus qu'un petit accident perdu dans l'immensité du tableau, un détail, un repoussoir, et, pour ainsi dire, une facette du diamant.

Devant ces bassins alpestres, le peintre et le poëte sont comme des gens ivres à qui l'on offrirait l'empire du monde. Ils ne savent quel petit refuge choisir pour s'abriter et se préserver du vertige. L'œil voudrait s'arrêter à quelque point de départ pour compter ses richesses : elles semblent innombrables ; car, en descendant les sinuosités des divers plans, on voit chaque tableau changer d'aspect et présenter d'autres couleurs et d'autres formes.

Le soleil montait, la chaleur s'engouffrait de plus en plus dans ces creux vallons superposés. Le haut Simplon ne m'envoyant plus dans le dos ses aiguillons de glace, je m'arrêtai pour ne pas perdre trop tôt le spectacle de l'ensemble du Valais. Je m'assis sur la mousse d'une roche isolée, et j'y mangeai le morceau de pain bis que j'avais acheté au chalet; après quoi, l'ombre des grands sapins s'allongeant d'elle-même obliquement sur moi, et la clochette des troupeaux invisibles perdus sous la ramée berçant ma rêverie, je me laissai aller quelques instants au sommeil.

Le réveil fut délicieux. Il était huit heures du matin. Le soleil avait pénétré jusque dans les plus mystérieuses profondeurs, et tout était si beau, si inculte et si gracieusement primitif autour de moi, que j'en fus ravi. En cet instant, je pensai à madame de Valvèdre comme à l'idéal de beauté auquel je rapportais toutes mes admirations, et je me rappelai sa forme aérienne, ses décevantes caresses, son sourire mystérieux. C'était la première fois que je me trouvais dans une situation propre au recueillement depuis que j'étais aimé d'une belle femme, et, si je ne puisai pas dans cette pensée l'émotion douce et profonde du vrai bonheur, du moins j'y trouvai tous les enivrements, toutes les fumées de la vanité satisfaite.

C'était le moment d'être poëte, et je le fus en rêve. J'eus, en regardant la nature autour de moi, des éblouissements et des battements de cœur que je n'avais jamais éprouvés. Jusque-là, j'avais médité après coup sur la beauté des choses, après m'être enivré du spectacle qu'elles présentent. Il me sembla que ces deux opérations de l'esprit s'effectuaient en moi simultanément, que je sentais et que je décrivais tout ensemble. L'expression m'apparaissait comme mêlée au rayon du soleil, et ma vision était comme une poésie tout écrite. J'eus un tremblement de fièvre, une bouffée d'immense orgueil.

— Oui, oui! m'écriai-je intérieurement, — et je parlais tout haut sans en avoir conscience, — je suis sauvé, je suis heureux, je suis artiste!

Il m'était rarement arrivé de me livrer à ces monologues, qui sont de véritables accès de délire, et, bien que j'eusse pris l'habitude, dans ces derniers temps, de réciter mes vers au bruit des cataractes, l'écho de ma voix et de ma prose dans ce lieu paisible m'effraya. Je regardai autour de moi instinctivement, comme si j'eusse commis une faute, et j'eus un véritable sentiment de honte en voyant que je n'étais pas seul. A trois pas de moi, un homme, penché sur le rocher, puisait de l'eau dans une tasse de cuir au filet d'une source, et cet homme, c'était celui que j'avais vu, deux heures plus tôt, sauvant l'enfant malade du chalet et faisant l'aumône à mes hôtes.

Malgré son costume alpestre, qui tenait du montagnard encore plus que du touriste, je fus frappé de l'élégance de sa tournure et de sa physionomie. Il était, en outre, remarquablement beau de type et de formes, et ne paraissait pas avoir plus de trente ans. Il avait ôté son chapeau, et je vis ses traits, que je n'avais fait qu'entrevoir au chalet. Ses cheveux noirs, épais et courts, dessinaient un front blanc et vaste, d'une sérénité remarquable. L'œil, bien fendu, avait le regard doux et pénétrant; le nez était fin, et l'expression de la narine se liait à celle de la lèvre par un demi-sourire d'une bienveillance calme et délicatement enjouée. La taille moyenne et la poitrine large annonçaient la force physique, en même temps que les épaules légèrement voûtées trahissaient l'étude sédentaire ou l'habitude de la méditation.

J'oubliai, en le regardant avec un certain sentiment d'analyse, l'espèce de confusion que je venais d'éprouver, et je le saluai avec sympathie. Il me rendit mon salut avec cordialité, et m'offrit la tasse pleine d'eau qu'il allait porter à ses lèvres, en me disant que cette eau si belle était digne d'être offerte comme une friandise.

J'acceptai, obéissant à l'attrait qui me poussait à échanger quelques paroles avec lui; mais, à la manière dont il me regardait, je sentis que j'étais pour lui un objet de curiosité ou de sollicitude. Je me rappelai l'étrange exclamation qui m'était échappée en sa présence, et je me demandai s'il ne me prenait pas pour un aliéné. Je ne pus m'empêcher d'en rire, et, pour le rassurer en sauvant mon amour-propre :

— Docteur, lui dis-je, vous me prescrivez cette eau pure comme un remède, convenez-en, ou vous en faites l'épreuve sur moi pour voir si je ne suis pas hydrophobe ; mais tranquillisez-vous, vous n'aurez pas à me soigner. J'ai toute ma raison. Je suis un pauvre comédien ambulant, et vous m'avez surpris récitant un fragment de rôle.

— Vraiment? dit-il d'un air de doute. Vous n'avez pourtant pas l'air d'un comédien !

— Pas plus que vous n'avez l'air d'un médecin de campagne. Pourtant vous êtes un disciple de la science, et moi, je suis un disciple de l'art : que vous en semble?

— Soit! reprit-il. Je ne vous ai pris ni pour un naturaliste, ni pour un peintre ; mais, d'après ce que ces gens du chalet m'ont dit de vous, je vous prenais pour un poëte.

— Qu'ont-ils donc pu vous dire de moi?

— Que vous déclamiez tout seul dans la montagne ; c'est pourquoi les bonnes gens vous prenaient pour un fou.

— Et ils vous envoyaient à mon secours, ou bien la charité vous a mis à ma recherche?

— Non! dit-il en riant. Je ne suis pas de ces médecins qui courent après la clientèle et qui lui demandent la bourse ou la vie au coin d'un bois. Je m'en allais à

Brigg en me promenant. J'ai flâné en route. J'avais soif, et le murmure de la source m'a amené auprès de vous. Vous récitiez ou vous improvisiez. Je vous ai dérangé...

— Non pas, m'écriai-je ; vous alliez fumer un cigare, et, si vous le permettez, je fumerai le mien près de vous. Savez-vous, docteur, que je suis très-heureux de vous voir à tête reposée et de causer un moment avec vous ?

— Comment ! vous ne me connaissez pas !

— Pas plus que vous ne me connaissez ; mais vous êtes pour moi le héros improvisé d'un petit poëme que je roulais dans ma cervelle de comédien. Un proverbe, une fantaisie, je suppose : deux scènes pour peindre le contraste entre les deux types que nous représentons, vous et moi. La première est tout à votre avantage. L'enfant se mourait, je plaignais la mère en m'endormant ; vous la consoliez, vous sauviez l'enfant à mon réveil ! Le cadre était simple et touchant, et vous aviez le beau rôle. Dans la seconde scène, je voudrais pourtant relever l'artiste : vous pensez bien qu'on n'abjure pas l'orgueil de son état ! mais que puis-je imaginer pour avoir ici plus d'esprit et de sens que vous ? Je ne trouve absolument rien, car, individuellement, vous me paraissez très-supérieur à moi en toutes choses... Il faudrait que vous fussiez assez modeste pour m'aider à prouver que l'artiste est le médecin de l'âme, comme le savant est celui du corps.

— Oui, répondit mon aimable docteur en s'asseyant

à mes côtés et en acceptant un de mes cigares; c'est une idée, et je me livre à vous pour que vous la réalisiez. Je ne me crois supérieur à personne; mais supposons que je sois très-fort d'intelligence et cependant très-faible en philosophie, que j'aie un grand chagrin ou un grand doute : c'est à votre éloquence exercée sur les matières du sentiment et de l'enthousiasme à me guérir en m'attendrissant ou en me rendant la foi. Voyons, improvisez!

— Oh! doucement! m'écriai-je; je ne peux pas improviser sans répondre à quelque chose, et vous ne me dites rien. Il ne suffit pas de supposer, je ne sais pas m'exalter à froid. Confiez-moi vos peines, imaginez quelque drame, et, s'il n'y en a aucun dans votre vie, inventez-en un!

Il se mit à rire de bon cœur de ma fantaisie, et pourtant, au milieu de sa gaieté, je crus voir passer un nuage sur son beau front, comme si j'eusse imprudemment rouvert une blessure cachée. Je ne me trompais pas : il cessa de rire et me dit avec douceur :

— Mon cher monsieur, ne jouons pas à ce jeu-là, ou jouons-y sérieusement. A mon âge, on a toujours eu un drame dans sa vie. Voici le mien. J'ai beaucoup aimé une femme qui est morte. Avez-vous des paroles et des idées pour me consoler?

Je fus si frappé de la simplicité de sa plainte, que je perdis l'envie de faire de l'esprit.

— Je vous demande pardon de ma maladresse, lui dis-je. J'aurais dû me dire que vous n'étiez pas un enfant comme moi, et que, dans tous les cas, ce sujet de causerie ne me donnerait sur vous aucun avantage. Quand vous m'aurez quitté, je pourrai bien trouver, en prose ou en vers, quelque tirade à effet pour vous répondre ou vous consoler; mais, ici, devant une figure qui commande la sympathie, devant une parole qui impose le respect, je me sens si petit garçon, que je ne me permettrai même pas de vous plaindre, certain que je suis d'avoir beaucoup moins de sagesse et de courage que vous n'en avez vous-même.

Ma réponse le toucha; il me tendit la main en me disant que j'étais un modeste et brave garçon, et que je venais de lui parler en homme, ce qui valait encore mieux que de parler en poëte.

— Ce n'est pourtant pas, ajouta-t-il en secouant sa mélancolie par un généreux effort, que je dédaigne les poëtes et la poésie. Les artistes m'ont toujours semblé aussi sérieux et aussi utiles que les savants quand ils sont vraiment artistes, et un grand esprit qui tiendrait également du savant et de l'artiste me paraîtrait le plus noble représentant du beau et du vrai dans l'humanité.

— Ah! puisque vous voulez bien causer avec moi, repris-je, il faut que vous me permettiez de vous contredire. Il est bien entendu d'avance que vous aurez raison; mais laissez-moi émettre ma pensée.

— Oui, oui, je vous en prie. C'est peut-être moi qui ai tort. La jeunesse est grand juge en ces matières. Parlez...

Je parlai avec abondance et conviction. Je ne rapporterai pas mes paroles, dont je ne me souviens guère, et que le lecteur imaginera sans peine en se rappelant la théorie de l'art pour l'art, si fort en vogue à cette époque. La réponse de mon interlocuteur, qui m'est très-présente, fera, d'ailleurs, suffisamment connaître le plaidoyer.

— Vous défendez votre Église avec ardeur et talent, me dit-il; mais je regrette de voir toujours des esprits d'élite s'enfoncer volontairement dans une notion qui est une erreur funeste au progrès des connaissances humaines. Nos pères ne l'entendaient pas ainsi; ils cultivaient simultanément toutes les facultés de l'esprit, toutes les manifestations du beau et du vrai. On dit que les connaissances ont pris un tel développement, que la vie d'un homme suffit à peine aujourd'hui à une des moindres spécialités : je ne suis pas convaincu que cela soit bien vrai. On perd tant de temps à discuter ou à intriguer pour se faire un nom, sans parler de ceux qui perdent les trois quarts de leur vie à ne rien faire! C'est parce que la vie sociale est devenue très-compliquée, que les uns gaspillent leur existence à s'y frayer une voie, et les autres à ne rien vouloir entreprendre de peur de se fatiguer. Et puis encore l'esprit humain s'est subtilisé à l'excès, et, sous prétexte d'analyse intellectuelle et de contemplation intérieure, la puissante et infortunée race des poëtes s'use dans le vague ou dans le vide, sans chercher son rassérénement, sa lumière et sa vie dans le sublime spectacle du monde! Permettez, ajouta-t-il avec une douce et convaincante vivacité en me voyant prêt à l'interrompre : je sais ce que vous voulez me dire. Le poëte et le peintre se prétendent les amants privilégiés de la nature; ils se flattent de la posséder exclusivement, parce qu'ils ont des formes et des couleurs et un vif ou profond sentiment pour l'interpréter. Je ne le nie pas et j'admire leur traduction quand elle est réussie; mais je prétends, moi, que les plus habiles et les plus heureux, les plus durables et les mieux inspirés d'entre eux sont ceux qui ne se contentent pas de l'aspect des choses, et qui vont chercher la raison d'être du beau au fond des mystères d'où s'épanouit la splendeur de la création. Ne me dites pas, à moi, que l'étude des lois naturelles et la recherche des causes refroidissent le cœur et retardent l'essor de la pensée; je ne vous croirais pas, car, si peu qu'on regarde la source ineffable des éternels phénomènes, je veux dire la logique et la magnificence de Dieu, on est ébloui d'admiration devant son œuvre. Vous autres, vous ne voulez tenir compte que d'un des résultats de cette logique sublime, le beau qui frappe les yeux; mais, à votre insu, vous êtes des savants quand vous avez de bons yeux, car le beau n'existerait pas sans le sage et l'ingénieux dans les causes; seulement, vous êtes des savants incomplets et systématiques, qui se ferment, de propos délibéré, les portes du temple, tandis que les esprits vraiment religieux en recherchent les sanctuaires et en étudient les divins hiéroglyphes. Croyez-vous que ce chêne dont le magnifique branchage vous porte à la rêverie perdrait dans votre esprit, si vous aviez examiné le frêle embryon qui l'a produit, et si vous aviez suivi les lois de son développement au sein des conditions propices que la Providence universelle lui a préparées? Pensez-vous que cette petite mousse dont nous foulons le frais velours cesserait de vous plaire le jour où vous découvririez à la loupe le fini merveilleux de sa structure et les singularités ingénieuses de sa fructification? Il y a plus : une foule d'objets qui vous semblent insignifiants, disparates ou incommodes dans le paysage prendraient de l'intérêt pour votre esprit et même pour vos yeux, si vous y lisiez l'histoire de la terre écrite en caractères profonds et indélébiles. Le lyriste, en général, se détourne de ces pensées, qui le mèneraient haut et loin : il ne veut faire vibrer que certaines cordes, celle de la personnalité avant tout; mais voyez ceux qui sont vraiment grands! Ils touchent à tout et ils interrogent jusqu'aux entrailles du roc. Ils seraient plus grands encore sans le préjugé public, sans l'ignorance générale, qui repousse comme trop abstrait ce qui ne caresse ni les passions ni les instincts. C'est que les notions sont faussées, comme je vous l'ai dit, et que les hommes d'intelligence s'amusent à faire des distinctions, des camps, des sectes dans la poursuite du vrai, si bien que ce qui est beau pour les uns ne l'est plus pour les autres. Triste résultat de la tendance exagérée aux spécialités! Étonnante fatalité de voir que la création, source de toute lumière et foyer de tout enthousiasme, ne puisse révéler qu'une de ses faces à son spectateur privilégié, à l'homme, qui, seul parmi les êtres vivant en ce monde, a reçu le don de voir en haut et en bas, c'est-à-dire de suppléer par le calcul et le raisonnement aux organes qui lui manquent! Quoi! nous avons brisé la voûte de saphir de l'empyrée, et nous y avons saisi la notion de l'infini avec la présence des mondes sans nombre; nous avons percé la croûte du globe, nous y avons découvert les éléments mystérieux de toute vie à sa surface, et les poëtes viendront nous dire : « Vous êtes des pédants glacés, des faiseurs de chiffres! vous ne voyez rien, vous ne jouissez de rien autour de vous! » C'est comme si, en écoutant parler une langue étrangère que nous comprendrions et qu'ils ne comprendraient pas, ils avaient la prétention d'en sentir mieux que nous les beautés, sous prétexte que le sens des paroles nous empêche d'en saisir l'harmonie.

Mon nouvel ami parlait avec un charme extraordinaire; sa voix et sa prononciation étaient si belles et son accent si doux, son regard avait tant de persuasion et son sourire tant de bonté, que je me laissai morigéner sans révolte. Je me trouvais assoupli et comme influencé par ce rare esprit doué de formes si charmantes. Était-ce là un simple médecin de campagne, ou bien plutôt quelque homme célèbre savourant les douceurs de la solitude et de l'*incognito*?

Il marquait si peu de curiosité sur mon compte,

que je crus devoir imiter sa discrétion. Il se contenta de me demander si je descendais la montagne ou si je comptais la remonter. Je n'avais aucun projet arrêté avant le 15 juillet, et nous n'étions qu'au 10. Je fus donc tenté d'accepter l'offre qu'il me fit d'aller dîner avec lui à Brigg, où il comptait passer la nuit; mais je pensai qu'il serait imprudent de me faire connaître sur cette route, qui était celle de Valvèdre, et où je comptais passer sans laisser mon nom dans aucune localité. Je prétextai un projet d'excursion en sens contraire; seulement, pour profiter encore quelques instants de sa compagnie, je le conduisis pendant une lieue vers son gîte. Nous causâmes donc encore sur le même sujet qui nous avait occupés, et je fus contraint d'avouer que son raisonnement avait une grande valeur et une grande force dans sa bouche; mais je le priai d'avouer à son tour que peu d'esprits étaient assez vastes pour embrasser sous toutes ses faces la notion du beau dans la nature.

— Que l'étude des plus arides classifications, lui dis-je, n'ait pas glacé une âme d'élite comme la vôtre, ce n'est pas en vous écoutant que je puis le révoquer en doute; mais convenez donc qu'il y a des choses qui, par elles-mêmes, s'excluent mutuellement dans la plupart des organisations humaines. Je n'ai pas la modestie de me prendre pour un idiot, et cependant je vous déclare qu'une sèche nomenclature et les travaux plus ou moins ingénieux à l'aide desquels on a groupé les modifications sans nombre de la pensée divine la rapetissent singulièrement à mes yeux, et que je serais désolé, par exemple, de savoir combien d'espèces de mouches sucent en ce moment autour de nous le serpolet et les lavandes. Je sais bien que l'ignorant complet croit avoir tout vu quand il a remarqué le bourdonnement de l'abeille ; mais, moi qui sais que l'abeille a beaucoup de sœurs ailées qui modifient et répandent son type, je ne demande pas qu'on me dise où il commence et où il finit. J'aime mieux me persuader que nulle part il ne finit, que nulle part il ne commence, et mon besoin de poésie trouve que le mot *abeille* résume tout ce qui anime de son chant et de son travail les tapis embaumés de la montagne. Permettez donc au poëte de ne voir que la synthèse des choses et n'exigez pas que le chantre de la nature en soit l'historien.

— Je trouve qu'ici vous avez mille fois raison, répondit mon docteur. Le poëte doit résumer, vous êtes dans le vrai, et jamais la dure et souvent arbitraire technologie des naturalistes ne sera de son domaine, espérons-le ! Seulement, le poëte qui chantera l'abeille ne perdra rien à la connaître dans tous les détails de son organisation et de son existence. Il prendra d'elle, ainsi que de sa supériorité sur la foule des espèces congénères, une idée plus grande, plus juste et plus féconde. Et ainsi de tout, croyez-moi. L'examen attentif de chaque chose est la clef de l'ensemble. Mais ce n'est pas là le point de vue le plus sérieux de la thèse que vous m'avez permis de soutenir devant vous. Il en est un purement philosophique qui a une bien autre importance : c'est que la santé de l'âme n'est pas plus dans la tension perpétuelle de l'enthousiasme lyrique que celle du corps n'est dans l'usage exclusif et prolongé des excitants. Les calmes et saintes jouissances de l'étude sont nécessaires à notre équilibre, à notre raison, permettez-moi de le dire aussi, à notre moralité!...

Je fus frappé de la ressemblance de cette assertion avec les théories d'Obernay, et ne pus m'empêcher de lui dire que j'avais un ami qui me prêchait en ce sens.

— Votre ami a raison, reprit-il ; il sait sans doute par expérience que l'homme civilisé est un malade fort délicat qui doit être son propre médecin sous peine de devenir fou ou bête !

— Docteur, voilà une proposition bien sceptique pour un croyant de votre force !

— Je ne suis d'aucune force, répondit-il avec une bonhomie mélancolique; je suis tout pareil aux autres, débile dans la lutte de mes affections contre ma logique, troublé bien souvent dans ma confiance en Dieu par le sentiment de mon infirmité intellectuelle. Les poëtes n'ont peut-être pas autant que nous ce sentiment-là : ils s'enivrent d'une idée de grandeur et de puissance qui les console, sauf à les égarer. L'homme adonné à la réflexion sait bien qu'il est faible et toujours exposé à faire de ses excès de force un abus qui l'épuise. C'est dans l'oubli de ses propres misères qu'il trouve le renouvellement ou la conservation de ses facultés; mais cet oubli salutaire ne se trouve ni dans la paresse ni dans l'enivrement, il n'est que dans l'étude du grand livre de l'univers. Vous verrez cela à mesure que vous avancerez dans la vie. Si, comme je le crois, vous sentez vivement, vous serez bientôt las d'être le héros du poëme de votre existence, et vous demanderez plus d'une fois à Dieu de se substituer à vous-même dans vos préoccupations. Dieu vous écoutera, car il est le *grand écouteur de la création*, celui qui entend tout, qui répond à tout selon le besoin que chaque être a de savoir le mot de sa destinée, et auquel il suffit de penser respectueusement en contemplant le moindre de ses ouvrages pour se trouver en rapport direct et en conversation intime avec lui, comme l'enfant avec son père. Mais je vous ai déjà trop endoctriné, et je suis sûr que vous me faites parler pour entendre résumer en langue vulgaire ce que votre brillante imagination possède mieux que moi. Puisque vous ne voulez pas venir à Brigg, il ne faut pas vous retarder plus longtemps. Au revoir et bon voyage!

— Au revoir! où donc et quand donc, cher docteur?

— *Au revoir dans tout et partout!* puisque nous vivons dans une des étapes de la vie infinie et que nous en avons le sentiment. J'ignore si les plantes et les animaux ont une notion instinctive de l'éternité; mais l'homme, surtout l'homme dont l'intelligence s'est exercée à la réflexion, ne peut point passer auprès d'un autre homme à la manière d'un fantôme pour se perdre dans l'éternelle nuit. Deux âmes libres ne s'anéantissent pas l'une par l'autre : dès qu'elles ont échangé une pensée, elles se sont mutuellement donné quelque chose d'elles-mêmes, et, ne dussent-elles jamais se retrouver en présence matériellement parlant, elles se connaissent assez pour se retrouver dans les chemins du souvenir, qui ne sont pas d'aussi pures abstractions qu'on le pense... Mais c'est assez de métaphysique. Adieu encore et merci de l'heure agréable et sympathique que vous avez mise dans ma journée !

Je le quittai à regret ; mais je croyais devoir conserver le plus strict incognito, n'étant guère éloigné du but de mon mystérieux voyage. Enfin vint le jour où je pouvais compter qu'Alida serait seule chez elle avec Paule et ses enfants, et j'arrivai au versant des Alpes qui plonge jusqu'aux rives du lac Majeur. Je reconnus de loin la villa que je m'étais fait décrire par Obernay. C'était une délicieuse résidence à mi-côte, dans un éden de verdure et de soleil, en face de cette étroite et profonde perspective du lac, auquel les montagnes font un si merveilleux cadre, à la fois austère et gracieuse. Comme je descendais vers la vallée, un orage terrible s'amoncelait au midi, et je le voyais arriver à ma rencontre, envahissant le ciel et les eaux d'une teinte violacée rayée de rouge brûlant. C'était un spectacle grandiose, et bientôt le vent et la foudre, répétés par mille échos, me donnèrent une symphonie digne de la scène qu'elle emplissait. Je me réfugiai chez des paysans auxquels je me donnai pour un peintre paysagiste, et qui, habitués à des hôtes de ce genre, me firent bon accueil dans leur demeure isolée.

C'était une toute petite ferme, proprement tenue et annonçant une certaine aisance. La femme causait volontiers, et j'appris, pendant qu'elle préparait mon repas, que ce petit domaine dépendait des terres de Valvèdre. Dès lors je pouvais espérer des renseignements certains sur la famille, et, tout en ayant l'air de ne pas la connaître et de ne m'intéresser qu'aux petites affaires de ma vieille hôtesse, je sus tout ce qui m'intéressait moi-même au plus haut point. M. de Valvèdre était venu, le 4 juillet, chercher sa sœur aînée et l'aîné de ses fils pour les conduire à Genève; mais, comme mademoiselle Juste voulait laisser la maison et les affaires en ordre, elle n'avait pu partir le jour même.

Madame de Valvèdre était arrivée le 5 avec mademoiselle Paule et son fiancé. Il y avait eu des explications. Tout le monde savait bien que madame et mademoiselle Juste ne s'entendaient pas. Mademoiselle Juste était un peu dure, et madame un peu vive. Enfin on était tombé d'accord, puisqu'on s'était quitté en s'embrassant. Les domestiques l'avaient vu. Mademoiselle Juste avait demandé à emmener mademoiselle Paule à Genève pour s'occuper de son trousseau, et madame de Valvèdre, quoique pressée par tout son monde, avait préféré rester seule au château avec le plus jeune de ses fils, M. Paolino, le filleul de mademoiselle Paule ; mais l'enfant avait beaucoup pleuré pour se séparer de son frère et de sa marraine, si bien que madame, qui ne pouvait pas voir pleurer *ces messieurs*, avait décidé qu'ils partiraient ensemble, et qu'elle resterait à Valvèdre jusqu'à la fin du mois. Toute la famille était donc partie le 7, et l'on s'étonnait beaucoup dans la maison de l'idée que madame avait eue de rester trois semaines toute seule à Valvèdre, où l'on savait bien qu'elle s'ennuyait, même quand elle y avait de la compagnie.

Tous ces détails étaient arrivés à mon hôtesse par un jardinier du château qui était son neveu.

J'aurais volontiers tenté une promenade nocturne autour de ce château enchanté, et rien n'eût été plus facile que de sortir de ma retraite sans être observé ; car, à dix heures, le vieux couple ronflait comme s'il eût voulu faire concurrence au tonnerre ; mais la tempête sévissait avec rage, et je dus attendre le lendemain.

Le soleil se leva splendide. Je pris avec affectation mon album de voyage, et je partis pour une promenade assez fantastique. Je fis cinq ou six fois le tour de la résidence, en rétrécissant toujours le cercle, de manière à connaître comme à vol d'oiseau tous les détails de la localité. Chemins, fossés, prairies, habitations, ruisseaux et rochers, tout me fut aussi familier au

bout de quelques heures que si j'étais né dans le pays.
Je connus les endroits découverts et les endroits habités où je ne devais pas repasser pour ne point attirer l'attention, les sites dont d'autres paysagistes s'étaient emparés et où je ne voulais pas être obligé de faire connaissance avec eux, les sentiers ombragés et frayés seulement par les troupeaux au flanc des collines, où j'étais à peu près sûr de ne point rencontrer d'êtres trop civilisés. Enfin je m'assurai d'une direction invraisemblable, mais admirablement mystérieuse, pour circuler de mon gîte à la villa, et qui offrait des retraites sauvages où je pouvais me dérober aux regards méfiants ou curieux, en m'enfonçant dans les bois jetés à pic le long des ravins. Cette exploration faite, je me hasardai à pénétrer dans le parc de Valvèdre par une brèche que j'avais réussi à découvrir. On était en train de la réparer, mais les ouvriers étaient absents. Je me glissai sous la futaie, j'arrivai jusqu'à la lisière d'un parterre richement fleuri, et je vis en face de moi la maison blanche construite à l'italienne, élevée sur un massif de maçonnerie entouré de colonnes. Je remarquai quatre fenêtres à rideaux de soie rose que le soleil couchant faisait resplendir. Je m'avançai un peu, et, caché dans un bosquet de lauriers, je restai là plus d'une heure. La nuit approchait quand je distinguai enfin une femme que je reconnus pour la Bianca, la suivante dévouée de madame de Valvèdre. Elle releva les rideaux comme pour faire entrer la fraîcheur du soir dans l'intérieur,

et je vis bientôt circuler des lumières. Puis on sonna une cloche, et les lumières disparurent. C'était le signal du dîner ; ces fenêtres étaient celles de l'appartement d'Alida.

Je savais donc tout ce qu'il m'importait de savoir. Je retournai à Rocca (c'était le nom de ma petite ferme), afin de ne pas causer d'inquiétude à mes hôtes. Je soupai avec eux et me retirai dans ma chambrette, où je pris deux heures de repos. Quand je fus assuré que moi seul étais éveillé à la ferme, j'en sortis sans bruit. Le temps était propice : très-serein, beaucoup d'étoiles, et pas de lune révélatrice. J'avais compté les angles de mon chemin et noté, je crois, tous les cailloux. Quand l'épaisseur des arbres me plongeait dans les ténèbres, je me dirigeais par la mémoire.

Je n'avais pas donné signe de vie à madame de Valvèdre depuis mon départ de Saint-Pierre. Elle devait se croire abandonnée, me mépriser, me haïr ; mais elle ne m'avait pas oublié, et elle avait souffert, je n'en pouvais douter. Il ne fallait pas une grande expérience de la vie pour savoir qu'en amour les blessures de l'orgueil sont poignantes et saignent longtemps. Je me disais avec raison qu'une femme qui s'est crue adorée ou seulement désirée avec passion ne se console pas aisément de l'outrage d'un prompt et facile oubli. Je comptais sur les amertumes amassées dans ce faible cœur pour frapper un grand coup par mon apparition inopinée, par mon entreprise romanesque. Mon siége était fait. Je comptais dire que j'avais voulu guérir et que je venais avouer ma défaite; si l'imposture ne suffisait pas pour bouleverser cette âme déjà troublée, je serais plus cruel et plus fourbe encore: je feindrais de vouloir m'éloigner pour jamais, et de venir seulement me fortifier par un dernier adieu.

Il y avait bien des moments où la conscience de la jeunesse et de l'amour se révoltait en moi contre cette tactique de roué vulgaire. Je me demandais si j'aurais le sang-froid nécessaire pour faire souffrir sans tomber à genoux aussitôt, si tout cet échafaudage de ruses ne s'écroulerait pas devant un de ces irrésistibles regards de langueur plaintive et de résignation désolée qui m'avaient repris et vaincu déjà tant de fois; mais je m'efforçais de croire à ma perversité, de m'étourdir, et j'avançais rapide et palpitant sous la molle clarté des étoiles, à travers les buissons déjà chargés de rosée. Je me dirigeai si bien, que j'arrivai au pied de la villa sans avoir éveillé un oiseau dans la feuillée, sans avoir été senti de loin par un chien de garde.

Un élégant et vaste perron descendait de la terrasse au parterre; mais il était fermé par une grille, et je n'osais faire entendre aucun appel. D'ailleurs, je voulais surprendre, apparaître comme le *deus ex machina*. Madame de Valvèdre veillait encore, il n'était qu'onze heures. Une seule de ses fenêtres était éclairée, ouverte même, avec le rideau rose fermé.

Escalader la terrasse n'était pas facile; il le fallait

pourtant. Elle n'était guère élevée; mais où trouver un point d'appui le long des colonnes de marbre blanc qui la soutenaient? Je retournai à la brèche laissée ouverte par les maçons : ils n'avaient pas laissé l'échelle que j'y avais remarquée dans le jour. Je me glissai dans une orangerie qui longeait une des faces du parterre, et j'y trouvai une autre échelle; elle était beaucoup trop courte. Comment je parvins quand même sur la plate-forme, c'est ce que je ne saurais dire. La volonté fait des miracles, ou plutôt la passion donne aux amants le sens mystérieux que possèdent les somnambules.

La fenêtre ouverte était presque de niveau avec le pavé de la terrasse. J'enjambai le rebord sans faire aucun bruit. Je regardai par la fente du rideau. Alida était là, dans un délicieux boudoir qu'éclairait faiblement une lampe posée sur une table. Assise devant cette table, où elle semblait s'être placée pour écrire, elle rêvait ou sommeillait, le visage caché dans ses deux mains. Quand elle releva la tête, j'étais à ses pieds.

Elle retint un cri et jeta ses bras autour de mon cou. Je crus qu'elle allait s'évanouir. Mes transports la rappelèrent à elle-même.

— Je vous souffre chez moi au milieu de la nuit, dit-elle, et privée de tout secours que je puisse appeler sans me perdre de réputation. C'est que j'ai foi en vous. Le moment où je croirai que j'ai eu tort sera le dernier de mon amour. Francis, vous ne pouvez pas oublier cela!

— J'oublie tout, répondis-je. Je ne sais pas, je ne comprends pas ce que vous me dites. Je sais que je vous vois, que je vous entends, que vous semblez heureuse de me voir, que je suis à vos pieds, que vous me menacez, que je me meurs de crainte et de joie, que vous pouvez me chasser, et que je peux mourir. Voilà tout ce que je sais. Me voilà! que voulez-vous faire de moi? Vous êtes tout dans ma vie. Suis-je quelque chose dans la vôtre? Rien ne me le prouve, et je ne sais pas où j'ai pris la folie de me le persuader et de venir jusqu'à vous. Parlez, parlez, consolez-moi, rassurez-moi, effacez l'horreur des jours que je viens de passer loin de vous, ou dites-moi tout de suite que vous me chassez à jamais. Je ne peux plus vivre sans une solution, car je perds la raison et la volonté. Ayez-en pour deux, dites-moi ce que je vais devenir!

— Devenez mon unique ami, reprit-elle; devenez la consolation, le salut et la joie d'une âme solitaire, rongée d'ennuis, et dont les forces, longtemps inactives, sont tendues vers un besoin d'aimer qui la dévore. Je ne vous dissimule rien. Vous êtes arrivé dans un moment de ma vie où, après des années d'anéantissement, je sentais qu'il fallait aimer ou mourir. J'ai trouvé en vous la passion subite, sincère, mais terrible. J'ai eu peur, j'ai cent fois jugé que le remède à mon ennui allait être pire que le mal, et, quand vous m'avez quittée, je vous ai presque béni en vous maudissant; mais votre éloignement a été inutile. J'en ai plus souffert que de toutes mes terreurs, et, à présent que vous voilà, je sens, moi aussi, qu'il faut que vous décidiez de moi, que je ne m'appartiens plus, et que, si nous nous quittons pour toujours, je perds la raison et la force de vivre !

J'étais enivré de cet abandon, l'espoir me revenait; mais elle, elle revint bien vite à ses menaces.

— Avant tout, dit-elle, pour être heureuse de votre affection, il faut que je me sente respectée. Autrement, l'avenir que vous m'offrez me fait horreur. Si vous m'aimez seulement comme mon mari m'a aimée, et comme bien d'autres après lui m'ont offert de m'aimer, ce n'est pas la peine que mon cœur soit coupable et perde le sentiment de la fidélité conjugale. Vous m'avez dit là-bas que je n'étais capable d'aucun sacrifice. Ne voyez-vous pas que, même en vous aimant comme je fais, je suis une âme sans vertu, une épouse sans honneur ? Quand le cœur est adultère, le devoir est déjà trahi ; je ne me fais donc pas d'illusion sur moi-même. Je sais que je suis lâche, que je cède à un sentiment que la morale réprouve, et qui est une insulte secrète à la dignité de mon mari. Eh bien, qu'importe ? laissez-moi ce tourment. Je saurai porter ma honte devant vous, qui seul au monde ne me la reprocherez pas. Si je souffre de ma dissimulation vis-à-vis des autres, vous n'entendrez jamais aucune plainte. Je peux tout souffrir pour vous. Aimez-moi comme je l'entends, et si, de votre côté, vous souffrez de ma retenue, sachez souffrir, et trouvez en vous-même la délicatesse de ne pas me le reprocher. Un grand amour est-il donc la satisfaction des appétits aveugles? Où serait le mérite, et comment deux âmes élevées pourraient-elles se chérir et s'admirer l'une l'autre pour la satisfaction d'un instinct?... Non, non, l'amour ne résiste pas à de certaines épreuves! Dans le mariage, l'amitié et le lien de la famille peuvent compenser la perte de l'enthousiasme; mais dans une liaison que rien ne sanctionne, que tout froisse et combat dans la société, il faut de grandes forces et la conscience d'une lutte sublime. Je vous crois capable de cela, et moi, je sens que je le suis. Ne m'ôtez pas cette illusion, si c'en est une. Donnez-moi quelque temps pour la savourer. Si nous devons succomber un jour, ce sera la fin de tout, et du moins nous nous souviendrons d'avoir aimé!

Alida parlait mieux que je ne sais la faire parler ici. Elle avait le don d'exprimer admirablement un certain ordre d'idées. Elle avait lu beaucoup de romans; mais, pour l'exaltation ou la subtilité des sentiments, elle en eût remontré aux plus habiles romanciers. Son langage frisait parfois l'emphase, et revenait tout à coup à la simplicité avec un charme étrange. Son intelligence, peu développée d'ailleurs, avait sous ce rapport une véritable puissance, car elle était de bonne foi, et trouvait, au service du sophisme même, des arguments d'une admirable sincérité: femme dangereuse s'il en fut, mais dangereuse à elle-même plus qu'aux autres, étrangère à toute perversité, et atteinte d'une maladie mortelle pour sa conscience, l'analyse exclusive de sa personnalité.

J'étais à un moindre degré, mais à un degré beaucoup trop grand encore, atteint de ce même mal qu'on pourrait appeler encore aujourd'hui la maladie des poëtes. Trop absorbé en moi-même, je rapportais trop volontiers tout à ma propre appréciation. Je ne voulais demander ni aux religions, ni aux sociétés, ni aux sciences, ni aux philosophies, la sanction de mes idées et de mes actes. Je sentais en moi des forces vives et un esprit de révolte qui n'était nullement raisonné. Le *moi* tenait une place démesurée dans mes réflexions comme dans mes instincts, et, de ce que ces instincts étaient généreux et ardemment tournés vers le grand, je concluais qu'ils ne pouvaient me tromper. En caressant ma vanité, Alida, sans calcul et sans artifice, devait arriver à s'emparer de moi. Plus logique et plus sage, j'eusse secoué le joug d'une femme qui ne savait être ni épouse ni amante, et qui cherchait sa réhabilitation dans je ne sais quel rêve de fausse vertu et de fausse passion; mais elle faisait appel à ma force et la force était le rêve de mon orgueil. Je fus dès lors enchaîné, et je goûtai dans mon sacrifice l'incomplet et fiévreux bonheur qui était l'idéal de cette femme exaltée. En me persuadant que je devenais, par ma soumission, un héros et presque un ange, elle m'enivra doucement : la flatterie me monta au cerveau, et je la quittai, sinon content d'elle, du moins enchanté de moi-même.

Je ne devais ni ne voulais compromettre madame de Valvèdre. Aussi avais-je résolu de partir dès le lendemain. J'eusse été moins prudent, moins délicat peut-être, si elle se fût abandonnée à ma passion : vaincu par sa vertu et forcé de me soumettre, je ne désirais pas exposer sa réputation en pure perte; mais elle insista si tendrement, que je dus promettre de revenir la nuit suivante, et je revins en effet. Elle m'attendait dans la campagne, et, plus romanesque que passionnée, elle voulut se promener avec moi sur le lac. J'aurais eu mauvaise grâce à me refuser à une fantaisie aussi poétique. Pourtant je trouvai maussade d'être condamné au métier de rameur, au lieu d'être à ses genoux et de la serrer dans mes bras. Quand j'eus conduit un peu au large la jolie barque qu'elle m'avait aidé à trouver dans les roseaux du rivage, et qui lui appartenait, je laissai flotter les rames pour me coucher à ses pieds. La nuit était splendide de sérénité, et les eaux si tranquilles, qu'on y voyait à peine trembler le reflet des étoiles.

— Ne sommes-nous pas heureux ainsi? me dit-elle, et n'est-il pas délicieux de respirer ensemble cet air pur, avec le profond sentiment de la pureté de notre amour? Et tu ne voulais pas me donner cette nuit charmante! Tu voulais partir comme un coupable, quand nous voici devant Dieu, dignes de sa pitié secourable et bénis peut-être en dépit du monde et de ses lois!

—Puisque tu crois à la bonté de Dieu, lui répondis-je, pourquoi ne t'y fier qu'à demi? Serait-ce un si grand crime?...

Elle mit ses douces mains sur ma bouche?

— Tais-toi, dit-elle, ne trouble pas mon bonheur par des plaintes et n'offense pas l'auguste paix de cette nuit sublime par des murmures contre le sort. Si j'étais sûre de la miséricorde divine pour ma faute, je ne serais pas sûre pour cela de la durée de ton amour après ma chute.

— Ainsi tu ne crois ni à Dieu ni à moi! m'écriai-je.

— Si cela est, plains-moi, car le doute est une grande douleur que je traîne depuis que je suis au monde, et tâche de me guérir, mais en ménageant ma frayeur et en me donnant confiance : confiance en Dieu d'abord! Dis-moi, y crois-tu fermement, au Dieu qui nous voit, nous entend et qui nous aime? Réponds, réponds! As-tu la foi, la certitude?

— Pas plus que toi, hélas! Je n'ai que l'espérance. Je n'ai pas été longtemps bercé des douces chimères de l'enfance. J'ai bu à la source froide du doute, qui coule sur toutes choses en ce triste siècle; mais je crois à l'amour, parce que je le sens.

— Et moi aussi, je crois à l'amour que j'éprouve; mais je vois bien que nous sommes aussi malheureux l'un que l'autre, puisque nous ne croyons qu'à nous-mêmes.

Cette triste appréciation qui lui échappait me jeta dans une mélancolie noire. Était-ce pour nous juger ainsi l'un l'autre, pour mesurer en poëtes sceptiques la profondeur de notre néant, que nous étions venus savourer l'union de nos âmes à la face des cieux étoilés? Elle me reprocha mon silence et ma sombre attitude.

— C'est ta faute, lui répondis-je avec amertume. L'amour, dont tu veux faire un raisonnement, est de sa nature une ivresse et un transport. Si, au lieu de regarder dans l'inconnu en supputant les chances de l'avenir, qui ne nous appartient pas, tu étais noyée dans les voluptés de ma passion, tu ne te souviendrais pas d'avoir souffert, et tu croirais à deux pour la première fois de ta vie.

— Allons-nous-en, dit-elle, tu me fais peur! Ces voluptés, ces ivresses dont tu parles, ce n'est pas l'amour, c'est la fièvre, c'est l'étourdissement et l'oubli de tout, c'est quelque chose de brutal et d'insensé qui n'a ni veille ni lendemain. Reprends les rames, je veux m'en aller!

Il me vint une sorte de rage. Je saisis les rames et je l'emmenai plus au large. Elle eut peur et menaça de se jeter dans le lac, si je continuais ce silencieux et farouche voyage, qui ressemblait à un enlèvement. Je la ramenai vers la rive sans rien dire. J'étais en proie à un violent orage intérieur. Elle se laissa tomber sur le sable en pleurant. Désarmé, je pleurai aussi. Nous étions profondément malheureux sans nous rendre bien compte des causes de notre souffrance. Certes, je n'étais pas assez faible pour que la violence faite à ma passion me parût un si grand effort et un si grand malheur, et, quant à elle, la peur que je lui avais causée n'était pas aussi sérieuse qu'elle voulait se le persuader. Qu'y avait-il donc d'impossible entre nous? quelle barrière séparait nos âmes? Nous restâmes en face de cet effrayant problème sans pouvoir le résoudre.

Le seul remède à notre douleur était de souffrir ensemble, et ce fut réellement le seul lien profondément vrai qui nous étreignît. Cette douleur que je vis en elle si poignante et si sincère me purifia, en ce sens que j'abjurai mes projets de séduction par surprise et par ruse. Malheureux par elle, je l'aimai davantage. Qui sait si le triomphe ne m'eût pas rendu ingrat, comme elle le redoutait?

Dès le jour suivant, je pris la direction du Saint-Gothard pour me rendre ensuite au lac des Quatre-Cantons. Alida blâmait mon empressement à la quitter, elle pensait que je pouvais impunément passer une semaine à Rocca ; mais je voyais bien que la curiosité de ma vieille hôtesse l'empêcherait, un jour ou l'autre, de dormir, et que mes promenades nocturnes seraient un sujet de réflexions et de commentaires dans les environs.

Après les premières heures de marche, je m'arrêtai à un énorme rocher qu'Alida m'avait indiqué au loin comme une de ses promenades favorites. De là, je voyais encore sa blanche villa comme un point brillant au milieu des bois sombres. Tandis que je la contemplais, lui envoyant dans mon cœur un tendre adieu, je sentis une main légère se poser sur mon épaule, et, en me retournant, je vis Alida elle-même, qui m'avait devancé là. Elle était venue à cheval avec un domestique qu'elle avait laissé à quelque distance. Elle portait un petit panier rempli de friandises. Elle avait voulu déjeuner avec moi sur la mousse à l'abri de son beau rocher, dans ce lieu complétement désert. Je fus si touché de cette gracieuse surprise, que je m'ingéniai à lui faire oublier les chagrins et les orages de la veille. Je protestai de ma soumission, et je fis tout mon possible vis-à-vis d'elle et vis-à-vis de moi-même pour lui persuader sans mentir que je serais heureux ainsi.

— Mais où et quand nous reverrons-nous? dit-elle. vous n'avez pas voulu vous engager clairement à être à Genève pour le mariage de Paule, et pourtant c'est le seul moyen de nous retrouver sans danger pour moi. Nos rapports tels qu'ils sont, chastes et consacrés désormais par le véritable amour, peuvent s'établir très-convenablement, si vous vous décidez à être connu de mon mari et à faire naturellement partie des amis qui m'entourent. Je ne vis pas toujours seule comme vous me voyez en ce moment. Les injustes soupçons et l'aigre caractère de ma vieille belle-sœur ont fait la solitude autour de moi dans ces derniers temps : j'étais, grâce à elle, découragée de toute relation d'amitié et de voisinage; mais, depuis qu'elle est partie, j'ai fait des visites, j'ai effacé la mauvaise impression de ses torts, dont j'avais dû paraître un peu complice. On va me revenir. Je n'ai pas de nombreuses relations, je n'ai jamais aimé cela, et ce n'en est que mieux. Vous me trouverez assez entourée pour que nous n'ayons pas l'air de rechercher le tête-à-tête, et assez libre pour que le tête-à-tête se fasse souvent et naturellement. D'ailleurs, je découvrirai bien le moyen de m'absenter quelquefois, et nous nous rencontrerons en pays neutre, loin des yeux indiscrets. Je vais, dès à présent, travailler à ce que cela devienne possible et même facile. J'éloignerai les gens dont je me méfie, je m'attacherai solidement les serviteurs dévoués, je me créerai à l'avance des prétextes, et notre connaissance étant avouée, nos rencontres, si on les découvre, n'auront rien qui doive surprendre ou scandaliser. Voyez! tout nous favorise. Vous avez devant vous la liberté du voyageur; moi, je vais avoir celle de l'épouse délaissée, car M. de Valvèdre pense, lui aussi, à un grand voyage que je ne combattrai plus. Il s'en ira peut-être pour deux ans. Consentez à lui être présenté auparavant. Il sait déjà que je vous connais, et il ne peut rien soupçonner. Mettons-nous en mesure vis-à-vis de lui et du monde; ceci nous donnera du temps, de la liberté, de la sécurité. Vous parcourrez la Suisse et l'Italie, vous y deviendrez grand poëte, avec une belle nature sous les yeux et l'amour dans le cœur; moi, jusqu'à ce jour, j'ai été nonchalante et découragée. Je vais devenir active et ingénieuse. Je ne songerai qu'à cela. Oui, oui, nous avons déjà devant nous deux années de pur bonheur.

C'est Dieu qui vous a envoyé à moi, au moment où la douleur de me séparer de mon fils aîné allait m'achever. Quand il me faudra quitter le second, j'aurai la compassion de vivre plus longtemps, peut-être tout à fait près de vous, parce qu'alors j'aurai le droit de dire à mon mari : « Je suis seule, je n'ai plus rien qui m'attache à ma maison. Laissez-moi vivre où je voudrai. » Je feindrai d'aimer Rome, Paris ou Londres, et tous deux, inconnus, perdus au sein d'une grande ville, nous nous verrons tous les jours. Je saurai très-bien me passer de luxe. Le mien m'ennuie affreusement, et tout mon rêve est une chaumière au fond des Alpes ou une mansarde dans une grande cité, pourvu que j'y sois aimée véritablement.

Nous nous séparâmes sur ces projets, qui n'avaient rien de trop invraisemblable. Je m'engageai à sacrifier toutes mes répugnances, à assister au mariage d'Obernay à Genève, à être présenté, par conséquent, à M. de Valvèdre.

J'étais si éloigné de ce dernier parti, que, quand Alida m'eut quitté, je faillis courir après elle pour reprendre ma parole; mais je fus retenu par la crainte de lui sembler égoïste. Je ne pouvais la revoir qu'à ce prix, à moins de risquer à chaque rencontre de la brouiller avec son mari, avec l'opinion, avec la société tout entière. Je continuai mon voyage ; mais, au lieu de parcourir les montagnes, je pris le plus court pour me rendre à Altorf, et j'y restai. C'est là qu'Alida devait m'adresser ses lettres. Et que m'importait tout le reste? Nous nous écrivîmes tous les jours, et l'on peut dire toute la journée, car nous échangeâmes en une quinzaine des volumes d'effusion et d'enthousiasme. Jamais je n'avais trouvé en moi une telle abondance d'émotion devant une feuille de papier. Ses lettres, à elle, étaient ravissantes. Parler l'amour, écrire l'amour, étaient en elle des facultés souveraines. Bien supérieure à moi sous ce rapport, elle avait la touchante simplicité de ne pas s'en apercevoir, de le nier, de m'admirer et de me le dire. Cela me perdait; tout en m'élevant au diapason de ses théories de sentiment, elle travaillait à me persuader que j'étais une grande âme, un grand esprit, un oiseau du ciel dont les ailes n'avaient qu'à s'étendre pour planer sur son siècle et sur la postérité. Je ne le croyais pas, non! grâce à Dieu, je me préservais de la folie; mais, sous la plume de cette femme, la flatterie était si douce, que je l'eusse payée au prix de la risée publique, et que je ne comprenais plus le moyen de m'en passer.

Elle réussit également à détruire toutes mes révoltes relativement au plan de vie qu'elle avait adopté pour nous deux. Je consentais à voir son mari, et j'attendais avec impatience le moment de me rendre à Genève. Enfin ce mois de fièvre et de vertige, qui était le terme de mes aspirations les plus ardentes, touchait à son dernier jour.

V

J'avais promis à Obernay de frapper à sa porte la veille de son mariage. Le 31 juillet, à cinq heures du matin, je m'embarquais sur un bateau à vapeur pour traverser le Léman, de Lausanne à Genève.

Je n'avais pas fermé l'œil de la nuit, tant je craignais de manquer l'heure du départ. Accablé de fatigue et roulé dans mon manteau, je pris quelques instants de repos sur un banc. Quand j'ouvris les yeux, le soleil se faisait déjà sentir. Un homme qui paraissait dormir également était assis sur le même banc que moi. Au premier coup d'œil que je jetai sur lui, je reconnus mon ami anonyme du Simplon.

Cette rencontre aux portes de Genève m'inquiéta un peu ; j'avais commis la faute d'écrire d'Altorf à Obernay en lui donnant de ma promenade un faux itinéraire. Cet excès de précaution devenait une maladresse fâcheuse, si la personne qui m'avait vu sur la route de Valvèdre était de Genève et en relation avec les Valvèdre ou les Obernay. J'aurais donc voulu me soustraire à ses regards ; mais le bateau était fort petit, et, au bout de quelques instants, je me retrouvai face à face avec mon aimable philosophe. Il me regardait avec attention, comme s'il eût hésité à me reconnaître; mais son incertitude cessa vite, et il m'aborda avec la grâce d'un homme du meilleur monde. Il me parla comme si nous venions de nous quitter, et, s'abstenant, par grand savoir-vivre, de toute surprise et de toute curiosité, il reprit la conversation où nous l'avions laissée sur la route de Brigg. Je retombai sous le charme, et, sans songer davantage à le contredire, je cherchai à profiter de cette aimable et sereine sagesse qu'il portait en lui avec modestie, comme un trésor dont il se croyait le dépositaire et non le maître ni l'inventeur.

Je ne pouvais résister au désir de l'interroger, et cependant, à plusieurs reprises, ma méditation laissa tomber l'entretien. J'éprouvais le besoin de résumer intérieurement et de savourer sa parole. Dans ces moments-là, croyant que je préférais être seul et ne désirant nullement se produire, il essayait de me quitter; mais je le suivais et le reprenais, poussé par un attrait inexplicable et comme condamné par une invisible puissance à m'attacher aux pas de cet homme, que j'avais résolu d'éviter. Quand nous approchâmes de Genève, les passagers, qui, de la cabine, firent irruption sur le pont, nous séparèrent. Mon nouvel ami fut abordé par plusieurs d'entre eux, et je dus m'éloigner. Je remarquai que tous semblaient lui parler avec une extrême déférence; néanmoins, comme il avait eu la délicatesse de ne pas s'enquérir de mon nom, je crus devoir respecter également son incognito.

Une demi-heure après, j'étais à la porte d'Obernay. Le cœur me battait avec tant de violence, que je m'arrêtai un instant pour me remettre. Ce fut Obernay lui-même qui vint m'ouvrir; de la terrasse de son jardin, il m'avait vu arriver.

— Je comptais sur toi, me dit-il, et me voilà pourtant dans un transport de joie comme si je ne t'espérais plus. Viens, viens! toute la famille est réunie, et nous attendons Valvèdre d'un moment à l'autre.

Je trouvai Alida au milieu d'une douzaine de personnes qui ne nous permirent d'échanger que les saluts d'usage. Il y avait là, outre le père, la mère et la fiancée d'Henri, la sœur ainée de Valvèdre, mademoiselle Juste, personne moins âgée et moins antipathique que je ne me la représentais, et une jeune fille d'une beauté étonnante. Bien qu'absorbé par la pensée d'Alida, je fus frappé de cette splendeur de grâce, de jeunesse et de poésie, et, malgré moi, je demandai à Henri, au bout de quelques instants, si cette belle personne était sa parente.

— Comment diable, si elle l'est! s'écria-t-il en riant, c'est ma sœur Adélaïde! Et voici l'autre que tu n'as pas connue, comme celle-ci, dans ton enfance; voici notre démon, ajouta-t-il en embrassant Rosa, qui entrait.

Rosa était ravissante aussi, moins idéale que sa sœur et plus sympathique, ou, pour mieux dire, moins imposante. Elle n'avait pas quatorze ans, et sa tenue n'était pas encore celle d'une demoiselle bien raisonnable ; mais il y avait tant d'innocence dans sa gaieté pétulante qu'on n'était pas tenté d'oublier combien l'enfant était près de devenir une jeune fille.

— Quant à l'aînée, reprit Obernay, c'est la filleule de ta mère et mon élève à moi, une botaniste consommée, je t'en avertis, et qui n'entend pas raison avec les superbes railleurs de ton espèce. Fais attention à ton bel esprit, si tu veux qu'elle consente à te reconnaître. Pourtant, grâce à ta mère, qui lui fait l'honneur de lui écrire tous les ans en réponse à ses lettres du 1ᵉʳ janvier, et pour qui elle conserve une grande vénération, j'espère qu'elle ne fera pas trop mauvais accueil à ta mine de poëte échevelé ; mais il faut que ce soit ma mère qui vous présente l'un à l'autre.

— Tout à l'heure ! repris-je en voyant qu'Alida me regardait. Laisse-moi revenir de ma surprise et de mon éblouissement.

— Tu la trouves belle? Tu n'es pas le seul ; mais n'aie pas l'air de t'en apercevoir, si tu ne veux la désespérer. Sa beauté est comme un fléau pour elle. Elle ne peut sortir de la vieille ville sans qu'on s'attroupe pour la voir, et elle n'est pas seulement intimidée de cette avidité des regards, elle en est blessée et offensée. Elle en souffre véritablement, et elle en devient triste et sauvage hors de l'intimité. Demain sera pour elle un jour d'exhibition forcée, un jour de supplice par conséquent. Si tu veux être de ses amis, regarde-la comme si elle avait cinquante ans.

— A propos de cinquante ans, repris-je pour détourner la conversation, il me semble que mademoiselle Juste n'a guère davantage. Je me figurais une véritable duègne.

— Cause avec elle un quart d'heure, et tu verras que la duègne est une femme d'un grand mérite. Tiens, je veux te présenter à elle; car, moi, je l'aime, cette belle-sœur-là, et je veux qu'elle t'aime aussi.

Il ne me permit pas d'hésiter et me poussa vers mademoiselle Juste, dont l'accueil digne et bienveillant devait naturellement me faire engager la conversation. C'était une vieille fille un peu maigre et accentuée de physionomie, mais qui avait dû être presque aussi belle que la sœur d'Obernay, et dont le célibat me semblait devoir cacher quelque mystère, car elle était riche, de bonne famille, et d'un esprit très-indépendant. En l'écoutant parler, je trouvai en elle une distinction rare et même un certain charme sérieux et profond qui me pénétra de respect et de crainte. Elle me témoigna pourtant de l'intérêt et me questionna sur ma famille, qu'elle paraissait très-bien connaître, sans pourtant rappeler ou préciser les circonstances où elle l'avait connue.

On avait déjeuné, mais on tenait en réserve une collation pour moi et pour M. de Valvèdre. En attendant qu'il arrivât, Henri me conduisit dans ma chambre. Nous trouvâmes sur l'escalier madame Obernay et ses deux filles, qui vaquaient aux soins domestiques. Henri saisit sa mère au passage afin qu'elle me présentât en particulier à sa fille aînée.

— Oui, oui, répondit-elle avec un affectueux enjouement, vous allez vous faire de grandes révérences, c'est l'usage; mais souvenez-vous un peu d'avoir été compagnons d'enfance pendant un an, à Paris. M. Valigny était alors un garçon plein de douceur et d'obligeance pour toi, ma fille, et tu en abusais sans scrupule. A présent que tu n'es que trop raisonnable, remercie-le du passé et parle-lui de ta marraine, qui a continué d'être si bonne pour toi.

Adélaïde était fort intimidée; mais j'étais si bien en garde contre le danger de l'effaroucher, qu'elle se rassura avec un tact merveilleux. En un instant, je la vis transformée. Cette rêveuse et fière beauté s'anima d'un splendide sourire, et elle me tendit la main avec une sorte de gaucherie charmante qui ajoutait à sa grâce naturelle. Je ne fus pas ému en touchant cette main pure, et, comme si elle l'eût senti, elle sourit davantage et m'apparut plus belle encore.

C'était un type très-différent de celui d'Obernay et de Rosa, qui ressemblaient à leur mère. Adélaïde en tenait aussi par la blancheur et l'éclat; mais elle avait l'œil noir et pensif, le front vaste, la taille dégagée et les extrémités fines de son père, qui avait été un des plus beaux hommes du pays; madame Obernay restait gracieuse et fraîche sous ses cheveux grisonnants, et, comme Paule de Valvèdre, sans être jolie, était extrêmement agréable : on disait dans la ville que, lorsque les Obernay et les Valvèdre étaient réunis, on croyait entrer dans un musée de figures plus ou moins belles, mais toutes noblement caractérisées et dignes de la statuaire et du pinceau.

J'avais à peine fini ma toilette, qu'Obernay vint m'appeler.

— Valvèdre est en bas, me dit-il; il t'attend pour faire connaissance et déjeuner avec toi.

Je descendis en toute hâte; mais, à la dernière marche de l'escalier, il me vint une terreur étrange. Une vague appréhension qui, depuis quinze jours, m'avait souvent traversé l'esprit et qui m'était revenue fortement dans la journée, s'empara de moi à tel point, que, voyant la porte de la maison ouverte, j'eus envie de fuir; mais Obernay était sur mes talons, me fermant la retraite. J'entrai dans la salle à manger. Le repas était servi; une voix à la fois douce et mâle partait du salon voisin. Plus d'incertitude, plus de refuge; mon inconnu du Simplon, c'était M. de Valvèdre lui-même.

Un monde de mensonges plus impossibles les uns que les autres, un siècle d'anxiétés remplirent le peu d'instants qui me séparaient de cette inévitable rencontre. Qu'allais-je dire à M. de Valvèdre, à Henri, à Paule et devant les deux familles, pour motiver ma présence aux environs de Valvèdre, quand on m'avait cru dans le nord de la Suisse à cette même époque? A cette crainte se joignait un sentiment de douleur inouïe et qu'il m'était impossible de combattre par les raisonnements vulgaires de l'égoïsme. Je l'aimais, je l'aimais d'instinct, d'entraînement, de conviction et par fatalité peut-être, cet homme accompli que je venais essayer de tromper, de rendre par conséquent malheureux ou ridicule!

La tête me tournait quand Obernay me présenta à Valvèdre, et j'ignore si je réussis à faire bonne contenance. Quant à lui, il eut un très-vif sentiment de surprise, mais tout aussitôt réprimé.

— C'est là ton ami? dit-il à Henri. Eh bien, je le connais déjà. J'ai fait la traversée du lac avec lui ce matin, et nous avons philosophé ensemble pendant plus d'une heure.

Il me tendit la main et serra cordialement la mienne. Adélaïde nous appela pour déjeuner, et nous nous assîmes vis-à-vis l'un de l'autre, lui tranquille et n'ayant aucun soupçon, puisqu'il ignorait mon mensonge, moi aussi en train de manger que si j'allais subir la torture. Pour m'achever, Alida vint s'asseoir auprès de son mari d'un air d'intérêt et de déférence, et s'efforcer, tout en causant, de deviner quelle impression nous avions produite l'un sur l'autre.

— Je connaissais M. Valigny avant vous, lui dit-elle; je vous ai dit qu'à Saint-Pierre il avait été notre chevalier, à Paule et à moi, pendant qu'Obernay vous cherchait dans ces affreux glaciers.

— Je n'ai pas oublié cela, répondit Valvèdre, et je suis content d'être l'obligé d'une personne qui m'a été sympathique à première vue.

Alida, nous voyant si bien ensemble, retourna au

salon, et Adélaïde vint prendre sa place. Je remarquai entre elle et Valvèdre une affection à laquelle il était certainement impossible d'entendre malice, à moins d'avoir l'esprit brutal et le jugement grossier, mais qui n'en était pas moins frappante. Il l'avait vue toute petite, et, comme il avait quarante ans, il la tutoyait encore, tandis qu'elle lui disait *vous* avec un mélange de respect et de tendresse qui rétablissait les convenances de famille dans leur intimité. Elle le servait avec empressement, et il se laissait servir, disant : « Merci, ma bonne fille ! » avec un accent pleinement paternel ; mais elle était si grande et si belle, et lui, il était encore si jeune et si charmant ! Je fis mon possible pour m'imaginer que ce mari trompé consentirait de bon cœur à ne pas s'en apercevoir, tant il était heureux père !

On se sépara bientôt pour se réunir au dîner. La famille était occupée de mille soins pour la grande journée du lendemain. Les hommes sortirent ensemble. Je restai seul au salon avec madame de Valvèdre et ses deux belles-sœurs. Ce fut une nouvelle phase de mon supplice. J'attendais avec angoisse la possibilité d'échanger quelques mots avec Alida. Paule, appelée par madame Obernay pour essayer sa toilette de noces, sortit bientôt ; mais mademoiselle Juste était comme rivée à son fauteuil. Elle continuait donc ses fonctions de gardienne de l'honneur de son frère en dépit des mesures prises pour l'en dispenser. Je regardai avec attention son profil austère, et je sentis en elle autre chose que le désir de contrarier. Elle remplissait un devoir qui lui pesait. Elle le remplissait en dépit de tous et d'elle-même. Son regard lucide, qui surprenait les rougeurs d'impatience d'Alida et qui pénétrait mon affreux malaise, semblait nous dire à l'un et à l'autre : « Croyez-vous que cela m'amuse? »

Au bout d'une heure de conversation très-pénible dont mademoiselle Juste et moi fîmes tous les frais, car Alida était trop irritée pour avoir la force de le dissimuler, j'appris enfin par hasard que M. de Valvèdre, au lieu d'accompagner ses sœurs et ses enfants jusqu'à Genève le 8 juillet, les avait confiés à Obernay pour s'arrêter autour du Simplon. Je me hâtai d'aller au-devant de la découverte qui me menaçait, en disant que, là précisément, j'avais rencontré M. de Valvèdre et avais fait connaissance avec lui sans savoir son nom.

— C'est singulier, observa mademoiselle Juste; M. Obernay ne croyait pas que vous fussiez de ce côté-là.

Je répondis avec aplomb qu'en voulant gagner la vallée du Rhône par le mont Cervin, j'avais fait fausse route, et que j'avais profité de ma bévue pour voir le Simplon, mais que, craignant les plaisanteries d'Obernay sur mon étourderie à me conduire en dépit de ses instructions, je ne m'en étais pas vanté dans ma lettre.

— Puisque vous étiez si près de Valvèdre, dit Alida avec la même tranquillité, vous eussiez dû venir me voir.

— Vous ne m'y aviez pas autorisé, répondis-je, et je n'ai pas osé.

Mademoiselle Juste nous regarda tous les deux, et il me sembla bien qu'elle n'était pas notre dupe.

Dès que je fus seul avec Alida, je lui parlai avec effroi de cette fatale rencontre et lui demandai si elle ne pensait pas que son mari pût concevoir des doutes.

— Lui jaloux? répondit-elle en haussant les épaules. Il ne me fait pas tant d'honneur! Voyons, reprenez vos esprits, ayez du sang-froid. Je vous avertis que vous en manquez, et qu'ici vous avez paru d'une timidité singulière. On a déjà fait la remarque que vous n'étiez pas ainsi à votre première apparition dans la maison.

— Je ne vous cache pas, repris-je, que je suis sur des épines. Il me semble à chaque instant qu'on va me demander compte de ce voyage du côté de Valvèdre et m'écraser sous le ridicule du prétexte que je viens de trouver. M. de Valvèdre doit m'en vouloir de m'être moqué de lui en me donnant pour un comédien. Il est vrai qu'il s'est laissé traiter de docteur : je le prenais pour un médecin ; mais j'ai eu l'initiative de ma méprise, et il n'a rien fait pour m'y confirmer ou pour m'en retirer, tandis que moi...

— Vous a-t-il reparlé de cela? reprit Alida un peu soucieuse.

— Non, pas un mot là-dessus! C'est bien étrange.

— Alors c'est tout naturel. Valvèdre ne connaît pas

la feinte. Il a tout oublié; n'y pensons plus et parlons du bonheur d'être ensemble.

Elle me tendait la main. Je n'eus pas le temps de la presser contre mes lèvres. Ses deux enfants revenaient de la promenade. Ils entraient comme un ouragan dans la maison et dans le salon.

L'aîné était beau comme son père, et lui ressemblait d'une manière frappante. Paolino rappelait Alida, mais en charge; il était laid. Je me souvins qu'Obernay m'avait parlé d'une préférenc marquée de madame de Valvèdre pour Edmond, et involontairement j'épiai les premières caresses qui accueillirent l'un et l'autre. De tendres baisers furent prodigués à l'aîné, et elle me le présenta en me demandant si je le trouvais joli. Elle effleura à peine les joues de l'autre, en ajoutant :

— Quant à celui-ci, il ne l'est pas, je le sais!

Le pauvre enfant se mit à rire, et, serrant la tête de sa mère dans ses bras :

— C'est égal, dit-il, il faut embrasser ton singe!

Elle l'embrassa en le grondant de ses manières brusques. Il lui avait meurtri les joues avec ses baisers, où un peu de malice et de vengeance semblait se mêler à son effusion.

Je ne sais pourquoi cette petite scène me causa une impression pénible. Les enfants se mirent à jouer. Alida me demanda à quoi je pensais en la regardant d'un air si sombre. Et, comme je ne répondais pas, elle ajouta à voix basse :

— Êtes-vous jaloux d'eux? Ce serait cruel. J'ai besoin que vous me consoliez ; car je vais être séparée de l'un et de l'autre, à moins que je ne me fixe dans cette odieuse ville de Genève. Et encore n'est-il pas certain qu'on voulût m'y autoriser.

Elle m'apprit que M. de Valvèdre s'était décidé à confier l'éducation de ses deux fils à l'excellent professeur Karl Obernay, père d'Henri. Élevés dans cette heureuse et sainte maison, ils seraient tendrement choyés par les femmes et instruits sérieusement par les hommes. Alida devait donc se réjouir de cette décision, qui épargnait à ses enfants les rudes épreuves du collége, et elle s'en réjouissait en effet, mais avec des larmes qui étaient visiblement à l'adresse d'Edmond, bien qu'elle fît son possible pour regarder comme une douleur égale l'éloignement du petit Paul. Elle souffrait aussi d'une circonstance toute personnelle, je veux dire l'ascendant que Juste de Valvèdre devait prendre de plus en plus sur ses enfants. Elle avait espéré les y soustraire, et les voyait retomber davantage sous cette influence, puisque Juste se fixait à Genève dans la maison voisine.

J'allais lui dire que cette prévention obstinée ne me paraissait pas bien équitable, lorsque Juste rentra et caressa les enfants avec une égale tendresse. Je remarquai la confiance et la gaieté avec laquelle tous deux grimpèrent sur ses genoux et jouèrent avec son bonnet, dont elle leur laissa chiffonner les dentelles. L'espiègle Paolino le lui ôta même tout à fait, et la vieille fille ne fit aucune difficulté de montrer ses cheveux gris ébouriffés par ces petites mains folles. A ce moment, je vis sur cette figure rigide une maternité si vraie et une bonhomie si touchante, que je lui pardonnai l'humeur qu'elle m'avait causée.

Le dîner rassembla tout le monde, excepté M. de Valvèdre, qui ne vint que dans la soirée. J'eus donc deux ou trois heures de répit, et je pus me remettre au diapason convenable. Il régnait dans cette maison une aménité charmante, et je trouvai qu'Alida avait tort quand elle se disait condamnée à vivre avec des oracles. Si l'on sentait, dans chacune des personnes qui se trouvaient là, un fonds de valeur réelle et ce je ne sais quoi de mûr ou de calme qui trahit l'étude ou le respect de l'étude, on sentait aussi en elles, avec les qualités essentielles de la vie pratique, tout le charme de la vie heureuse et digne. Sous certains rapports, il me semblait être chez moi parmi les miens; mais l'intérieur genevois était plus enjoué et comme réchauffé par le rayon de jeunesse et de beauté qui brillait dans les yeux d'Adélaïde et de Rosa. Leur mère était comme ravie dans une béatitude religieuse en regardant Paule et en pensant au bonheur d'Henri. Paule était paisible comme l'innocence, confiante comme la droiture : elle avait peu d'expansions vives; mais, dans chaque mot, dans chaque regard à son fiancé, à ses parents et à ses sœurs, il y avait comme un intarissable foyer de dévouement et d'admiration.

Les trois jeunes filles avaient été liées dès l'enfance,

elles se tutoyaient et se servaient mutuellement. Toutes trois aimaient mademoiselle Juste, et, bien que Paule lui eût donné tort dans ses différends avec Alida, on sentait bien qu'elle la chérissait davantage. Alida était-elle aimée de ces trois jeunes filles? Évidemment, Paule la savait malheureuse et l'aimait naïvement pour la consoler. Quant aux demoiselles Obernay, elles s'efforçaient d'avoir de la sympathie pour elle, et toutes deux l'entouraient d'égards et de soins; mais Alida ne les encourageait nullement, et répondait à leurs timides avances avec une grâce froide et un peu railleuse. Elle les traitait tout bas de femmes savantes, la petite Rosa étant déjà, selon elle, infatuée de pédantisme.

— Cela ne paraît pourtant pas du tout, lui dis-je : l'enfant est ravissante..., et Adélaïde me paraît une excellente personne.

— Oh! j'étais bien sûre que vous auriez de l'indulgence pour ces beaux yeux-là! reprit avec humeur Alida.

Je n'osai lui répondre : l'état de tension nerveuse où je la voyais me faisait craindre qu'elle ne se trahît.

D'autres jeunes filles, des cousines, des amies arrivèrent avec leurs parents. On passa au jardin, qui, sans être grand, était fort beau, plein de fleurs et de grands arbres, avec une vue magnifique au bord de la terrasse. Les enfants demandèrent à jouer, et tout le monde s'en mêla, excepté les gens âgés et Alida, qui, assise à l'écart, me fit signe d'aller auprès d'elle. Je n'osai obéir. Juste me regardait, et Rosa, qui s'était beaucoup enhardie avec moi pendant le dîner, vint me prendre résolûment le bras, prétendant que tout le *jeune monde* devait jouer; son papa l'avait dit. J'essayai bien de me faire passer pour vieux; mais elle n'en tint aucun compte. Son frère ouvrit la partie de barres, et il était mon aîné. Elle me réclamait dans son camp, parce que Henri était dans le camp opposé et que je devais courir aussi bien que lui. Henri m'appela aussi, il fallut ôter mon habit et me mettre en nage. Adélaïde courait après moi avec la rapidité d'une flèche. J'avais peine à échapper à cette jeune Atalante, et je m'étonnais de tant de force unie à tant de souplesse et de grâce. Elle riait, la belle fille; elle montrait ses dents éblouissantes. Confiante au milieu des siens, elle oubliait le tourment des regards; elle était heureuse, elle était enfant, elle resplendissait aux feux du soleil couchant, comme ces roses que la pourpre du soir fait paraître embrasées.

Je ne la voyais pourtant qu'avec des yeux de frère. Le ciel m'est témoin que je ne songeais qu'à m'échapper de ce tourbillon de courses, de cris et de rires, pour aller rejoindre Alida. Quand, par des miracles d'obstination et de ruse, j'en fus venu à bout, je la trouvai sombre et dédaigneuse. Elle était révoltée de ma faiblesse, de mon enfantillage; elle voulait me parler, et je n'avais pas su faire un effort pour quitter ces jeux imbéciles et pour venir à elle! J'étais lâche, je craignais les propos, ou j'étais déjà charmé par les dix-huit ans et les joues roses d'Adélaïde. Enfin elle était indignée, elle était jalouse ; elle maudissait ce jour, qu'elle avait attendu avec tant d'ardeur comme le plus beau de sa vie.

J'étais désespéré de ne pouvoir la consoler ; mais M. de Valvèdre venait d'arriver, et je n'osais dire un mot, le sentant là. Il me semblait qu'il entendait mes paroles avant que mes lèvres leur eussent livré passage. Alida, plus hardie et comme dédaigneuse du péril, me reprochait d'être trop jeune, de manquer de présence d'esprit et d'être plus compromettant par ma terreur que je ne le serais avec de l'audace. Je rougissais de mon inexpérience, je fis de grands efforts pour m'en corriger. Tout le reste de la soirée, je réussis à paraître très-enjoué ; alors Alida me trouva trop gai.

On le voit, nous étions condamnés à nous réunir dans les circonstances les plus pénibles et les plus irritantes. Le soir, retiré dans ma chambre, je lui écrivis :

« Vous êtes mécontente de moi, et vous me l'avez témoigné avec colère. Pauvre ange, tu souffres ! et j'en suis la cause ! Tu maudis ce jour tant désiré qui ne nous a pas seulement donné un instant de sécurité pour lire dans les yeux l'un de l'autre ! Me voilà éperdu, furieux contre moi-même et ne sachant que faire pour éviter ces angoisses et ces impatiences qui me dévorent aussi, mais que je subirais avec résignation, si je pouvais les assumer sur moi seul. Je suis trop jeune, dis-tu ! Eh bien, pardonne à mon inexpérience, et tiens-moi compte de la candeur et de la nouveauté de mes émotions. Va, la jeunesse est une force et un appui dans les grandes choses. Tu verras si, dans des périls d'un autre genre, je suis au-dessous de ton rêve. Faut-il t'arracher violemment à tous les liens qui pèsent sur toi? faut-il braver l'univers et m'emparer de ta destinée à tout prix? Je suis prêt, dis un mot. Je peux tout briser autour de nous deux... Mais tu ne le veux pas, tu m'ordonnes d'attendre, de me soumettre à des épreuves contre lesquelles se révolte la franchise de mon âge! Quel plus grand sacrifice pouvais-je te faire? Je fais de mon mieux. Prends donc pitié de moi, cruelle! et toi aussi, prends donc patience!

« Pourquoi envenimer ces douleurs par ton injustice? pourquoi me dire qu'Adélaïde?... Non! je ne veux pas me souvenir de ce que vous m'avez dit. C'était insensé, c'était inique! Une autre que toi! mais existe-t-il donc d'autres femmes sur la terre? Laissons cette folie et n'y reviens jamais. Parlons d'une circonstance qui m'a bien autrement frappé. Tes deux enfants vont demeurer ici... Et toi, que vas-tu faire? Cette résolution de ton mari ne va-t-elle pas modifier ta vie? Comptes-tu retourner dans cette solitude de Valvèdre, où j'aurais si peu le droit de vivre auprès de toi, sous les regards de tes voisins provinciaux, et entourée de gens qui tiendront note de toutes tes démarches? Tu avais parlé d'aller dans quelque grande ville... Songe donc! tu le peux à présent. Dis, quand pars-tu?

où allons-nous? Je ne peux pas admettre que tu hésites. Réponds, mon âme, réponds! Un mot, et je supporte tout ce que tu voudras pour sauver les apparences, ou plutôt, non, je pars demain soir. Je me dis rappelé par mes parents, je me soustrais à toutes ces misérables dissimulations qui t'exaspèrent autant que moi, je cours t'attendre où tu voudras. Ah! viens! fuyons! ma vie t'appartient. »

La journée du lendemain s'écoula sans que je pusse lui glisser ma lettre. Quoi que m'en eût dit madame de Valvèdre, je n'osais trop me confier à la Bianca, qui me semblait bien jeune et bien éveillée pour ce rôle de dépositaire du plus grand secret de ma vie. D'ailleurs, Juste de Valvèdre faisait si bonne garde, que j'en perdais l'esprit.

Je ne raconterai pas la cérémonie du mariage protestant. Le temple était si près de la maison, qu'on s'y rendit à pied sous les yeux des deux villes, ameutées en quelque sorte pour voir l'agréable mariée, mais surtout la belle Adélaïde dans sa fraîche et pudique toilette. Elle donnait le bras à M. de Valvèdre, dont la considération semblait mieux que tout autre porte-respect la protéger contre les brutalités de l'admiration. Néanmoins elle était froissée de cette curiosité outrageante des foules, et marchait triste, les yeux baissés, belle dans sa fierté souffrante comme une reine qu'on traînerait au supplice.

Après elle, Alida était aussi un objet d'émotion. Sa beauté n'était pas frappante au premier abord; mais le charme en était si profond, qu'on l'admirait surtout après qu'elle avait passé. J'entendis faire des comparaisons, des réflexions plus ou moins niaises. Il me sembla qu'il s'y mêlait des suspicions sur sa conduite. J'eus envie de chercher prétexte à une querelle; mais à Genève, si on est très-petite ville, on est généralement bon, et ma colère eût été ridicule.

Le soir, il y eut un petit bal composé d'environ cinquante personnes qui formaient la parenté et l'intimité des deux familles. Alida parut avec une toilette exquise, et, sur ma prière, elle dansa. Sa grâce indolente fit son effet magique; on se pressa autour d'elle, les jeunes gens se la disputèrent et se montrèrent d'autant plus enfiévrés qu'elle paraissait moins se soucier d'aucun d'eux en particulier. J'avais espéré que la danse me permettrait de lui parler. Ce fut le contraire qui arriva, et à mon tour je pris de l'humeur contre elle. Je l'observai en boudant, très-disposé à lui chercher noise, si je surprenais la moindre nuance de coquetterie. Ce fut impossible : elle ne voulait plaire à personne; mais elle sentait, elle savait qu'elle charmait tous les hommes, et il y avait dans son indifférence je ne sais quel air de souveraineté blasée, mais toujours absolue, qui m'irrita. Je trouvai qu'elle parlait à ces jeunes gens, non comme s'ils eussent eu des droits sur elle, mais comme si elle en avait eu sur eux, et c'était, à mon gré, leur faire trop d'honneur. Elle avait le grand aplomb des femmes du monde, et je crus retrouver, dans ses regards à des étrangers, cette prise de possession qui avait bouleversé et ravi mon âme. Certes, auprès d'elle, Adélaïde et ses jeunes amies étaient de simples bourgeoises, très-ignorantes de l'empire de leurs charmes et très-incapables, malgré l'éclat de leur jeunesse, de lui disputer la plus humble conquête; mais qu'il y avait de pudeur dans leur modestie, et comme leur extrême politesse était une sauvegarde contre la familiarité! Une petite circonstance me fit insister en moi-même sur cette remarque. Alida, en se levant, laissa tomber son éventail; dix admirateurs se précipitèrent pour le ramasser. Pour un peu, on se fût battu; elle le prit de la main triomphante qui le lui présentait, sans aucune parole de remerciement, sans même un sourire de convention, et comme si elle était trop maîtresse des volontés de cet inconnu pour lui savoir le moindre gré de son esclavage. C'était un bon petit provincial qui parut heureux d'une telle familiarité. En fait, c'était de sa part une bêtise; en théorie, il avait pourtant raison. Quand une femme dispose d'un homme jusqu'au dédain, elle le provoque plus qu'elle ne l'éloigne, et, quoi qu'on en puisse dire, il y a toujours un peu d'encouragement au fond de ces *mépriseries* royales.

Pour me venger du secret dépit que j'éprouvais, je cherchai quel service je pourrais rendre à Adélaïde, qui dansait près de moi. Je vis qu'elle avait failli tomber en glissant sur des feuilles de rose qui s'étaient détachées de son bouquet, et, comme elle revenait à sa place, je les enlevai vite et adroitement. Elle parut s'étonner un peu d'un si beau zèle, et cet étonnement même était une impression de pudeur. Je ne la regardais pas, craignant d'avoir l'air de mendier un remerciement; mais elle me l'adressa un instant après, quand la figure de la contredanse la replaça près de moi.

— Vous m'avez préservée d'une chute, me dit-elle tout haut en souriant; vous êtes toujours bon pour moi, comme *jadis!*

Bon pour elle! c'était trop de reconnaissance à coup sûr, et cela pouvait amener une déclaration de la part d'un impertinent; mais il eût fallu l'être jusqu'à l'imbécillité pour ne pas sentir dans l'extrême politesse de cette chaste fille un doute d'elle-même qui imposait aux autres un respect sans bornes.

Je n'attendis pas la fin du bal. J'y souffrais trop. Comme j'allais gagner ma petite chambre, Valvèdre se trouva devant moi et me fit signe de le suivre à l'écart.

— Voici l'explication, pensai-je : qu'il se décide donc enfin à me chercher querelle, ce mystérieux personnage! Ce sera me soulager d'une montagne qui m'étouffe!

Mais il s'agissait de bien autre chose.

— Il est arrivé ici tantôt, me dit-il, des parents de Lausanne sur lesquels on ne comptait plus. On est forcé de leur donner l'hospitalité et de disposer votre chambre. Ce sont deux vieillards, et vous leur cédez naturellement la place; mais on ne veut pas vous envoyer à l'auberge, on vous confie à moi. J'ai mon pied-à-terre dans la ville, tout près d'ici; voulez-vous me permettre d'être votre hôte?

Je remerciai et j'acceptai résolûment.

— S'il veut se réserver une explication chez lui, me dis-je, à la bonne heure! j'aime mieux cela.

Il appela son domestique, qui enleva mon mince bagage, et lui-même me prit le bras pour me conduire à son domicile. C'était une maison du voisinage, où il me fit traverser plusieurs pièces encombrées de caisses et d'instruments étranges, quelques-uns d'une grande dimension et qui brillaient vaguement, dans l'obscurité, d'un éclat vitreux ou métallique.

— C'est mon attirail de *docteur ès sciences*, me dit-il en riant. Cela ressemble assez à un laboratoire d'alchimiste, n'est-ce pas? Vous comprenez, ajouta-t-il d'un ton indéfinissable, que madame de Valvèdre n'aime pas cette habitation, et qu'elle préfère l'agréable hospitalité des Obernay? Mais vous dormirez ici fort tranquille. Voici la porte de votre chambre, et voici la clef de la maison; car le bal n'est pas fini là-bas, et, si vous vouliez y retourner...

— Pourquoi y retournerais-je? répondis-je affectant l'indifférence. Je n'aime pas le bal, moi!

— N'y a-t-il donc personne dans ce bal qui vous intéresse?

— Tous les Obernay m'intéressent; mais le bal est la plus maussade manière de jouir de la société des gens qu'on aime.

— Eh! pas toujours! Il donne une certaine animation... Quand j'étais jeune, je ne haïssais pas ce bruit-là.

— C'est que vous avez eu l'esprit d'être jeune, monsieur de Valvèdre. A présent, on ne l'a plus. On est vieux à vingt ans.

— Je n'en crois rien, dit-il en allumant son cigare ; car il m'avait suivi dans la chambre qui m'était destinée, comme pour s'assurer que rien n'y manquait à mon bien-être. Je crois que c'est une prétention !

— De ma part? répondis-je un peu blessé de la leçon.

— Peut-être aussi de votre part, et sans que vous soyez pour cela coupable ou ridicule. C'est une mode, et la jeunesse ne peut se soustraire à son empire. Elle s'y soumet de bonne foi, parce que la plus nouvelle mode lui paraît toujours la meilleure; mais, si vous m'en croyez, vous examinerez un peu sérieusement les dangers de celle-ci, et vous ne vous y laisserez pas trop prendre.

Son accent avait tant de douceur et de bonté, que je cessai de croire à un piége tendu par sa suspicion à mon inexpérience, et, retombant sous le charme, j'éprouvai plus que jamais tout d'un coup le besoin de lui ouvrir mon cœur. Il y avait là quelque chose d'horrible dont je ne saurais même aujourd'hui me rendre compte. Je souhaitais son estime, et je courais au-devant de son affection sans pouvoir renoncer à lui infliger le plus amer des outrages!

Il me dit encore quelques paroles qui furent comme

un trait de lumière sur le fond de sa pensée. Il me sembla qu'en m'invitant à retourner au bal, c'est-à-dire à être jeune, naïf et croyant, il essayait de savoir quelle impression Adélaïde avait faite sur moi et si j'étais capable d'aimer, car le nom de cette charmante fille arriva, je ne me rappelle plus comment, sur ses lèvres.

Je fis d'elle le plus grand éloge, autant pour paraître libre de cœur et d'esprit vis-à-vis de sa femme que pour voir s'il éprouvait quelque secrète douleur à propos de sa fille adoptive. Que n'aurais-je pas donné pour découvrir qu'il l'aimait à l'insu de lui-même, et que l'infidélité d'Alida ne troublerait pas la paix de son âme généreuse! Mais, s'il aimait Adélaïde, c'était avec un désintéressement si vrai, ou avec une si héroïque abnégation, que je ne pus saisir aucun trouble dans ses yeux ni dans ses paroles.

— Je n'ajoute rien à vos éloges, dit-il, et, si vous la connaissiez comme moi qui l'ai vue naître, vous sauriez que rien ne peut exprimer la droiture et la bonté de cette âme-là. Heureux l'homme qui sera digne d'être son compagnon et son appui dans la vie! C'est un si grand honneur et une si grande félicité à envisager, que celui-là devra y travailler sérieusement, et n'aura jamais le droit de se dire sceptique ou désenchanté.

— Monsieur de Valvèdre, m'écriai-je involontairement, vous semblez me dire que je pourrais aspirer...

— A conquérir sa confiance? Non, je ne puis dire

cela, je n'en sais rien. Elle vous connaît encore trop peu, et nul ne peut lire dans l'avenir; mais vous n'ignorez pas que, dans le cas où cela arriverait, vos parents et les siens s'en réjouiraient beaucoup.

— Henri ne s'en réjouirait peut-être pas! répondis-je.

— Henri? lui qui vous aime si ardemment? Prenez garde d'être ingrat, mon cher enfant!

— Non, non! ne me croyez pas ingrat! Je sais qu'il m'aime, je le sais d'autant plus qu'il m'aime en dépit de nos différences d'opinions et de caractères; mais ces différences, qu'il me pardonne pour son compte, le feraient beaucoup réfléchir, s'il s'agissait de me confier le sort d'une de ses sœurs.

— Quelles sont donc ces différences? Il ne me les a pas signalées en me parlant de vous avec effusion. Voyons, répugnez-vous à me les dire? Je suis l'ami de la famille Obernay, et il y a eu, dans la vôtre, un homme que j'aimais et respectais infiniment. Je ne parle pas de votre père, qui mérite également ces sentiments-là, mais que j'ai fort peu connu; je parle de votre oncle Antonin, un savant à qui je dois les premières et les meilleures notions de ma vie intellectuelle et morale. Il y avait, entre lui et moi, à peu près la même distance d'âge qui existe aujourd'hui entre vous et moi. Vous voyez que j'ai le droit de vous porter un vif intérêt, et que j'aimerais à m'acquitter envers sa mémoire en devenant votre conseil et votre ami comme il était le mien. Parlez-moi donc à cœur ouvert et dites-moi ce que le brave Henri Obernay vous reproche.

Je fus sur le point de m'épancher dans le sein de Valvèdre comme un enfant qui se confesse, et non plus comme un orgueilleux qui se défend. Pourquoi ne cédai-je point à un salutaire entraînement? Il eût probablement arraché de ma poitrine, sans le savoir et par la seule puissance de sa haute moralité, le trait empoisonné qui devait se tourner contre lui; mais je chérissais trop ma blessure, et j'eus peur de la voir fermer. J'éprouvais aussi une horreur instinctive d'un pareil épanchement avec celui dont j'étais le rival. Il fallait être résolu à ne plus l'être, ou devenir le dernier des hypocrites. J'éludai l'explication.

— Henri me reproche précisément, lui répondis-je, le scepticisme, cette maladie de l'âme dont vous voulez me guérir; mais ceci nous mènerait trop loin ce soir, et, si vous le permettez, nous en causerons une autre fois.

— Allons, dit-il, je vois que vous avez envie de retourner au bal, et peut-être sera-ce un meilleur remède à vos ennuis que tous mes raisonnements. Un seul mot avant que je vous donne le bonsoir... Pourquoi m'avez-vous dit, à notre première rencontre, que vous étiez comédien?

— Pour me sauver d'une sotte honte! Vous m'aviez surpris parlant tout seul.

— Et puis, en voyage, on aime à mystifier les passants, n'est-il pas vrai?

— Oui! on fait l'agréable vis-à-vis de soi-même, on se croit fort spirituel, et on s'aperçoit tout d'un coup que l'on n'est qu'un impertinent de mauvais goût en présence d'un homme de mérite.

— Allons, allons, reprit en riant Valvèdre, le pauvre homme de mérite vous pardonne de tout son cœur et ne racontera rien de ceci à la bonne Adélaïde.

J'étais fort embarrassé de mon rôle, et, par moments, je me persuadais, malgré la liberté d'esprit de M. de Valvèdre, que, s'il avait en dépit de lui-même quelque velléité de jalousie, c'était bien plus à propos d'Adélaïde qu'à propos de sa femme. Je me maudissais donc d'être toujours dans la nécessité de le faire souffrir. Pourtant je me rappelais les premières paroles qu'il m'avait dites au Simplon : « J'ai beaucoup aimé une femme qui est morte. » Il aimait donc en souvenir, et c'est là qu'il puisait sans doute la force de n'être ni jaloux de sa femme, ni épris d'une autre.

Quoi qu'il en soit, je voulus au moins le délivrer d'un trouble possible, en lui disant que je me trouvais encore trop jeune pour songer au mariage, et que, si je venais à y songer, ce serait lorsque Rosa serait en âge de quitter sa poupée.

— Rosa! répondit-il avec quelque vivacité. Eh! mais oui... vos âges s'accorderont peut-être mieux alors! Je la connais autant que l'autre, et c'est un trésor aussi que cette enfant-là. Mais partez donc et faites danser mon petit diable rose. Allons, allons! vous n'êtes pas encore aussi vieux que vous le prétendiez!

Il me tendit la main, cette main loyale qui brûlait la mienne, et je m'enfuis comme un coupable, pendant qu'il disparaissait au milieu de ses télescopes et de ses alambics.

VI

Je retournai chez les Obernay. On dansait encore; mais Alida, secrètement blessée de mon départ, s'était retirée. Le jardin était illuminé; on s'y promenait par groupes dans l'intervalle des contredanses et des valses. Il n'y avait aucun moyen de nouer un mystère quelconque dans cette fête modeste, pleine de bonhomie et d'honnête abandon. Je ne vis pas reparaître Valvèdre, et j'affectai, devant mademoiselle Juste, qui tenait bon jusqu'à la fin, beaucoup de gaieté et de liberté d'esprit. On proposa un cotillon, et les jeunes filles décidèrent que tout le monde en serait. J'allai inviter mademoiselle Juste, Henri ayant invité sa mère.

— Quoi! me dit en souriant la vieille fille, vous voulez que je danse aussi, moi? Eh bien, soit. Je ferai avec vous une fois le tour de la salle; après quoi, je serai libre de me faire remplacer par une danseuse dont je vais m'assurer d'avance.

Je ne pus voir à qui elle s'adressait; il y avait un peu

de confusion pour prendre place. Je me trouvai avec elle vis-à-vis de M. Obernay père et d'Adélaïde. Quand ils eurent ouvert la figure, les deux graves personnages se firent signe et s'éclipsèrent. Je devenais le cavalier d'Adélaïde, avec laquelle je n'avais pas osé danser sous les yeux d'Alida, et qui me tendit sa belle main avec confiance. Elle n'y entendait certes pas malice; mais mademoiselle Juste savait bien ce qu'elle faisait. Elle parlait bas au père Obernay en nous regardant d'un air moitié bienveillant, moitié railleur. La figure candide du vieillard semblait lui répondre : « Vous croyez? Moi, je n'en sais rien, ce n'est pas impossible. »

Oui, je l'ai su plus tard, ils parlaient du mariage autrefois vaguement projeté avec mes parents. Juste, sans rien savoir de mon amour pour Alida, pressentait quelque charme déjà jeté sur moi par l'enchanteresse, et elle s'efforçait de le faire échouer en me rapprochant de ma fiancée. Ma fiancée! cette splendide et parfaite créature eût pu être à moi! Et moi, je préférais à une vie excellente et à de célestes félicités les orages de la passion et le désastre de mon existence! Je me disais cela en tenant sa main dans la mienne, en affrontant les magnificences de son divin sourire, en contemplant les perfections de tout son être pudique et suave! Et j'étais fier de moi, parce qu'elle n'éveillait en moi aucun instinct, aucun germe d'infidélité envers ma dangereuse et terrible souveraine! Ah! si elle eût pu lire dans mon âme, celle qui la possédait si entièrement! Mais elle y lisait à contre-sens, et son œil irrité me condamnait au moment de mon plus pur triomphe sur moi-même ; car elle était là, cette magicienne haletante et jalouse, elle m'épiait d'un œil troublé par la fièvre. Quelle victoire pour Juste, si elle eût pu le deviner !

L'appartement de madame de Valvèdre était au-dessus de la salle où l'on dansait. D'un cabinet de toilette en entre-sol, on pouvait voir tout ce qui se passait en bas par une rosace masquée de guirlandes. Alida avait voulu jeter machinalement un dernier regard sur la petite fête ; elle avait écarté le feuillage, et, me voyant là, elle était restée clouée à sa place. Et moi, me sentant sous les yeux de Juste, je croyais être un grand diplomate et servir habilement la cause de mon amour en m'occupant d'Adélaïde et en jouant le rôle d'un petit jeune homme enivré de mouvement et de gaieté !

Aussi le lendemain, quand j'eus réussi à faire tenir ma lettre à madame de Valvèdre, je reçus une réponse foudroyante. Elle brisait tout, elle me rendait ma liberté. Dans la matinée, Juste et Paule avaient parlé devant elle de mon union projetée avec Adélaïde et d'une récente lettre de ma mère à madame Obernay, où ce désir était délicatement exprimé.

« Je ne savais rien de tout cela, disait Alida, vous me l'aviez laissé ignorer. En apprenant que votre voyage en Suisse n'avait pas eu d'autre but que la poursuite de ce mariage, et en voyant de mes propres yeux, cette nuit, combien vous étiez ravi de la beauté de votre future, je me suis expliqué votre conduite depuis trois jours. Dès que vous êtes entré dans cette maison, dès que vous avez vu celle qu'on vous destinait, votre manière d'être avec moi a entièrement changé. Vous n'avez pas su trouver un instant pour me parler en secret, vous n'avez pas pu inventer le plus petit expédient, vous qui savez si bien pénétrer dans les forteresses par-dessus les murs, quand le désir vient en aide à votre génie. Vous avez été vaincu par l'éclat de la jeunesse, et, moi, j'ai pâli, j'ai disparu comme une étoile de la nuit devant le soleil levant. C'est tout simple. Enfant, je ne vous en veux pas ; mais pourquoi manquer de franchise? pourquoi m'avoir fait souffrir mille tortures? pourquoi, sachant que je haïssais à bon droit certaine vieille fille, l'avoir traitée avec une vénération ridicule? N'avez-vous pas senti déjà des mouvements de malveillance, presque d'aversion, contre la malheureuse Alida? Il me semble que, dans un moment, l'unique moment où vos regards, sinon vos paroles, pouvaient me rassurer, vous m'avez fait entendre que j'étais, selon vous, une mauvaise mère. Oui, oui, on vous avait déjà dit cela, que je préférais mon bel Edmond à mon pauvre Paul, que celui-ci était une victime de ma partialité, de mon injustice : c'est le thème favori de mademoiselle Juste, et elle avait bien réussi à le persuader à mon mari, qui m'estime ; elle a dû réussir plus vite à le prouver à mon amant, qui ne m'estime pas!

» Allons! il faut se placer au-dessus de ces misères!

Il faut que je dédaigne tout cela, et que je vous apprenne que, si je suis une personne odieuse, au moins j'ai la fierté qui convient à ma situation. Épargnez-vous de vains mensonges; vous aimez Adélaïde et vous serez son mari, je vais vous y aider de tout mon pouvoir. Renvoyez-moi mes lettres et reprenez les vôtres. Je vous pardonne de tout mon cœur comme on doit pardonner aux enfants. J'aurai plus de peine à m'absoudre moi-même de ma folie et de ma crédulité. »

Ainsi ce n'était pas assez de la situation terrible où nous nous trouvions vis-à-vis de la famille et de la société : il fallait que le désespoir, la jalousie et la colère missent en cendre nos pauvres cœurs déjà battus en ruine !

Je fus pris d'un accès de rage contre la destinée, contre Alida et contre moi-même. J'allai faire mes adieux à la famille Obernay, et je repartis pour mon prétendu voyage d'agrément; mais je m'arrêtai à deux lieues de Genève, en proie à une terreur douloureuse. Je n'avais pas pris congé de madame de Valvèdre ; elle était sortie quand j'étais allé faire mes adieux. En rentrant et en apprenant ma brusque résolution, elle était bien femme à se trahir ; mon départ, au lieu de la sauver, pouvait la perdre... Je revins sur mes pas, incapable d'ailleurs de supporter la pensée de ses souffrances. Je feignis d'avoir oublié quelque chose chez Obernay, et j'y arrivai avant qu'Alida fût rentrée. Où donc était-elle depuis le matin? Adélaïde et Rosa étaient seules à la maison. Je me hasardai à leur demander si madame de Valvèdre avait aussi quitté Genève. Je regrettais de ne l'avoir pas saluée. Adélaïde me répondit avec une sainte tranquillité que madame de Valvèdre était à la chapelle catholique au bas de la rue. Et, comme elle prenait mon trouble pour de la surprise, elle ajouta :

— Est-ce que cela vous étonne? Elle est fervente papiste, et, nous autres hérétiques, nous respectons toute sincérité. C'est demain, nous a-t-elle dit, l'anniversaire de la mort de sa mère ; et elle se reproche de nous avoir fait, cette nuit, le sacrifice de danser. Elle veut s'en confesser, commander une messe, je crois... Enfin, si vous vouliez prendre congé d'elle, attendez-la.

— Non, répondis-je, vous voudrez bien lui exprimer mes regrets.

Les deux sœurs essayèrent de me retenir, pour causer, disaient-elles, une bonne surprise à Henri, qui allait rentrer. Adélaïde insista beaucoup ; mais, comme je ne cédai pas, et que, sans m'en vouloir, elle me dit amicalement adieu et gaiement bon voyage, je vis que cette simplicité de manières bienveillantes ne couvrait aucun regret déchirant.

Je fus à peine dehors, que je me dirigeai vers la petite église. J'y entrai ; elle était déserte. Je fis le tour de la nef; dans un coin obscur et froid, je vis, entre un confessionnal et l'angle de la muraille, une femme habillée de noir, agenouillée sur le pavé, et comme écrasée sous le poids d'une douleur extatique. Elle était couverte de tant de voiles, que j'hésitai à la reconnaître. Enfin je devinai ses formes délicates sous le crêpe de son deuil, et je me hasardai à lui toucher le bras. Ce bras roidi et glacé ne sentit rien. Je me précipitai sur elle, je la soulevai, je l'entraînai. Elle se ranima faiblement et fit un effort pour me repousser.

— Où me conduisez-vous? dit-elle avec égarement.

— Je n'en sais rien! à l'air, au soleil! vous êtes mourante.

— Ah! il fallait donc me laisser mourir!... j'étais si bien!

Je poussai au hasard une porte latérale qui se présenta devant moi, et je me trouvai dans une ruelle étroite et peu fréquentée. Je vis un jardin ouvert. Alida, sans savoir où elle était, put marcher jusque-là. Je la fis entrer dans ce jardin et s'asseoir sur un banc au soleil. Nous étions chez des inconnus, des maraîchers; les patrons étaient absents. Un journalier qui travaillait dans un carré de légumes nous regarda entrer, et, supposant que nous étions de la maison, il se remit à l'ouvrage sans plus s'occuper de nous.

Le hasard amenait donc ce tête-à-tête impossible! Quand Alida se sentit ranimée par la chaleur, je la conduisis au bout de ce jardin assez profond, qui remontait la colline de la vieille ville, et je m'assis auprès d'elle sous un berceau de houblon.

Elle m'écouta longtemps sans rien dire; puis, me laissant prendre ses mains tièdes et tremblantes, elle s'avoua désarmée.

— Je suis brisée, me dit-elle, et je vous écoute

comme dans un rêve. J'ai prié et pleuré toute la journée, et je ne voulais reparaître devant mes enfants que quand Dieu m'aurait rendu la force de vivre; mais Dieu m'abandonne, il m'a écrasée de honte et de remords sans m'envoyer le vrai repentir qui inspire les bonnes résolutions. J'ai invoqué l'âme de ma mère, elle m'a répondu : « Le repos n'est que dans la mort! » J'ai senti le froid de la dernière heure, et, loin de m'en défendre, je m'y suis abandonnée avec une volupté amère. Il me semblait qu'en mourant là, aux pieds du Christ, non pas assez rachetée par ma foi, mais purifiée par ma douleur, j'aurais au moins le repos éternel, le néant pour refuge. Dieu n'a pas plus voulu de ma destruction que de mes pleurs. Il vous a amené là pour me forcer à aimer, à brûler, à souffrir encore. Eh bien, que sa volonté soit faite! Je suis moins effrayée de l'avenir depuis que je sais que je peux mourir de fatigue et de chagrin quand le fardeau sera trop lourd.

Alida était si saisissante et si belle dans son voluptueux accablement, que je trouvai l'éloquence d'un cœur profondément ému pour la convaincre et la rappeler à la vie, à l'amour et à l'espérance. Elle me vit si navré de sa peine, qu'à son tour elle eut pitié de moi et se reprocha mes pleurs. Nous échangeâmes les serments les plus enthousiastes d'être à jamais l'un à l'autre, quoi qu'il pût arriver de nous; mais, en nous séparant, qu'allions-nous faire? J'étais parti pour toutes les personnes que nous connaissions à Genève. L'heure avançait, on pouvait s'inquiéter de l'absence de madame de Valvèdre et la chercher,

— Rentrez, lui dis-je; je dois quitter cette ville, où nous sommes entourés de dangers et d'amertumes. Je me tiendrai dans les environs, je m'y cacherai et je vous écrirai. Il faut absolument que nous trouvions le moyen de nous voir avec sécurité et d'arranger notre avenir d'une manière décisive.

— Écrivez à la Bianca, me dit-elle; j'aurai vos lettres plus vite que par la *poste restante*. Je resterai à Genève pour les recevoir, et, de mon côté, je réfléchirai à la possibilité de nous revoir bientôt.

Elle redescendit le jardin, et j'y restai après elle pour qu'on ne nous vît pas sortir ensemble. Au bout de dix minutes, j'allais me retirer, lorsque je m'entendis appeler à voix basse. Je tournai la tête; une petite porte venait de s'ouvrir derrière moi dans le mur. Personne ne paraissait, je n'avais pas reconnu la voix; on m'avait appelé par mon prénom. Était-ce Obernay? Je m'avançai et vis Moserwald, qui m'attirait vers lui par signes, d'un air de mystère.

Dès que je fus entré, il referma la porte derrière nous, et je me trouvai dans un autre enclos, désert, cultivé en prairie, ou plutôt abandonné à la végétation naturelle, où paissaient deux chèvres et une vache. Autour de cet enclos si négligé régnait une vigne en berceau soutenue par un treillage tout neuf à losanges serrées. C'est sous cet abri que Moserwald m'invitait à le suivre. Il mit le doigt sur ses lèvres et me conduisit sous l'auvent d'une sorte de masure située à l'un des bouts de l'enclos. Là, il me parla ainsi :

— D'abord faites attention, mon cher ! Tout ce qui se dit sous la treille peut être entendu à droite et à gauche à travers les murs, qui ne sont ni épais ni hauts. A gauche, vous avez le jardin de Manassé, un de mes pauvres coreligionnaires qui m'est tout dévoué ; c'est là que vous étiez tout à l'heure avec *elle*, j'ai tout entendu ! A droite, le mur est encore plus perfide, je l'ai fait amincir et percer d'ouvertures imperceptibles qui permettent de voir et d'entendre ce qui se passe dans le jardin des Obernay. Ici, entre les deux enclos, vous êtes chez moi. J'ai acheté ce lopin de terre pour être auprès d'*elle*, pour la regarder, pour l'écouter, pour surprendre ses secrets, s'il est possible. J'ai fait le guet pour rien tous ces jours-ci ; mais, aujourd'hui, en écoutant par hasard de l'autre côté, j'en ai appris plus que je ne voudrais en savoir. N'importe, c'est un fait accompli. Elle vous aime, je n'espère plus rien ; mais je reste son ami et le vôtre. Je vous l'avais promis, je n'ai qu'une parole. Je vois que vous êtes grandement affligés et tourmentés tous les deux. Je serai, moi, votre providence. Restez caché ici ; la baraque n'est pas belle, mais elle est assez propre en dedans. Je l'ai fait arranger en secret et sans bruit, sans que personne s'en soit douté, il y a déjà six mois, lorsque j'espérais qu'*elle* serait, un jour ou l'autre, touchée de mes soins, et qu'elle daignerait venir se reposer là... Il n'y faut plus songer ! Elle y viendra pour vous. Allons, mon argent et mon savoir-faire ne seront pas tout à fait perdus, puisqu'ils serviront à son bonheur et au vôtre. Adieu, mon cher. Ne vous montrez pas, ne vous promenez pas le jour dans l'endroit découvert; on pourrait vous voir des maisons voisines. Écrivez des lettres d'amour tant que le soleil brille, ou ne prenez l'air que sous le berceau. A la nuit noire, vous pourrez vous risquer dans la campagne, qui commence à deux pas d'ici. Manassé va être à vos ordres. Il vous fera d'assez bonne cuisine; il renverra les ouvriers, qui pourraient causer. Il portera vos lettres au besoin et les remettra avec une habileté sans pareille. Fiez-vous à lui; il me doit tout, et dans un instant il va savoir qu'il vous appartient pour trois jours. Trois jours, c'est bien assez pour se concerter, car je vois que vous cherchez le moyen de vous réunir. Cela finira par un enlèvement! je m'y attends bien. Prenez garde pourtant; ne faites rien sans me consulter. On peut assurer son bonheur sans perdre la position d'une femme. Ne soyez pas imprudent, conduisez-vous en homme d'honneur, ou bien, ma foi! je crois que je me mettrais contre vous, et que, malgré mon peu de goût pour les duels, il faudrait nous couper la gorge... Adieu, adieu, ne me remerciez pas! Ce que je fais, je le fais par égoïsme; c'est encore de l'amour! mais c'est de l'amour désespéré. Adieu!... Ah! à propos, il faut que je retire de là quelques papiers; entrons.

Abasourdi et irrésolu, je le suivis dans l'intérieur de

ce hangar en ruine, tout chargé de lierre et de joubarbes. Une petite construction neuve s'abritait sous cette carapace et s'ouvrait de l'autre côté du jardin sur un étroit parterre éblouissant de roses. L'appartement mystérieux se composait de trois petites pièces d'un luxe inouï.

— Tenez, dit Moserwald en me montrant, sur une console de rouge antique, une coupe d'or ciselé remplie jusqu'aux bords de perles fines très-grosses, je laisse cela ici. C'est le collier que je lui destinais à sa première visite, et, à chaque visite, la coupe eût contenu quelque autre merveille; mais, dans ce temps-là, vous savez, elle n'a pas seulement daigné voir ma figure!... N'importe, vous lui offrirez ces perles de ma part... Non, elle les refuserait; vous les lui donnerez comme venant de vous. Si elle les méprise, qu'elle en fasse un collier à son chien! Si elle n'en veut pas, qu'elle les sème dans les orties! Moi, je ne veux plus les voir, ces perles que j'avais choisies une à une dans les plus beaux apports du Levant. Non, non, cela me ferait mal de les regarder. Ce n'est pas là ce que je voulais retirer d'ici. C'est un paquet de brouillons de lettres que je voulais lui écrire. Il ne faut pas qu'elle les trouve et qu'elle s'en moque. Ah! voyez, le paquet est gros! Je lui écrivais tous les jours, quand elle était ici; mais, quand il s'agissait de cacheter et d'envoyer, je n'osais plus. Je sentais que mon style était lourd, mon français incorrect... Que n'aurais-je pas donné pour savoir tourner cela comme vous le savez dans doute! Mais on ne me l'a point appris, et j'avais peur de la faire rire, moi qui me sentais tout en feu en écrivant. Allons, je remporte ma poésie, et je pars. Ne me parlez pas... Non, non! pas un mot; adieu. J'ai le cœur gros. Si vous m'empêchiez de me dévouer pour elle, je vous tuerais et je me tuerais ensuite... Ah! ceci me fait penser... Quand on a des rendez-vous avec une femme, il ne faut pas se laisser surprendre et assassiner. Voilà des pistolets dans leur boîte. Ils sont bons, allez! on les a faits pour moi, et aucun souverain n'en a de pareils... Écoutez! encore un mot! si vous voulez me voir, Manassé vous déguisera et vous conduira dans la soirée à mon hôtel. Il vous fera entrer sans que personne vous remarque. Fût-ce au milieu de la nuit, je vous recevrai. Vous aurez besoin de mes conseils, vous verrez! Adieu, adieu! soyez heureux, mais rendez-la heureuse.

Il me fut impossible d'interrompre ce flux de paroles, où le grossier et le ridicule des détails étaient emportés par un souffle de passion exaltée et sincère. Il se déroba à mes refus, à mes remerciements, à mes dénégations, dont, au reste, je sentais bien l'inutilité. Il tenait mon secret, et il fallait lui laisser exercer son dévouement ou craindre son dépit. Il me repoussa dans le casino, il m'enferma dans le jardin, et je me soumis, et je l'aimai en dépit de tout; car il pleurait à chaudes larmes, et je pleurais aussi comme un enfant brisé par des émotions au-dessus de ses forces.

Quand j'eus repris un peu mes sens et résumé ma situation, j'eus horreur de ma faiblesse.

— Non certes, m'écriai-je intérieurement, je n'attirerai pas Alida dans ce lieu, où son image a été profanée par des espérances outrageantes. Elle ne verrait qu'avec dégoût ce luxe et ces présents que lui destinait un amour indigne d'elle. Et, moi-même, je souffre ici comme dans un air malsain chargé d'idées révoltantes. Je n'écrirai pas d'ici à Alida ; je sortirai ce soir de ce refuge impur pour n'y jamais rentrer!

La nuit approchait. Dès qu'elle fut sombre, je priai Manassé, qui était venu prendre mes ordres, de me conduire chez Moserwald ; mais Moserwald arrivait au même instant pour s'informer de moi, et nous rentrâmes ensemble dans le casino, où, sur l'ordre de son maître, Manassé nous servit un repas très-recherché.

— Mangeons d'abord, disait Moserwald. Je ne serais pas rentré ici au risque d'y rencontrer une personne qui ne doit pas m'y voir ; mais, puisque vous me dites qu'elle n'y viendra pas, et puisque vous vouliez venir me parler, nous serons plus tranquilles ici que chez moi. Vous n'aviez pas pensé à dîner, je m'en doutais. Moi, je n'y songeais que pour vous, mais voilà que je me sens tout à coup grand'faim. J'ai tant pleuré! Je vois qu'on a raison de le dire : les larmes creusent l'estomac.

Il mangea comme quatre; après quoi, les vins d'Espagne aidant à la digestion de ses pensées, il me dit naïvement :

— Mon cher, vous me croirez si vous voulez, mais, depuis six mois, voici le premier repas que je fais. Vous avez bien vu qu'à Saint-Pierre je n'avais pas d'appétit. Outre ma mélancolie habituelle, j'avais l'amour en tête. Eh bien, la secousse d'aujourd'hui m'a guéri le corps en m'apaisant l'imagination. Vrai, je me sens tout autre, et l'idée que je fais enfin quelque chose de bon et de grand me relève au-dessus de ma vie ordinaire. N'en riez pas! En feriez-vous autant à ma place? Ce n'est pas sûr!... Vous autres beaux esprits, vous avez pour vous l'éloquence. Cela doit user le cœur à la longue!... Mais nous voilà seuls. Manassé ne reviendra pas sans que je le sonne, car, vous voyez, il y a là un cordon qui glisse sous les treilles et qui aboutit à sa maisonnette, dans l'enclos voisin. Parlez : que vouliez-vous me dire? et pourquoi prétendez-vous que madame de Valvèdre ne peut pas venir ici?

Je le lui expliquai sans détour. Il m'écouta avec toute l'attention possible, comme s'il eût voulu s'aviser et s'instruire des délicatesses de l'amour ; puis il reprit la parole.

— Vous vous méprenez sur mes espérances, dit-il ; je n'en avais pas.

— Vous n'en aviez pas, et vous faisiez décorer cette maisonnette, vous choisissiez une à une les plus belles perles d'Orient?...

— Je n'espérais rien de ces moyens-là, surtout depuis l'affaire de la bague. Faut-il vous répéter que, pour moi, je n'y voyais que des hommages désintéressés, des preuves de dévouement, la joie de procurer un petit plaisir féminin à une femme recherchée? Vous ne comprenez pas cela, vous! Vous vous êtes dit : « Je mériterai et j'obtiendrai l'amour par mes talents et ma rhétorique. » Moi, je n'ai pas de talents. Toute ma valeur est dans ma richesse. Chacun offre ce qu'il a, que diable! Je n'ai jamais eu la pensée d'acheter une femme de ce mérite; mais, si par ma passion j'avais pu la convaincre, où eût été l'offense quand je serais venu mettre mes trésors sous ses pieds? Tous les jours, l'amour exprime sa reconnaissance par des dons, et, quand un nabab offre des bouquets de pierreries, c'est comme si vous offriez un sonnet dans une poignée de fleurs des champs.

— Je vois, lui dis-je, que nous ne nous entendrons pas sur ce point. Admettez, si vous voulez, que j'ai un scrupule déraisonnable, mais sachez que ma répugnance est invincible. Jamais, je vous le déclare, Alida ne viendra ici.

— Vous êtes un ingrat! fit Moserwald en levant les épaules.

— Non, m'écriai-je, je ne veux pas être ingrat! Je vois que vous ne m'avez pas trompé en me disant qu'il y avait en vous des trésors de bonté. Ces trésors-là, je les accepte. Vous savez le secret de ma vie. Vous l'avez surpris, je n'ai donc pas eu le mérite de vous le confier, et pourtant je le sens en sûreté dans votre cœur. Vous voulez me conseiller dans l'emploi des moyens matériels qui peuvent assurer ou compromettre le bonheur et la dignité de la femme que j'aime ? Je crois à votre expérience, vous connaissez mieux que moi la vie pratique. Je vous consulterai, et, si vous me conseillez bien, ma reconnaissance sera éternelle. Toutes mes répulsions pour certains côtés de votre nature seront vivement combattues et peut-être effacées en moi par l'amitié. Il en est déjà ainsi ; oui, j'ai pour vous une réelle affection, j'estime en vous des qualités d'autant plus précieuses qu'elles sont natives et spontanées. Ne me demandez pas autre chose, ne cherchez jamais à me faire accepter des services d'une valeur vénale. Vous n'êtes que riche, dites-vous, et chacun offre ce qu'il peut ! Vous vous calomniez : vous voyez bien que vous avez une valeur morale, et que c'est par là que vous avez conquis ma gratitude et mon affection.

Le pauvre Moserwald me serra dans ses bras en recommençant à pleurer.

— J'ai donc enfin un ami ! s'écria-t-il, un véritable ami, qui ne me coûte pas d'argent ! Ma foi, c'est le premier, et ce sera le seul. Je connais assez l'humanité pour avoir cela. Eh bien, je le garderai comme la prunelle de mes yeux, et vous, comme mon ami, prenez mon cœur, mon sang et mes entrailles. Nephtali Moserwald est à vous à la vie et à la mort.

Après ces effusions, où il trouva le moyen d'être comique et pathétique en même temps, il me déclara qu'il fallait parler raison sur le point capital, l'avenir de madame de Valvèdre. Je lui racontai comment je m'étais lié à mon insu avec le mari, et, sans lui rien confier des orages de mon amour, je lui fis comprendre que des relations ordinaires protégées par l'hypocrisie des convenances étaient impossibles entre deux caractères entiers et passionnés. Il me fallait posséder l'âme d'Alida dans la solitude, j'étais incapable de ruser avec son mari et son entourage.

— Vous avez grand tort d'être ainsi, répondit Moserwald. C'est un puritanisme qui rendra toutes choses bien difficiles; mais, si vous êtes cassant et maladroit, ce qu'il y a encore de plus habile, c'est de disparaître. Eh bien, cherchons les moyens. M. de Valvèdre est riche et sa femme n'a rien. Je me suis informé à de bonnes sources, et je sais des choses que vous ignorez probablement; car vous avez traité d'injurieux mon amour pour elle, et pourtant, par le fait, le vôtre lui sera plus nuisible. Savez-vous qu'on peut l'épouser, cette femme charmante, et que ma fortune me permettait d'y prétendre?

— L'épouser! Que dites-vous? Elle n'est donc pas mariée?...

— Elle est catholique, Valvèdre est protestant, et ils se sont mariés selon le rite de la confession d'Augsbourg, qui admet le divorce. Bien que M. de Valvèdre soit, à ce qu'on dit, un grand philosophe, il n'a pas voulu faire acte de catholicité, et, bien qu'Alida et sa mère fussent très-orthodoxes, ce mariage était si beau pour une fille sans avoir, que l'on n'insista pas pour le faire ratifier par votre Église et par les lois civiles qui confirment l'indissolubilité. On assure que madame de Valvèdre s'est affectée plus tard de ce genre d'union qui ne lui paraissait pas assez légitime, mais que rien n'a pu décider son mari à se dénationaliser, civilement et religieusement parlant. Donc, le jour où Valvèdre sera mécontent de sa femme, il pourra la répudier, qu'elle y consente ou non, et la laisser à peu près dans la misère. Ne jouez pas avec la situation, Francis! vous n'avez rien, et il y a dix ans que cette femme vit dans l'aisance. La misère tue l'amour!

— Elle ne connaîtra pas la misère; je travaillerai.

— Vous ne travaillerez pas de longtemps, vous êtes trop amoureux. L'amour emporte le génie, je le sais par expérience, moi qui n'avais qu'un gros bon sens, et qui suis parfaitement devenu fou! Je n'ai pas fait une seule bonne affaire depuis que j'avais cette folie en tête. Heureusement, j'en avais fait auparavant; mais revenons à vous, et supposons, si vous voulez, que vous ferez, malgré l'amour, des vers magnifiques. Savez-vous ce que cela rapporte? Rien quand on n'est pas connu, et fort peu quand on est célèbre. Il arrive même très-souvent que, pour commencer, il faut être son propre éditeur, sauf à vendre une demi-douzaine d'exemplaires. Croyez-moi, la poésie est un plaisir de prince. Ne songez à elle qu'à vos moments perdus. Je vous trouverai bien un emploi, mais il faudra s'en occuper et s'y tenir. Des chiffres, cela ne vous amusera pas, et si Alida s'ennuie dans la ville où vous vous fixerez !... Je vous l'ai dit la première fois que je vous ai vu, vous devriez faire des affaires. Vous n'y entendez rien, mais cela s'apprend plus vite que le grec et le latin, et, avec de bons conseils, on peut arriver, pourvu qu'on n'ait pas de scrupules exagérés et des idées fausses sur le mécanisme social.

— Ne me parlez pas de cela, Moserwald! répondis-je avec vivacité. Vous passez pour un honnête homme, ne me dites rien des opérations qui vous ont enrichi. Laissez-moi croire que la source est pure. Je risquerais, ou de ne pas comprendre, ou de me trouver dans un désaccord terrible avec vous. D'ailleurs, mon jugement là-dessus est fort inutile ; il y a un premier et insurmontable obstacle, c'est que je n'ai pas le plus mince capital à risquer.

— Mais, moi, je veux risquer pour vous... Je ne vous associerai qu'aux bénéfices !

— Laissons cela ; c'est impossible !

— Vous ne m'aimez pas !

— Je veux vous aimer en dehors des questions d'intérêt, je vous l'ai dit. Faut-il s'expliquer ?... Les causes et les circonstances de notre amitié sont exceptionnelles ; ce qu'un ami ordinaire pourrait peut-être accepter de vous très-naturellement, moi, je dois le refuser.

— Oui, je comprends, vous vous dites que, par le fait, c'est à moi qu'Alida devrait son bien-être !... Alors n'en parlons plus ; mais le diable m'emporte si je sais ce que vous allez devenir ! Il faudrait, pour vous donner un bon conseil, savoir les dispositions du mari.

— Cela est impossible. L'homme est impénétrable.

— Impénétrable!... Bah! si je m'en mêlais!

— Vous?

— Eh bien, oui, moi, et sans paraître en aucune façon.

— Expliquez-vous.

— Il a bien confiance en quelqu'un, ce mari?

— Je n'en sais rien.

— Mais, moi, je le sais! Il ouvre quelquefois le verrou de sa cervelle pour votre ami Obernay... Je l'ai écouté parler, et, comme il mêlait de la science à sa conversation, je n'ai pas bien compris; mais il m'a paru un homme chagrin ou préoccupé. Cependant il n'a nommé personne. Il parlait peut-être d'une autre femme que la sienne : il est peut-être épris de cette merveilleuse Adélaïde.

— Ah! taisez-vous, Moserwald! la sœur d'Obernay! un homme marié!

— Un homme marié qui peut divorcer!

— C'est vrai, mon Dieu! Parlait-il de divorcer?

— Allons, je vois que la chose vous intéresse plus que moi, et, au fait, c'est vous seul qu'elle intéresse à présent. Si Alida avait eu le bon sens de m'aimer, je ne m'inquiétais guère de son mari, moi! Je lui faisais tout rompre, je lui assurais un sort quatre-vingt-dix fois plus beau que celui qu'elle a, et je l'épousais, car je suis libre et honnête homme! Vous voyez bien que mes pensées ne l'avilissaient pas; mais l'amour est fantasque, c'est vous qu'elle choisit : n'y pensons plus.

Donc, c'est à vous qu'il importe et qu'il appartient de fouiller dans le cœur et dans la conscience du mari. Ne quittez pas ce précieux casino, mon cher; mettez-vous souvent en embuscade au bout du mur, sous la tonnelle de charmille que vous voyez d'ici, et qui est la répétition de celle qui occupe l'angle du jardin Obernay. C'est là que j'ai fait pratiquer une fente bien masquée. Le mur n'est pas long, et, lors même que les personnages se promènent d'un bout à l'autre en causant, on ne perd pas grand'chose quand on a l'oreille fine. Faites ce métier patiemment pendant cinq ou six fois vingt-quatre heures, s'il le faut, et je parie que vous saurez ce que vous voulez savoir.

— L'idée est ingénieuse à coup sûr, mais je n'en profiterai pas. Surprendre ainsi les secrets de la famille Obernay me semble une bassesse !

— Vous voilà encore avec vos exagérations! Il s'agit bien des Obernay! Si votre ami marie sa sœur avec Valvèdre, vous le saurez un peu plus tôt que les autres, voilà tout, et vous êtes bon, j'imagine, pour garder les secrets que vous surprendrez. Ce qui est d'une importance incalculable pour Alida, c'est de savoir si Valvèdre l'aime encore ou s'il en aime une autre. Dans le premier cas, il est jaloux, irrité, il se venge en brisant tout, et vos affaires vont mal : il faudra alors se creuser la tête pour en sortir. Dans le second cas, tout est sauvé, vous tenez le Valvèdre. Pressé de rompre sa chaîne, il fait à sa femme un sort très-honorable, qu'elle pourra même discuter, et on se sépare sans aucun bruit; car, si le divorce peut s'obtenir malgré la résistance de l'un des époux, il y a scandale dans ces cas-là, tandis que, par consentement mutuel, aucune des parties n'est déconsidérée. Valvèdre fera beaucoup de sacrifices à sa réputation. Ce sera l'affaire de sa femme de profiter de la circonstance. Alors vous l'épousez; vous n'êtes pas bien riches, mais vous avez le nécessaire, et il vous est permis de cultiver les lettres. Autrement...

J'interrompis Moserwald avec humeur. J'avais beau faire pour l'aimer, il trouvait toujours moyen de me blesser avec son positivisme.

— Vous faites de ma passion, lui dis-je, une affaire d'intérêt. Vous m'en guéririez, si je vous laissais prendre de l'influence sur moi. Tenez, j'en suis fâché, tout ce que vous m'avez conseillé aujourd'hui est détestable. Je ne veux ni attirer Alida ici, ni accepter de vous les moyens de la faire vivre avec moi, ni écouter derrière les murs, — autant vaut écouter aux portes, — ni me préoccuper de la question d'argent, ni désirer un divorce qui me permettrait de faire un mariage avantageux. Je veux aimer, je veux croire, je veux rester sincère et enthousiaste. Je braverai donc la destinée, quelle qu'elle soit, puisqu'il n'y a pas de moyens irréprochables pour la soumettre.

— C'est fort bien, mon pauvre don Quichotte! répondit Moserwald en prenant son chapeau. Vous parlez à votre aise de risquer le tout pour le tout! Mais, si vous aimez, vous réfléchirez avant de précipiter Alida dans la honte et dans le besoin. Je vous laisse; la nuit porte conseil, et vous passerez la nuit ici, car vous n'avez pas vos effets, et il faut bien me donner le temps de vous les faire tenir. Où sont-ils?

Je les avais laissés aux environs de Genève, dans une auberge de village que je lui indiquai.

— Vous les aurez demain matin, me dit-il, et, si vous voulez partir pour le royaume de l'inconnu, vous partirez: mais le dieu d'amour vous inspirera auparavant quelque chose de plus raisonnable et surtout de plus délicat. Demain au soir, je reviendrai voir si vous y êtes encore et dîner avec vous..., si toutefois vous êtes seul.

J'écrivis à madame de Valvèdre le résumé de tout ce qui s'était passé, comme quoi je me trouvais tout près d'elle et pouvais l'apercevoir, si elle se promenait dans le jardin. Je dormis quelques heures, et, dès le matin, je lui fis tenir ma lettre par l'adroit et dévoué Manassé, qui me rapporta la réponse, ainsi que mon sac de voyage.

« Restez où vous êtes, me disait madame de Valvèdre; j'ai confiance en ce Moserwald, et il ne me répugne pas d'aller dans ce jardin. Faites que celui qui donne vis-à-vis de la chapelle soit ouvert, et ne bougez pas de la journée. »

A trois heures de l'après-midi, elle se glissa dans mon enclos. J'hésitais à la faire entrer dans le pavillon. Elle se moqua de mes scrupules.

— Comment voulez-vous, me dit-elle, que je m'offense des projets de mariage de ce Moserwald? Il voulait gagner mon cœur à force de bagues et de colliers! Il raisonnait à son point de vue, qui n'est pas le nôtre. Un juif est un animal *sui generis*, comme dirait M. de Valvèdre; il n'y a pas à discuter avec ces êtres-là, et rien de leur part ne peut nous atteindre.

— Vous détestez les juifs à ce point? lui dis-je.

— Non, pas du tout! je les méprise!

Je fus choqué de ce parti pris, inique à tant d'égards; j'y vis une preuve de plus de ce levain d'amertume et d'injustice réelle qui était dans le caractère d'Alida; mais ce n'était pas le moment de s'arrêter à un incident, quel qu'il fût : nous avions tant de choses à nous dire!

Elle entra dans le casino, elle en critiqua la richesse avec dédain et ne regarda pas seulement les perles.

— Au milieu de toutes les imbécillités de ce Moserwald, dit-elle, il y a une bonne idée dont je m'empare. Il veut que nous surprenions les secrets de mon mari. Cela peut vous répugner; mais c'est mon droit, et c'est pour essayer cela que je suis venue.

— Alida, repris-je saisi d'inquiétude, vous êtes donc bien tourmentée des résolutions de votre mari?

— J'ai des enfants, répondit-elle, et il m'importe de savoir quelle femme aura la prétention de devenir leur mère. Si c'est Adélaïde... Pourquoi donc rougissez-vous?

J'ignore si j'avais rougi en effet, mais il est certain que je me sentais blessé de voir l'immaculée sœur d'Obernay mêlée à nos préoccupations. Je n'avais pas fait part à madame de Valvèdre des réflexions de Moserwald à cet égard; j'eusse cru trahir la religion de la famille et de l'amitié; mais un reste de jalousie rendait Alida cruelle envers cette jeune fille, envers moi, envers Valvèdre et tous les autres.

— Vous ne me croyez pas assez simple, dit-elle, pour n'avoir pas vu, depuis huit jours, que la belle des belles trouve mon mari fort bien, qu'elle s'évanouit presque d'admiration à chaque parole de sa bouche éloquente, que mademoiselle Juste la traite déjà comme sa sœur, qu'on joue à la petite mère avec mes fils, enfin que, dès hier, toute la famille, surprise de votre brusque départ, a définitivement tourné les yeux vers le pôle, c'est-à-dire vers le nom et la fortune! Ces Obernay sont très-positifs, des gens si raisonnables! Quant à la jeune personne, elle était d'une gaieté folle en m'annonçant que vous étiez parti. J'aurais fait bien d'autres observations, si je n'eusse été brisée de fatigue et forcée de me retirer de bonne heure. Aujourd'hui, je me sens plus vivante, vous êtes là, et je m'imagine que je vais apprendre quelque chose qui me rendra la liberté et le repos de ma conscience. Moi qui avais des remords et qui prenais mon mari pour un sage de la Grèce!... Allons donc! il est toujours jeune, et beau, et brûlant comme un volcan sous la glace!

— Alida! m'écriai-je, frappé d'un trait de lumière, ce n'est pas de moi, c'est de votre mari que vous êtes jalouse!...

— Ce serait donc de vous deux à la fois, reprit-elle, car je le suis de vous horriblement, je ne peux pas le cacher. Cela m'est revenu ce matin avec la vie.

— C'est peut-être de nous deux! qui sait? vous l'avez tant aimé!

Elle ne répondit pas. Elle était inquiète, agitée; il semblait qu'elle se repentît de notre réconciliation et de nos serments de la veille, ou qu'une préoccupation plus vive que notre amour lui fît voir enfin les dangers de cet amour et les obstacles de la situation. Il était évident que ma lettre l'avait bouleversée, car elle m'accablait de questions sur les révélations que Moserwald m'avait faites.

— A mon tour, lui dis-je, laissez-moi donc vous interroger. Comment se fait-il que, me voyant si malheureux en présence de tout ce qui nous sépare, vous ne m'ayez jamais dit : « Tout cela n'existe pas, je peux invoquer une loi plus humaine et plus douce que la nôtre, j'ai fait un mariage protestant? »

— J'ai dû croire que vous le saviez, répondit-elle, et que vous pensiez comme moi là-dessus.

— Comment pensez-vous? Je l'ignore.

— Je suis catholique... autant que peut l'être une personne qui a le malheur de douter souvent de tout et de Dieu même. Je crois du moins que la meilleure société possible est la société qui reconnaît l'autorité absolue de l'Église et l'indissolubilité du mariage. J'ai donc souffert amèrement de ce qu'il y a d'incomplet et d'irrégulier dans le mien. N'était-ce pas une raison de plus pour y ajouter, par ma croyance et ma volonté, la sanction que lui a refusée Valvèdre ? Ma conscience n'a jamais admis et n'admettra jamais que lui ou moi ayons le droit de rompre.

— Eh bien, répondis-je, je vous aime mieux ainsi : cela me semble plus digne de vous; mais, si votre mari vous contraint à reprendre votre liberté !...

— Il peut reprendre la sienne, si tant est qu'il l'ait perdue; mais, moi, rien ne me décidera à me remarier. Voilà pourquoi je ne vous ai jamais dit que cela fût possible.

Croirait-on que cette décision si nette me blessa profondément? Une heure auparavant, je frémissais encore à l'idée de devenir l'époux d'une femme de trente ans, deux fois mère, et riche des aumônes d'un ancien mari. Toute ma passion faiblissait devant une si redoutable perspective, et pourtant je m'étais dit que, si Alida, répudiée par ma faute, exigeait de moi cette solennelle réparation, je me ferais au besoin naturaliser étranger pour la lui donner; mais j'espérais qu'elle n'y songerait seulement pas, et voilà que je l'interrogeais, voilà que je me trouvais humilié et comme offensé de sa fidélité quand même envers l'époux ingrat! Il était dans la destinée et aussi dans la nature de notre amour de nous abreuver de chagrins à tout propos, à toute heure, de nous rendre méfiants, susceptibles. Nous échangeâmes des paroles aigres, et nous nous quittâmes en nous adorant plus que jamais, car il nous fallait l'orage pour milieu, et l'enthousiasme ne se faisait en nous qu'après l'excitation de la colère ou de la douleur.

Ce qu'il y avait de remarquable, c'est que nous n'arrivions jamais à prendre une résolution. Il me semblait pressentir un mystère derrière les réserves et les hésitations d'Alida. Elle prétendait qu'il y en avait un aussi en moi, que je conservais une arrière-pensée de mariage avec Adélaïde, ou que j'aimais trop ma liberté d'artiste pour me donner tout entier à notre amour. Et, quand je lui offrais ma vie, mon nom, ma religion, mon honneur, elle refusait tout, invoquant sa propre conscience et sa propre dignité. Quel labyrinthe inextricable, quel chaos effrayant nous environnait!

Quand elle fut partie, disant, comme de coutume, qu'elle réfléchirait et que je devais attendre une solution, je marchai avec agitation sous la treille et me retrouvai machinalement à l'angle de la muraille, derrière la tonnelle des Obernay. Adélaïde et Rosa étaient là; elles causaient.

— Je vois qu'il faut travailler pour faire plaisir à nos parents, à mon frère et à toi, disait la petite, et aussi à mon bon ami Valvèdre, à Paule, à tout le monde enfin! Cependant, comme je me sens bien d'être un peu paresseuse par nature, je voudrais que tu me disses encore d'autres raisons pour me forcer à me vaincre.

— Je t'ai déjà dit, répondit la voix suave de l'aînée, que le travail plaisait à Dieu.

— Oui, oui, parce que mon courage lui marquera l'amour que j'ai pour mes parents et mes amis ; mais pourquoi n'y a-t-il dans tout cela que moi à qui la peine d'apprendre ne fasse pas grand plaisir ?

— Parce que tu ne réfléchis pas. Tu t'imagines que la paresse te réjouirait ? Tu te trompes bien ! Aussitôt que ce qui nous contente afflige ceux qui nous aiment, nous sommes dans le faux et dans le mal, dans le repentir et le chagrin par conséquent. Comprends-tu cela ? Voyons !

— Oui, je comprends. Alors je serai donc mauvaise, si je suis paresseuse ?

— Oh ! cela, je t'en réponds ! dit Adélaïde avec un accent qui paraissait gros d'allusions intérieures.

Il sembla que l'enfant eût deviné l'objet de ces allusions, car elle reprit après un instant de silence :

— Dis donc, sœur, est-ce que notre amie Alida est mauvaise ?

— Pourquoi le serait-elle ?

— Dame ! elle ne fait rien de la journée, et elle ne se cache pas pour dire qu'elle n'a jamais voulu rien apprendre.

— Elle n'est pas mauvaise pour cela. Il faut croire que ses parents ne tenaient pas à ce qu'elle fût instruite ; mais, puisque tu me parles d'elle, crois-tu qu'elle se plaise beaucoup à ne rien faire ? Il me semble qu'elle s'ennuie souvent.

— Je ne sais pas si elle s'ennuie, mais elle bâille ou pleure toujours. Sais-tu qu'elle n'est pas gaie, notre amie? A quoi donc pense-t-elle du matin au soir? Peut-être qu'elle ne pense pas.

— Tu te trompes. Comme elle a beaucoup d'esprit, elle pense au contraire beaucoup, et peut-être même qu'elle pense trop.

— Trop penser! Papa me dit toujours : « Pense, pense donc, tête folle! pense à ce que tu fais! »

— Le père a raison. Il faut penser toujours à ce qu'on fait et jamais à ce qu'on ne doit pas faire.

— A quoi donc pense Alida? Voyons, le devines-tu?

— Oui, et je vais te le dire.

Adélaïde baissait instinctivement la voix ; je collai mon oreille contre la fente du mur, sans me rappeler le moins du monde que je m'étais promis de ne jamais espionner.

— Elle pense à toutes choses, disait Adélaïde : elle est comme toi et moi, et peut-être beaucoup plus intelligente que nous deux; mais elle pense sans ordre et sans direction. Tu peux comprendre cela, toi qui me racontes souvent tes songes de la nuit. Eh bien, quand tu rêves, penses-tu?

— Oui, puisque je vois un tas de personnes et de choses, des oiseaux, des fleurs...

— Mais dépend-il de toi de voir ou de ne pas voir ces fantômes-là?

— Non, puisque je dors!

— Tu n'as donc pas de volonté, et, par conséquent, pas de raison et pas de suite d'idées quand tu rêves.

Eh bien, il y a des personnes qui rêvent presque toujours, même quand elles sont éveillées.

— C'est donc une maladie?

— Oui, une maladie très-douloureuse et dont on guérirait par l'étude des choses vraies, car on ne fait pas toujours, comme toi, de beaux rêves. On en fait de tristes et d'effrayants quand on a le cerveau vide, et on arrive à croire à ses propres visions. Voilà pourquoi tu vois notre amie pleurer sans cause apparente.

— C'est donc cela! Et, j'y pense, nous ne pleurons jamais, nous autres! Je ne t'ai jamais vue pleurer, toi, que quand maman était malade; moi, je bâille bien quelquefois, mais c'est quand la pendule marque dix heures du soir. Pauvre Alida! je vois que nous sommes plus raisonnables qu'elle.

— Ne t'imagine pas que nous valions mieux que d'autres. Nous sommes plus heureuses, parce que nous avons des parents qui nous conseillent bien. Là-dessus, remercie Dieu, petite Rose, embrasse-moi, et allons voir si la mère n'a pas besoin de nous pour le ménage.

Cette rapide et simple leçon de morale et de philosophie dans la bouche d'une fille de dix-huit ans me donna beaucoup à réfléchir. N'avait-elle pas mis le doigt sur la plaie avec une sagacité extrême, tout en prêchant sa petite sœur? Alida était-elle un esprit bien lucide, et son imagination n'emportait-elle pas son jugement dans un douloureux et continuel vertige? Ses irrésolutions, l'inconséquence de ses velléités de religion et de scepticisme, de jalousie tantôt envers son mari, tantôt envers son amant, ses aversions obstinées, ses préjugés de race, ses engouements rapides, sa passion même pour moi, si austère et si ardente en même temps, que penser de tout cela? Je me sentis si effrayé d'elle, qu'un instant je me crus délivré du charme fatal par l'ingénue et sainte causerie de deux enfants.

Mais pouvais-je être sauvé si aisément, moi qui portais, comme Alida, le ciel et l'enfer dans mon cerveau troublé, moi qui m'étais voué au rêve de la poésie et de la passion, sans vouloir admettre qu'il y eût, au-dessus de mes propres visions et de ma libre création intérieure, un monde de recherches, sanctionnées par le travail des autres et l'examen des grandes individualités? Non, j'étais trop superbe et trop fiévreux pour comprendre ce mot simple et profond d'Adélaïde à sa petite sœur : *l'étude des choses vraies!* L'enfant avait compris, et, moi, je haussais les épaules en essuyant la sueur de mon front embrasé.

Les jours qui suivirent eurent des heures fortunées, des enivrements et des palpitations terribles, au milieu de leurs détresses et de leurs découragements. Je restai dans le casino, et je tentai d'y ébaucher un livre, précisément sur cette question qui me brûlait les entrailles, l'amour! Il semblait que le destin m'eût jeté dans mon sujet en pleine lumière, et que le hasard m'eût fourni pour cabinet de travail l'oasis rêvée par les poëtes. J'étais entre quatre murs, il est vrai, dans une sorte de prison régulièrement encadrée d'un berceau de monotone verdure ; mais cet intérieur d'enclos, abandonné à lui-même, avait des massifs de buissons et des festons de ronces, parmi lesquels la belle vache et les chèvres gracieuses brillaient au soleil comme dans un cadre de velours. L'herbe poussait si drue, qu'au matin elle avait réparé le dégât causé par la pâture de la veille. Derrière le casino, j'avais le parfum des roses et un rideau de chèvrefeuille rouge d'un incomparable éclat. Les petites hirondelles dessinaient dans le ciel de souples évolutions au-dessous des courbes plus larges et plus hardies des martinets au sombre plumage. De la mansarde du casino, je découvrais, au-dessus des maisons inclinées en pente rapide, un coin de lac et quelques cimes de montagnes. Le temps était chaud, écrasant ; les matinées et les nuits étaient splendides.

Alida venait chaque jour passer une ou deux heures auprès de moi. Elle était censée prier dans l'église ; elle s'échappait par la petite porte. Manassé l'aidait par un signal à saisir le moment où la rue était déserte. Je ne me montrais pas, je ne sortais jamais de mon enclos, nul ne pouvait me savoir là.

Moserwald mit une extrême discrétion dans ses rapports avec moi dès qu'il sut que je recevais madame de Valvèdre. Il ne vint plus que lorsque je le faisais demander. Il ne me questionnait plus, il m'entourait de soins et de gâteries qui sans doute étaient secrètement à l'adresse de la femme aimée, mais qui ne la scandalisaient pas. Elle en riait et prétendait que ce juif était largement payé de ses peines par la confiance qu'elle lui témoignait en venant chez lui et par l'amitié qu'avec lui je prenais au sérieux.

J'avais accepté cette situation étrange, et je m'y habituais insensiblement en voyant le peu de compte que madame de Valvèdre en voulait tenir. Rien n'avançait dans nos projets, sans cesse discutés et toujours plus discutables. Alida commençait à croire que Moserwald ne s'était pas trompé, c'est-à-dire que Valvèdre, préoccupé extraordinairement, couvait quelque mystérieuse résolution; mais quelle était cette résolution? Ce pouvait aussi bien être une exploration des mers du Sud qu'une demande en séparation judiciaire. Il était toujours aussi doux et aussi poli envers sa femme; pas la moindre allusion à notre rencontre aux approches de sa villa. Personne ne paraissait lui en avoir entendu parler; pas la moindre apparence de soupçon. Alida n'était nullement surveillée; au contraire, chaque jour la rendait plus libre. Les Obernay avaient repris leur train de vie paisible et laborieux. On ne se voyait plus guère qu'aux repas et dans la soirée. Loin de faire pressentir un doute ou un blâme, les hôtes de madame de Valvèdre lui témoignaient une sollicitude cordiale et la pressaient de prolonger son séjour dans leur maison. Il le fallait, disaient-ils, pour habituer les enfants à changer de milieu sous les yeux de leurs parents. Valvèdre venait tous les jours chez les Obernay et semblait être tout à l'installation et aux premières études de ses fils, ainsi qu'aux premières joies domestiques de sa sœur Paule. Mademoiselle Juste se tenait davantage chez elle et paraissait avoir enfin franchement donné sa démission. Tout était donc pour le mieux, et il fallait demander au ciel que cette situation se prolongeât, disait madame de Valvèdre, et pourtant elle avouait des moments de terreur. Elle avait vu ou rêvé un nuage sombre, une tristesse inconnue, sans précédent, au fond du placide regard de son mari.

Mais, si l'amour va vite dans ses appréhensions, il va encore plus vite dans ses audaces, et, comme rien de nouveau ne s'était produit à la fin de la semaine, nous commencions à respirer, à oublier le péril et à parler de l'avenir comme si nous n'avions qu'à nous baisser pour en faire un tapis sous nos pas.

Alida avait horreur des choses matérielles; elle fronçait le coin délié de son beau sourcil noir, quand j'essayais de lui parler au moins de voyage, d'établissement momentané dans un lieu quelconque, de motifs à trouver pour qu'elle eût le droit de disparaitre pendant quelques semaines.

— Ah! disait-elle, je ne veux pas savoir encore! Ce sont des questions d'auberge ou de diligence qui doivent se résoudre à l'impromptu. L'occasion est toujours le seul conseil qu'on puisse suivre. Êtes-vous mal ici? Vous ennuyez-vous de m'y voir entre quatre murs? Attendons que la destinée nous chasse de ce nid trouvé sur la branche. L'inspiration me viendra quand il faudra se réfugier ailleurs.

On voit qu'il n'était plus question de se réunir pour toujours et même pour longtemps. Alida, inquiète des projets de son mari, n'admettait pas qu'elle pût faire un éclat qui donnerait à celui-ci des griefs publics contre elle.

N'espérant plus changer sa destinée et sentant bien que je ne le devais pas, je m'efforçais de vivre comme elle au jour le jour, et de profiter du bonheur que sa présence et mon propre travail eussent dû m'apporter dans cette retraite charmante et sûre. Si l'amour inquiet et inassouvi me dévorait encore auprès d'elle, j'avais la poésie pour épancher en son absence la surexcitation qu'elle me laissait. Cet embrasement de toutes mes facultés se faisait sentir à moi avec tant de puissance, que je savais presque gré à mon inflexible amante de me l'avoir fait connaître et de m'y maintenir ; mais elle était pour mon cerveau comme une dévorante liqueur qui ne ranime qu'à la condition d'épuiser. Je croyais embrasser l'univers dans mon aspiration d'amant et d'artiste, et, après des heures d'une rêverie pleine de transports divins et d'aspirations immenses, je retombais anéanti et incapable de fixer mon rêve. Malgré moi alors, je me rappelais la modeste définition d'Adélaïde : « Rêver n'est pas penser ! »

VII

J'avais résolu de ne plus épier les secrets du voisinage, et j'avais parlé si sévèrement à madame de Valvèdre, qu'elle-même avait renoncé à écouter; mais, en marchant sous la treille, je m'arrêtais involontairement à la voix d'Adélaïde ou de Rosa, et je restais quelquefois enchaîné, non par leurs paroles, que je ne voulais plus saisir en m'arrêtant sous la tonnelle ou en m'approchant trop de la muraille, mais par la musique de leur douce causerie. Elles venaient à des heures régulières, de huit à neuf heures du matin, et de cinq à six heures du soir. C'étaient probablement les heures de récréation de la petite. Un matin, je restai charmé par un air que chantait l'aînée. Elle le chantait à voix basse cependant, comme pour n'être entendue que de Rosa, à qui elle paraissait vouloir l'apprendre. C'était en italien; des paroles fraîches, un peu singulières, sur un air d'une exquise suavité qui m'est resté dans la mémoire comme un souffle de printemps. Voici le sens des paroles qu'elles répétèrent alternativement plusieurs fois :

« Rose des roses, ma belle patronne, tu n'as ni trône dans le ciel, ni robe étoilée; mais tu es reine sur la terre, reine sans égale dans mon jardin, reine dans l'air et le soleil, dans le paradis de ma gaieté.

» Rose des buissons, ma petite marraine, tu n'es pas bien fière; mais tu es si jolie! Rien ne te gêne, tu étends tes guirlandes comme des bras pour bénir la liberté, pour bénir le paradis de ma force.

» Rose des eaux, nymphéa blanc de la fontaine, chère sœur, tu ne demandes que de la fraîcheur et de l'ombre; mais tu sens bon et tu parais si heureuse! Je m'assoirai près de toi pour penser à la modestie, le paradis de ma sagesse. »

— Encore une fois! dit Rosa; je ne peux pas retenir le dernier vers.

— C'est le mot de *sagesse* qui te fait mal à dire, n'est-ce pas, fille terrible? reprit Adélaïde en riant.

— Peut-être! Je comprends mieux la gaieté, la liberté..., la force! Veux-tu que je grimpe sur le vieux if?

— Non pas! c'est très-mal appris, de regarder chez les voisins.

— Bah! les voisins! On n'entend jamais par là que des animaux qui bêlent!

— Et tu as envie de faire la conversation avec eux?

— Méchante! Voyons, encore ton dernier couplet. Il est joli aussi, et c'est bien à toi d'avoir mis le nénufar dans les roses..., quoique la botanique le défende absolument! Mais la poésie, c'est le droit de mentir!

— Si je me suis permis cela, c'est toi qui l'as voulu! Tu m'as demandé hier au soir en t'endormant de te faire pour ce matin trois couplets, un à la rose mousseuse, un à l'églantine et un à ton nymphéa qui venait de fleurir. Voilà tout ce que j'ai trouvé en m'endormant aussi, moi !

— Le sommeil t'a prise juste sur le mot de *sagesse?* N'importe, voilà que je le sais, ton mot, et ton air aussi. Écoute !

Elle chanta l'air, et tout aussitôt elle voulut le dire en duo avec sa sœur.

— Je le veux bien, répondit Adélaïde ; mais tu vas faire la seconde partie, là, tout de suite, d'instinct !

— Oh ! d'instinct, ça me va ; mais gare les fausses notes !

— Oui, certes, gare ! et chante tout bas comme moi ; il ne faut pas réveiller Alida, qui se couche si tard !

— Et puis tu as bien peur qu'on n'entende tes chansons ! Dis donc, est-ce que maman gronderait si elle savait que tu fais des vers et de la musique pour moi ?

— Non, mais elle gronderait si nous le disions.

— Pourquoi ?

— Parce qu'elle trouverait qu'il n'y a pas de quoi se vanter, et elle aurait bien raison !

— Moi, je trouve pourtant cela très-beau, ce que tu fais !

— Parce que tu es un enfant.

— C'est-à-dire un oison ! Eh bien, j'ai envie de consulter... voyons, personne de chez nous, puisque les parents disent toujours que leurs enfants sont bêtes, mais... mon ami Valvèdre !

— Si tu dis et si tu chantes à qui que ce soit les niaiseries que tu me fais faire, tu sais notre marché? je ne t'en ferai plus.

— Oh! alors *motus!* Chantons!

L'enfant fit sa partie avec beaucoup de justesse; Adélaïde trouva l'harmonie correcte mais vulgaire, et lui indiqua des changements que l'autre discuta, comprit et exécuta tout de suite. Cette courte et gaie leçon suffisait pour prouver à des oreilles exercées que la petite était admirablement douée, et l'autre déjà grande musicienne, éclairée du vrai rayon créateur. Elle était poëte aussi; car j'entendis, le lendemain, d'autres vers en diverses langues qu'elle récita ou chanta avec sa sœur, à qui elle faisait faire ainsi, en jouant, un résumé de plusieurs de ses connaissances acquises, et, en dépit du soin qu'elle avait pris, en composant, d'être toujours à la portée et même au goût de l'enfant, je fus frappé d'une pureté de forme et d'une élévation d'intelligence extraordinaires. D'abord je crus être sous le charme de ces deux voix juvéniles, dont le chuchotement mystérieux caressait l'oreille comme celui de l'eau et de la brise dans l'herbe et les feuillages; mais, quand elles furent parties, je me mis à écrire tout ce que ma mémoire avait pu garder, et je fus bientôt surpris, inquiet, presque accablé. Cette vierge de dix-huit ans, à qui le mot d'amour semblait n'offrir qu'un sens de métaphysique sublime, était plus inspirée que moi, le roi des orages, le futur poëte de la passion! Je relus ce que j'avais écrit depuis trois jours, et je le détruisis avec colère.

— Et pourtant, me disais-je en essayant de me consoler de ma défaite, j'ai un *sujet*, j'ai un foyer, et cette innocence contemplative n'en a pas. Elle chante la nature vide, les astres, les plantes, les rochers; l'homme est absent de cette création morne qu'elle symbolise d'une manière originale, il est vrai, mais qu'elle ne saurait embraser... Me laisserai-je détourner de ma voie par des rimailleries de pensionnaire?

Je voulus brûler les élucubrations d'Adélaïde sur les cendres des miennes. Je les relus auparavant, et je m'en épris malgré moi. Je m'en épris sérieusement. Cela me parut plus neuf que tout ce que faisaient les poëtes en renom, et le grand charme de ces monologues d'une jeune âme en face de Dieu et de la nature venait précisément de la complète absence de toute personnalité active. Rien là ne trahissait la fille qui se sent belle et qui cherche, uniquement pour s'y mirer, le miroir des eaux et des nuages. La jeune muse n'était pas une forme visible; c'était un esprit de lumière qui planait sur le monde, une voix qui chantait dans les cieux, et, quand elle disait *moi*, c'est Rosa, c'est l'enfance qu'elle faisait parler. Il semblait que ce chérubin aux yeux d'azur eût seul le droit de se faire entendre dans le grand concert de la création. C'était une inconcevable limpidité d'expressions, une grandeur étonnante d'appréciation et de sentiment avec un oubli entier de soi-même..., oubli naturel ou volontaire effacement! — Cette flamme tranquille avait-elle déjà consumé la vitalité de la jeunesse? ou bien la tenait-elle assoupie, contenue, et cette adoration d'ange envers *l'auteur du beau* — c'est ainsi qu'elle appelait Dieu — donnait-elle le change à une passion de femme qui s'ignorait encore?

Je me perdais dans cette analyse, et certains élans religieux, certains vers exprimant le ravissement de la contemplation intelligente s'attachaient à ma mémoire jusqu'à l'obséder. J'essayais d'en changer les expressions pour qu'ils m'appartinssent. Je ne trouvais pas mieux, je ne trouvais même pas autre chose pour rendre une émotion si profonde et si pure.

— Ah! virginité! m'écriais-je avec effroi, es-tu donc l'apogée de la puissance intellectuelle, comme tu es celle de la beauté physique?

Le cœur du poëte est jaloux. Cette admiration, qui me saisissait impérieusement, me rendit morose et m'inspira pour Adélaïde une estime mêlée d'aversion. En vain je voulus combattre ce mauvais instinct; je me surpris, le soir même, écoutant ses enseignements à sa sœur, avec le besoin de découvrir qu'elle était vaine ou pédante. J'aurais pu avoir beau jeu, si sa modestie n'eût été réelle et entière. L'entretien fut comme une répétition de nomenclature qu'elle fit faire à Rosa. En marchant avec elle à travers tout le jardin, elle lui faisait nommer toutes les plantes du parterre, tous les cailloux des allées, tous les insectes qui passaient devant leurs yeux. Je les entendais revenir vers le mur et continuer avec rapidité, toujours très-gaies toutes deux, l'une, qui, déjà très-instruite à force de facilité naturelle, essayait de se révolter contre l'attention réclamée en substituant des noms plaisamment ingénieux de son invention aux noms scientifiques qu'elle avait oubliés ; l'autre, qui, avec la force d'une volonté dévouée, conservait l'inaltérable patience et l'enjouement persuasif. Je fus émerveillé de la suite, de l'enchaînement et de l'ordonnance de son enseignement. Elle n'était plus poëte ni musicienne en ce moment-là ; elle était la véritable fille, l'éminente élève du savant Obernay, le plus clair et le plus agréable des professeurs, au dire de mon père, au dire de tous ceux qui l'avaient entendu et qui étaient faits pour l'apprécier. Adélaïde lui ressemblait par l'esprit et par le caractère autant que par le visage. Elle n'était pas seulement la plus belle créature qui existât peut-être à cette époque ; elle était la plus docte et la plus aimable, comme la plus sage et la plus heureuse.

Aimait-elle Valvèdre ? Non, elle ne connaissait pas l'amour malheureux et impossible, cette sereine et studieuse fille ! Pour s'en convaincre, il suffisait de voir avec quelle liberté d'esprit, avec quelle maternelle sollicitude elle instruisait sa jeune sœur. C'était une lutte charmante entre cette précoce maturité et cette turbulence enfantine. Rosa voulait toujours échapper à la méthode, et se faisait un jeu d'interrompre et d'embrouiller tout par des lazzi ou des questions intempestives, mêlant les règnes de la nature, parlant du papillon qui passait à propos du fucus de la fontaine, et du grain de sable à propos de la guêpe. Adélaïde répondait au lazzi par une moquerie plus forte et décrivait toutes choses sans se laisser distraire. Elle s'amusait aussi à embarrasser la mémoire ou la sagacité de l'enfant, quand celle-ci, se croyant sûre d'elle-même, débitait sa leçon avec une volubilité dédaigneuse. Enfin, aux questions imprévues et hors de propos, elle avait de soudaines réponses d'une étonnante simplicité dans une étonnante profondeur de vues, et l'enfant, éblouie, convaincue, parce qu'elle était admirablement intelligente aussi, oubliait son espièglerie et son besoin de révolte pour l'écouter et la faire expliquer davantage.

La victoire restait donc à l'institutrice, et la petite rentrait au logis ferrée tout à neuf sur ses études antérieures, l'esprit ouvert à de nobles curiosités, embrassant sa sœur et la remerciant après avoir mis sa patience à l'épreuve, se réjouissant de pouvoir prendre une bonne leçon avec son père, qui était le docteur suprême de l'une et de l'autre, ou avec Henri, le répétiteur bien-aimé; enfin disant pour conclure:

— J'espère que tu m'as assez tourmentée aujourd'hui, belle Adélaïde! Il faut que je sois une petite merveille d'esprit et de raison pour avoir souffert tout cela. Si tu ne me fais pas une romance ce soir, il faut que tu n'aies ni cœur ni tête!

Ainsi Adélaïde faisait à ses moments perdus, le soir en s'endormant, ces vers qui m'avaient bouleversé l'esprit, ces mélodies qui chantaient dans mon âme, et qui me donnaient comme une rage de déballer mon hautbois, condamné au silence! Elle était artiste *par-dessus le marché*, lorsqu'elle avait un instant pour l'être, et sans vouloir d'autre public que Rosa, d'autre confident que son oreiller! Et certes, elle ne le tourmentait pas longtemps, cet oreiller virginal, car elle avait sur les joues la fraîcheur veloutée que donnent le sommeil pur et la joie de vivre en plein épanouissement. Et moi, je rejetais toute étude technique, tant je craignais d'attiédir mon souffle et de ralentir mon inspiration! Je ne croyais pas que la vie pût être scindée par une série de préoccupations diverses; j'avais toujours trouvé mauvais que les poëtes fissent du raisonnement ou de la philosophie, et que les femmes eussent d'autre souci que celui d'être belles. J'étais soigneux pour mon compte de laisser inactives les facultés variées que ma première éducation avait développées en moi jusqu'à un certain point; j'étais jaloux de n'avoir qu'une lyre pour manifestation et une seule corde à cette lyre retentissante qui devait ébranler le monde... et qui n'avait encore rien dit!

— Soit! pensais-je, Adélaïde est une femme supérieure, c'est-à-dire une espèce d'homme. Elle ne sera pas longtemps belle, il lui poussera de la barbe. Si elle se marie, ce sera avec un imbécile qui, ne se doutant pas de sa propre infériorité, n'aura pas peur d'elle. On peut admirer, estimer, considérer de telles exceptions; mais ne mettent-elles pas les amours en fuite?

Et je me retraçais les grâces voluptueuses d'Alida, sa préoccupation d'amour exclusive, l'art féminin grâce auquel sa beauté pâlie et fatiguée rivalisait avec les plus luxuriantes jeunesses, son idolâtrie caressante pour l'objet de sa prédilection, ses ingénieuses et enivrantes flatteries, enfin ce culte qu'elle avait pour moi dans ses bons moments, et dont l'encens m'était si délicieux, qu'il me faisait oublier le malheur de notre situation et l'amertume de nos découragements.

— Oui, me disais-je, celle-là se connaît bien! Elle se proclame une vraie femme, et c'est la femme type. L'autre n'est qu'un hybride dénaturé par l'éducation, un écolier qui sait bien sa leçon et qui mourra de vieillesse en la répétant, sans avoir aimé, sans avoir inspiré l'amour, sans avoir vécu. Aimons donc et ne chantons que l'amour et la femme! Alida sera la prêtresse; c'est elle qui allumera le feu sacré; mon génie encore captif brisera sa prison quand j'aurai encore plus aimé, encore plus souffert! Le vrai poëte est fait pour l'agitation comme l'oiseau des tempêtes, pour la douleur comme le martyr de l'inspiration. Il ne commande pas à l'expression et ne souffre pas les lisières de la logique vulgaire. Il ne trouve pas une strophe tous les soirs en mettant son bonnet de nuit; il est condamné à des stérilités effrayantes comme à des enfantements miraculeux. Encore quelque temps, et nous verrons bien si Adélaïde est un maître et si je dois aller à son école comme la petite Rosa!

Et puis je me rappelais confusément mon jeune

âge et les soins que j'avais eus pour Adélaïde enfant. Il me semblait la revoir avec ses cheveux bruns et ses grands yeux tranquilles, nature active et douce, jamais bruyante, déjà polie et facile à égayer, sans être importune quand on ne s'occupait pas d'elle. Je croyais, dans ce mirage du passé, entendre ma mère s'écrier : « Quelle sage et belle fille! Je voudrais qu'elle fût à moi! » et madame Obernay lui répondre : « Qui sait? Cela pourrait bien se faire un jour! »

Et le jour où cela aurait pu être en effet, le jour où j'aurais pu conduire dans les bras de ma mère cette créature accomplie, orgueil d'une ville et joie d'une famille, idéal d'un poëte à coup sûr, le poëte indécis et chagrin, stérile et mécontent de lui-même, s'efforçait de la rabaisser et se défendait mal de l'envie!

Ces étrangetés un peu monstrueuses de ma situation morale n'étaient que trop motivées par l'oisiveté de ma raison et l'activité maladive de ma fantaisie. Quand j'eus brûlé mon manuscrit, je crus pouvoir le recommencer à ma satisfaction nouvelle, et il n'en fut rien. J'étais attiré sans cesse vers ce jardin où le secret de ma vie s'agitait peut-être à deux pas de moi sans que je voulusse le connaître. Quand je sentais approcher Valvèdre ou l'une de ses sœurs avec M. Obernay ou avec Henri, je croyais toujours entendre prononcer mon nom. Je prêtais l'oreille malgré moi, et, quand je m'étais assuré qu'il n'était nullement question de moi, je m'éloignais sans m'apercevoir de l'inconséquence de ma conduite.

Tout semblait paisible chez eux; Alida ne s'approchait jamais du mur, tant elle craignait de provoquer une imprudence de ma part ou d'attirer les soupçons en se réconciliant avec cet endroit qu'elle avait proscrit comme trop exposé au soleil. J'entendais souvent les jeux bruyants de ses fils et la voix posée des vieux parents qui encourageait ou modérait leur impétuosité. Alida caressait tendrement l'aîné, mais ne causait jamais ni avec l'un ni avec l'autre.

Sans pouvoir la suivre des yeux, car le devant de la maison était masqué par des massifs d'arbustes, je sentais l'isolement de sa vie dans cet intérieur si assidûment et saintement occupé. Je l'apercevais quelquefois, lisant un roman ou un poëme entre deux caisses de myrte, ou bien, de ma fenêtre, je la voyais à la sienne, regardant de mon côté et pliant une lettre qu'elle avait écrite pour moi. Elle était étrangère, il est vrai, au bonheur des autres, elle dédaignait et méconnaissait leurs profondes et durables satisfactions; mais c'est de moi seul, ou d'elle-même en vue de moi seul, qu'elle était incessamment préoccupée. Toutes ses pensées étaient à moi, elle oubliait d'être amie et sœur, et même presque d'être mère, tout cela pour moi, son tourment, son dieu, son ennemi, son idole ! Pouvais-je trouver le blâme dans mon cœur ? Et cet amour exclusif n'avait-il pas été mon rêve ?

Tous les matins, un peu avant l'aube, nous échangions nos lettres au moyen d'un caillou que Bianca venait lancer par-dessus le mur et que je lui renvoyais avec mon message. L'impunité nous avait rendus téméraires. Un matin, réveillé comme d'habitude avec les alouettes, je reçus mon trésor accoutumé, et je lançai ma réponse anticipée ; mais tout aussitôt je reconnus qu'on marchait dans l'allée, et que ce n'était plus le pas furtif et léger de la jeune confidente : c'était une démarche ferme et régulière, le pas d'un homme. J'allai regarder à la fente du mur ; je crus, dans le crépuscule, reconnaître Valvèdre. C'était lui en effet. Que venait-il faire chez les Obernay à pareille heure, lui qui avait auprès d'eux son domicile solitaire? Une jalousie effroyable s'empara de moi, à ce point que je m'éloignai instinctivement de la muraille, comme s'il eût pu entendre les battements de mon cœur.

J'y revins aussitôt. J'épiai, j'écoutai avec acharnement. Il semblait qu'il eût disparu. Avait-il entendu tomber le caillou? Avait-il aperçu Bianca? S'était-il emparé de ma lettre? Baigné d'une sueur froide, j'attendis. Il reparut au bout de dix minutes avec Henri Obernay. Ils marchèrent en silence, jusqu'à ce qu'Obernay lui dît :

— Eh bien, mon ami, qu'y a-t-il donc ? Je suis à vos ordres.

— Ne penses-tu pas, lui répondit Valvèdre à voix haute, qu'on pourrait entendre de l'autre côté du mur ce qui se dit ici?

— Je n'en répondrais pas, si l'endroit était habité ; mais il ne l'est pas.

— Cela appartient toujours au juif Manassé?

— Qui, par parenthèse, n'a jamais voulu le vendre à mon père; mais il demeure beaucoup plus loin. Pourtant, si vous craignez d'être entendu, sortons d'ici; allons chez vous.

— Non, restons là, dit Valvèdre avec une certaine fermeté.

Et, comme si, maître de mon secret et certain de ma présence, il eût voulu me condamner à l'entendre, il ajouta :

— Asseyons-nous là, sous la tonnelle. J'ai un long récit à te faire, et je sens que je dois te le faire. Si je prenais le temps de la réflexion, peut-être que ma patience et ma résignation habituelles m'entraîneraient encore au silence, et peut-être faut-il parler sous le coup de l'émotion.

— Prenez garde! dit Obernay en s'asseyant auprès de lui. Si vous regrettiez ce que vous allez faire? si, après m'avoir pris pour confident, vous aviez moins d'amitié pour moi?

— Je ne suis pas fantasque, et je ne crains pas cela, répondit Valvèdre en parlant avec une netteté de prononciation qui semblait destinée à ne me laisser rien perdre de son discours. Tu es mon fils et mon frère, Henri Obernay! l'enfant dont j'ai chéri et cultivé le développement, l'homme à qui j'ai confié et donné ma sœur bien-aimée. Ce que j'ai à te dire après des années de mutisme te sera utile à présent, car c'est l'histoire de mon mariage que je te veux confier; tu pourras comparer nos existences et conclure sur le mariage et sur l'amour en connaissance de cause. Paule sera plus heureuse encore par toi quand tu sauras combien une femme sans direction intellectuelle et sans frein moral peut être à plaindre et rendre malheureux l'homme qui s'est dévoué à elle. D'ailleurs, j'ai besoin de parler de moi une fois en ma vie ! J'ai pour principe, il est vrai, que l'émotion refoulée est plus digne d'un homme de courage; mais tu sais que je ne suis pas pour les décisions sans appel, pour les règles sans exception. Je crois qu'à un jour donné, il faut ouvrir la porte à la douleur, afin qu'elle vienne plaider sa cause devant le tribunal de la conscience. J'ai fini mon préambule. Écoute.

— J'écoute, dit Obernay, j'écoute avec mon cœur, qui vous appartient.

Valvèdre parla ainsi :

— Alida était belle et intelligente, mais absolument privée de direction sérieuse et de convictions acquises. Cela eût dû m'effrayer. J'étais déjà un homme mûr à vingt-huit ans, et, si j'ai cru à la douceur ineffable de son regard, si j'ai eu l'orgueil de me persuader qu'elle accepterait mes idées, mes croyances, ma religion philosophique, c'est qu'à un jour donné j'ai été téméraire, enivré par l'amour, dominé à mon insu par cette force terrible qui a été mise dans la nature pour tout créer ou tout briser en vue de l'équilibre universel.

» Il a su ce qu'il faisait, lui, *l'auteur du bien*, quand

il a jeté sur les principes engourdis de la vie ce feu dévorant qui l'exalte pour la rendre féconde ; mais, comme le caractère de la puissance infinie est l'effusion sans bornes, cette force admirable de l'amour n'est pas toujours en proportion avec celle de la raison humaine. Nous en sommes éblouis, enivrés, nous buvons avec trop d'ardeur et de délices à l'intarissable source, et plus nos facultés de compréhension et de comparaison sont exercées, plus l'enthousiasme nous entraîne au delà de toute prudence et de toute réflexion. Ce n'est pas la faute de l'amour, ce n'est pas lui qui est trop vaste et trop brûlant, c'est nous qui lui sommes un sanctuaire trop fragile et trop étroit.

» Je ne cherche donc pas à m'excuser. C'est moi qui ai commis la faute en cherchant l'infini dans les yeux décevants d'une femme qui ne le comprenait pas. J'oubliai que, si l'amour immense peut ouvrir ses ailes et soutenir son vol sans péril, c'est à la condition de chercher Dieu, son foyer rénovateur, et d'aller, à chaque élan, se retremper et se purifier en lui. Oui, le grand amour, l'amour qui ne se repose pas d'adorer et de brûler est possible ; mais il faut croire, et il faut être deux croyants, deux âmes confondues dans une seule pensée, dans une même flamme. Si l'une des deux retombe dans les ténèbres, l'autre, partagée entre le devoir de la sauver et le désir de ne pas se perdre, flotte à jamais dans une aube froide et pâle, comme ces fantômes que Dante a vus aux limites du ciel et de l'enfer : telle est ma vie !

» Alida était pure et sincère. Elle m'aimait. Elle connut aussi l'enthousiasme, mais une sorte d'enthousiasme athée, si je puis m'exprimer ainsi. J'étais son dieu, disait-elle. Il n'y en avait pas d'autre que moi.

» Cette sorte de folie m'enivra un instant et m'effraya vite. Si j'étais capable de sourire en ce moment, je te demanderais si tu te fais une idée de ce rôle pour un homme sérieux, la divinité! J'en ai pourtant souri un jour, une heure peut-être! et tout aussitôt j'ai compris que le moment où je ne serais plus dieu, je ne serais plus rien. Et ce moment-là, n'était-il pas déjà venu? Pouvais-je concevoir la possibilité d'être pris au sérieux, si j'acceptais la moindre bouffée de cet encens idolâtre?

» Je ne sais pas s'il est des hommes assez vains, assez sots ou assez enfants pour s'asseoir ainsi sur un autel et pour poser la perfection devant la femme exaltée qui les en a revêtus. Quels atroces mécomptes, quelles sanglantes humiliations ils se préparent! Combien l'amante déçue à la première faiblesse du faux dieu doit le mépriser et lui reprocher d'avoir souffert un culte dont il n'était pas digne!

» Ma femme n'a du moins pas ce ridicule à m'attribuer. Après l'avoir doucement raillée, je lui parlai sérieusement. Je voulais mieux que son engouement, je voulais son estime. J'étais fier de lui paraître le plus aimant et le meilleur des hommes, et je comptais consacrer ma vie à mériter sa préférence; mais je n'étais ni le premier génie de mon siècle, ni un être au-dessus de l'humanité. Elle devait se bien persuader que j'avais besoin d'elle, de son amour, de ses encouragements et de son indulgence dans l'occasion, pour rester digne d'elle. Elle était ma compagne, ma vie, ma joie, mon appui et ma récompense; donc, je n'étais pas Dieu, mais un pauvre serviteur de Dieu qui se donnait à elle.

» Ce mot, je m'en souviens, parut la combler de joie, et lui fit dire des choses étranges que je veux te redire, parce qu'elles résument toute sa manière de voir et de comprendre.

» — Puisque tu te donnes à moi, s'écria-t-elle, tu n'es plus qu'à moi et tu n'appartiens plus à cet admirable architecte de l'univers, dont il me semblait que tu faisais trop un être saisissable et propre à inspirer l'amour. Tiens, il faut que je te le dise à présent, je le détestais, ton Dieu de savant; j'en étais jalouse. Ne me crois pas impie. Je sais bien qu'il y a une grande âme, un principe, une loi qui a présidé à la création; mais c'est si vague, que je ne veux pas m'en inquiéter. Quant au Dieu personnel, parlant et écrivant des traditions, je ne le trouve pas assez grand pour moi. Je ne peux pas le renfermer dans un buisson ardent, encore moins dans une coupe de sang. Je me dis donc que le vrai Dieu est trop loin pour nous et tout à fait inaccessible à mon examen comme à ma prière. Juge si je souffre quand, pour t'excuser d'admirer si longtemps la cassure d'une pierre ou l'aile d'une mouche, tu me dis que c'est aimer Dieu que d'aimer les bêtes et les rochers! Je vois là une idée systématique, une sorte de manie qui me trouble et qui m'offense. L'homme qui est à moi peut bien s'amuser des curiosités de la nature, mais il ne doit pas plus se passionner pour une autre idée que mon amour, que pour une créature qui n'est pas moi.

» Je ne pus pas lui faire comprendre que ce genre de passion pour la nature était le plus puissant auxiliaire de ma foi, de mon amour, de ma santé morale; que se plonger dans l'étude, c'était se rapprocher autant qu'il nous est possible de la source vivifiante nécessaire à l'activité de l'âme, et se rendre plus digne d'apprécier la beauté, la tendresse, les sublimes voluptés de l'amour, les plus précieux dons de la Divinité.

» Ce mot de Divinité n'avait pas de sens pour elle, bien qu'elle me l'eût appliqué dans son délire. Elle s'offensa de mon obstination. Elle s'alarma de ne pouvoir me détacher de ce qu'elle appelait une religion de rêveur. Elle essaya de discuter en m'opposant des livres qu'elle n'avait pas lus, des questions d'école qu'elle ne comprenait pas; puis, irritée de son insuffisance, elle pleura, et je restai stupéfait de son enfantillage, incapable de deviner ce qui se passait en elle, malheureux de l'avoir fait souffrir, moi qui aurais donné ma vie pour elle.

» Je cherchai en vain : quel mystère découvrir dans le vide? Son âme ne contenait que des vertiges et des aspirations vers je ne sais quel idéal de fantaisie que je n'ai jamais pu me représenter.

14.

» Ceci se passait bien peu de temps après notre mariage. Je ne m'en inquiétai pas assez. Je crus à l'excitation nerveuse qui suit les grandes crises de la vie. Bientôt je vis qu'elle était grosse et un peu faible de complexion pour traverser sans défaillance le redoutable et divin drame de la maternité. Je m'attachai à ménager une sensibilité excessive, à ne la contredire sur rien, à prévenir tous ses caprices. Je me fis son esclave, je me fis enfant avec elle, je cachai mes livres, je renonçai presque à l'étude. J'admis toutes ses hérésies en quelque sorte, puisque je lui laissai toutes ses erreurs. Je remis à un temps plus favorable cette éducation de l'âme dont elle avait tant besoin. Je me flattai aussi que la vue de son enfant lui révélerait Dieu et la vérité beaucoup mieux que mes leçons.

» Ai-je eu tort de ne pas chercher plus vite à l'éclairer? J'éprouvais de grandes perplexités; je voyais bien qu'elle se consumait dans le rêve d'un bonheur puéril et d'impossible durée, tout d'extase et de *partage*, de caresses et d'exclamations, sans rien pour la vie de l'esprit et pour l'intimité véritable du cœur. J'étais jeune et je l'aimais : je partageais donc tous ses enivrements et me laissais emporter par son exaltation; mais, après, sentant que je l'aimais davantage, j'étais effrayé de voir qu'elle m'aimait moins, que chaque accès de cet enthousiasme la rendait ensuite plus soupçonneuse, plus jalouse de ce qu'elle appelait mon idée fixe, plus amère devant mon silence, plus railleuse de mes définitions.

» J'étais assez médecin pour savoir que la grossesse est quelquefois accompagnée d'une sorte d'insanité d'esprit. Je redoublai de soumission, d'effacement, de soins. Son mal me la rendait plus chère, et mon cœur débordait d'une pitié aussi tendre que celle d'une mère pour l'enfant qui souffre. J'adorais aussi en elle cet enfant de mes entrailles qu'elle allait me donner; il me semblait entendre sa petite âme me parler déjà dans mes rêves et me dire : « Ne fais jamais de peine » à ma mère ! »

» Elle fut, en effet, ravie pendant les premiers jours : elle voulut nourrir notre cher petit Edmond ; mais elle était trop faible, trop insoumise aux prescriptions de l'hygiène, trop exaspérée par la moindre inquiétude ; elle dut bien vite confier l'enfant à une nourrice dont aussitôt elle fut jalouse au point de se rendre plus souffrante encore. Elle faisait de la vie un drame continuel ; elle sophistiquait sur l'instinct filial qui se portait avec ardeur vers le sein de la première femme venue. Et pourquoi Dieu, ce Dieu intelligent et bon auquel je feignais de croire, disait-elle, n'avait-il pas donné à l'homme dès le berceau un instinct supérieur à celui des animaux ? En d'autres moments, elle voulait que la préférence de son enfant pour la nourrice fût un symptôme d'ingratitude future, l'annonce de malheurs effroyables pour elle.

» Elle guérit pourtant, elle se calma, elle prit confiance en moi en me voyant renoncer à toutes mes habitudes et à tous mes projets pour lui complaire.

Elle eut deux ans de ce triomphe, et son exaltation parut se dissiper avec les résistances qu'elle avait prévues de ma part. Elle voulait faire de moi un *artiste homme du monde,* disait-elle, et me dépouiller de ma gravité de savant qui lui faisait peur. Elle voulait voyager en princesse, s'arrêter où bon lui semblerait, voir le monde, changer et reprendre sans cesse. Je cédai. Et pourquoi n'aurais-je pas cédé? Je ne suis pas misanthrope, le commerce de mes semblables ne pouvait me blesser ni me nuire. Je ne m'élevais pas au-dessus d'eux dans mon appréciation. Si j'avais approfondi certaines questions spéciales plus que certains d'entre eux, je pouvais recevoir d'eux tous, et même des plus frivoles en apparence, une foule de notions que j'avais laissées incomplètes, ne fût-ce que la connaissance du cœur humain, dont j'avais peut-être fait une abstraction trop facile à résoudre. Je n'en veux donc point à ma femme de m'avoir forcé à étendre le cercle de mes relations et à secouer la poussière du cabinet. Au contraire, je lui en ai toujours su gré. Les savants sont des instruments tranchants dont il est bon d'émousser un peu la lame. J'ignore si je ne serais pas devenu sociable par goût avec le temps; mais Alida hâta mon expérience de la vie et le développement de ma bienveillance.

» Ce ne pouvait pourtant pas être là mon unique soin et mon unique but, pas plus que son avenir à elle ne pouvait être d'avoir à ses ordres un parfait *gentleman* pour l'accompagner au bal, à la chasse, aux eaux, au théâtre ou au sermon. Il me semblait porter en moi un homme plus sérieux, plus digne d'être aimé, plus capable de lui donner, ainsi qu'à son fils, une considération mieux fondée. Je ne prétendais pas à la renommée, mais j'avais aspiré à être un serviteur utile, apportant son contingent de recherches patientes et courageuses à cet édifice des sciences, qui est pour lui l'autel de la vérité. Je comptais bien qu'Alida arriverait à comprendre mon devoir, et que, la première ivresse de domination assouvie, elle rendrait à sa véritable vocation celui qui avait prouvé une tendresse sans bornes par une docilité sans réserve.

» Dans cet espoir, je me risquais de temps en temps à lui faire pressentir le néant de notre prétendue vie d'artistes. Nous aimions et nous goûtions les arts; mais, n'étant artistes créateurs ni l'un ni l'autre, nous ne devions pas prétendre à cette suite éternelle de jugements et de comparaisons qui fait du rôle de *dilettante*, quand il est exclusif, une vie blasée, hargneuse ou sceptique. Les créations de l'art sont stimulantes; c'est là leur magnifique bienfait. En élevant l'âme, elles lui communiquent une sainte émulation, et je ne crois pas beaucoup aux véritables ravissements des admirateurs systématiquement improductifs. Je ne parlais pas encore de me soustraire au doux *far niente* où ma femme se délectait, mais je tentais d'amener en elle-même une conclusion à son usage.

» Elle était assez bien douée, et, d'ailleurs, assez frottée de musique, de peinture et de poésie, depuis son enfance, pour avoir le désir et le besoin de consacrer ses loisirs à quelque étude. Si elle était idolâtre de mélodies, de couleurs ou d'images, n'était-elle pas assez jeune, assez libre, assez encouragée par ma tendresse, pour vouloir sinon créer, du moins pratiquer à son tour? Qu'elle eût un goût déterminé, ne fût-ce qu'un seul, une occupation favorite, et je la voyais sauvée de ses chimères. Je comprenais le but de son besoin de vivre dans une atmosphère échauffée et comme parfumée d'art et de littérature; elle y devenait l'abeille qui fait son miel après avoir couru de fleur en fleur : autrement, elle n'était ni satisfaite ni émue réellement, sa vie n'étant ni active ni reposée. Elle voulait voir et toucher les aliments nutritifs par pure convoitise d'enfant malade ; mais, privée de force et d'appétit, elle ne se nourrissait pas.

» Elle fit d'abord la sourde oreille, et me présenta enfin un jour des raisonnements assez spécieux, et qui paraissaient désintéressés.

» — Il ne s'agit pas de moi, disait-elle, ne vous en inquiétez pas. Je suis une nature engourdie, peu pressée d'éclore à la vie comme vous l'entendez. Je ressemble à ces bancs de corail dont vous m'avez parlé, qui adhèrent tranquillement à leur rocher. Mon rocher, à moi, mon abri, mon port, c'est vous! Mais, hélas! voilà que vous voulez changer toutes les conditions de notre commune existence! Eh bien, soit; mais ne vous pressez pas tant; vous avez encore beaucoup à gagner dans la prétendue oisiveté où je vous retiens. Vous êtes destiné certainement à écrire sur les sciences, ne fût-ce que pour rendre compte de vos découvertes au jour le jour ; vous aurez le fond, mais aurez-vous la forme, et croyez-vous que la science ne serait pas plus répandue, si une démonstration facile, une expression agréable et colorée, la rendaient plus accessible aux artistes? Je vois bien votre entêtement : vous voulez être positif et ne travailler que pour vos pareils. Vous prétendez, je m'en souviens, qu'un véritable savant doit aller au fait, écrire en latin, afin d'être à la portée de tous les érudits de l'Europe, et laisser à des esprits d'un ordre moins élevé, à des traducteurs, à des vulgarisateurs, le soin d'éclaircir et de répandre ses majestueuses énigmes. Cela est d'un paresseux et d'un égoïste, permettez-moi de vous le dire. Vous qui prétendez qu'il y a du temps pour tout, et qu'il ne s'agit que de savoir l'employer avec méthode, vous devriez vous perfectionner comme orateur ou comme écrivain, ne pas tant dédaigner les succès de salon, étudier, dans la vie que nous menons, l'art de bien dire et d'embellir la science par le sentiment de toutes les beautés. Alors vous seriez le génie complet, le dieu que je rêve en vous malgré vous-même, et moi, pauvre femme, je pourrais ne pas vivre à sept mille mètres au-dessous de votre niveau, comprendre vos travaux, en jouir, et en profiter par conséquent. Voyons, devons-nous rester isolés en nous tenant la main? Votre amour veut-il faire une part pour vous et une pour moi dans cette vie que nous devons traverser ensemble?

» — Ma chère bien-aimée, lui disais-je, votre thèse est excellente et porte sa réponse avec elle. Je vous donne mille fois raison. Il me faut un bon instrument pour célébrer la nature; mais voici l'instrument prêt et accordé, il ne peut pas rester plus longtemps muet. Tout ce que vous me dites de tendre et de charmant sur le plaisir que vous aurez à l'entendre me donne une impatience généreuse de le faire parler; mais les sujets ne s'improvisent pas dans la science : s'ils éclatent parfois comme la lumière dans les découvertes, c'est par des faits qu'il faut bien posément et bien consciencieusement constater avant de s'y fier, ou par des idées résultats d'une logique méditative devant laquelle les faits ne plient pas toujours spontanément. Tout cela demande, non pas des heures et des jours, comme pour faire un roman, mais des mois, des années; encore n'est-on jamais sûr de ne pas être amené à reconnaître qu'on s'est trompé, et qu'on aurait perdu son temps et sa vie sans cette compensation, presque infaillible dans les études naturelles, d'avoir fait d'autres découvertes à côté et parfois en travers de celle que l'on poursuivait. Le temps suffit à tout, me faites-vous dire. Peut-être, mais à la condition de n'en plus perdre, et ce n'est pas dans notre vie errante, entrecoupée de mille distractions imprévues, que je peux mettre les heures à profit.

» — Ah! nous y voilà! s'écria ma femme avec impétuosité. Vous voulez me quitter, voyager seul dans des pays impossibles!

» — Non, certes; je travaillerai près de vous, je renoncerai à de certaines constatations qu'il faudrait aller chercher trop loin ; mais vous me ferez aussi quelques sacrifices : nous verrons moins d'oisifs, nous nous fixerons quelque part pour un temps donné. Ce sera où vous voudrez, et, si vous vous y déplaisez, nous essayerons un autre milieu ; mais, de temps en temps, vous me permettrez une phase de travail sédentaire...

» — Oui, oui ! reprit-elle, vous voulez vivre pour vous seul, vous avez assez vécu pour moi. Je comprends : l'amour est assouvi, fini par conséquent !

» Rien ne put la faire revenir de cette prévention que l'étude était sa rivale, et que l'amour n'était possible qu'avec l'oisiveté.

» — Aimer est tout, disait-elle, et celui qui aime n'a pas le temps de s'occuper d'autre chose. Pendant que l'époux s'enivre des merveilles de la science, l'épouse languit et meurt. C'est le sort qui m'attend, et, puisque je vous suis un fardeau, je ferais aussi bien de mourir tout de suite.

» Mes réponses ne servirent qu'à l'exaspérer. J'essayai d'invoquer le dévouement à mon avenir dont elle avait parlé d'abord. Elle jeta ce léger masque dont elle avait essayé de couvrir son ardente personnalité.

» — Je mentais, oui, je mentais ! s'écria-t-elle. Votre avenir existe-t-il donc en dehors du mien ? Pouvez-vous et devez-vous oublier qu'en prenant ma vie tout entière, vous m'avez donné la vôtre ? Est-ce tenir parole que de me condamner à l'intolérable ennui de la solitude?

» L'ennui! c'était là sa plaie et son effroi. C'est là ce que j'aurais voulu guérir en lui persuadant de devenir artiste, puisqu'elle avait un vif éloignement pour les sciences. Elle prétendit que je méprisais les arts et les artistes, et que je voulais la reléguer au plus bas étage dans mon opinion. C'était me faire injure et me reléguer moi-même au rang des idiots. Je voulus lui prouver que la recherche du beau ne se divise pas en études rivales et en manifestations d'antagonisme, que Rossini et Newton, Mozart et Shakspeare, Rubens et Leibnitz, et Michel-Ange et Molière, et tous les vrais génies, avaient marché aussi droit les uns que les autres vers l'éternelle lumière où se complète l'harmonie des sublimes inspirations. Elle me railla et proclama la haine du travail comme un droit sacré de sa nature et de sa position.

» — On ne m'a pas appris à travailler, dit-elle, et je ne me suis pas mariée en promettant de me remettre à l'*a b c* des choses. Ce que je sais, je l'ai appris par intuition, par des lectures sans ordre et sans but. Je suis une femme : ma destinée est d'aimer mon mari et d'élever des enfants. Il est fort étrange que ce soit mon mari qui me conseille de songer à quelque chose de mieux.

» — Alors, lui répondis-je avec un peu d'impatience, aimez votre mari en lui permettant de conserver sa propre estime; élevez votre fils et ne compromettez pas votre santé, l'avenir d'une maternité nouvelle, en vivant sans règle, sans but, sans repos, sans domicile, et sans vouloir connaître cet *a b c* des choses que votre devoir sera d'enseigner à vos enfants. Si vous ne pouvez vous résoudre à la vie des femmes ordinaires sans périr d'ennui, vous n'êtes donc pas une femme ordinaire, et je vous conseillais une étude quelconque pour vous rattacher à votre intérieur, que le caprice et l'imprévu de votre existence actuelle ne sont pas faits pour rendre digne de vous et de moi.

» Et, comme elle s'emportait, je crus devoir lui dire encore :

» — Tenez, ma pauvre chère enfant, vous êtes dévorée par votre imagination, et vous dévorez tout autour de vous. Si vous continuez ainsi, vous arriverez à absorber en vous toute la vie des autres sans leur rien donner en échange, pas une lumière, pas une douceur vraie, pas une consolation durable. On vous a appris le métier d'idole, et vous auriez voulu me l'enseigner aussi; mais les idoles ne sont bonnes à rien. On a beau les parer et les implorer, elles ne fécondent rien et ne sauvent personne. Ouvrez les yeux, voyez le néant où vous laissez flotter une intelligence exquise, l'orage continuel par lequel vous laissez flétrir même votre incomparable beauté, la souffrance que vous imposez sans remords à toutes mes aspirations d'homme honnête et laborieux, l'abandon de toutes choses autour de nous..., à commencer par notre plus cher trésor, par notre enfant, que vous dévorez de caresses, et dont vous étouffez d'avance les instincts généreux et forts en vous soumettant à ses plus nuisibles fantaisies. Vous êtes une femme charmante que le monde admire et entraîne; mais, jusqu'ici, vous n'êtes ni une épouse dévouée, ni une mère intelligente. Prenez-y garde et réfléchissez!

» Au lieu de réfléchir, elle voulut se tuer. Des heures et des jours se passèrent en misérables discussions où toute ma patience, toute ma tendresse, toute ma raison et toute ma pitié vinrent se briser devant une invincible vanité blessée et à jamais saignante.

» Oui, voilà le vice de cette organisation si séduisante. L'orgueil est immense et jette comme une paralysie de stupidité sur le raisonnement. Il est aussi impossible à ma femme de suivre une déduction élémentaire, même dans la logique de ses propres sentiments, qu'il le serait à un oiseau de soulever une montagne. Et cela, j'en avais deviné, j'en ai constaté la cause : c'est cette sorte d'athéisme qui la dessèche. Elle vit aujourd'hui dans les églises, elle essaye de croire aux miracles, elle ne croit réellement à rien. Pour croire, il faut réfléchir, elle ne pense même pas. Elle invente et divague, elle s'admire et se déteste, elle construit dans son cerveau des édifices bizarres qu'elle se hâte de détruire : elle parle sans cesse du beau, elle n'en a pas la moindre notion, elle ne le sent pas, elle ne sait pas seulement qu'il existe. Elle babille admirablement sur l'amour, elle ne l'a jamais connu et ne le connaîtra jamais. Elle ne se dévouera à personne, et elle pourra cependant se donner la mort pour faire croire qu'elle aime ; car il lui faut ce jeu, ce drame, cette tragi-comédie de la passion qui l'émeut sur la scène et qu'elle voudrait réaliser dans son boudoir. Despote blasé, elle s'ennuie de la soumission, et la résistance l'exaspère. Froide de cœur et ardente d'imagination, elle ne trouve jamais d'expression assez forte pour peindre ses délires et ses extases d'amour, et, quand elle accorde un baiser, c'est en détournant sa tête épuisée, et en pensant déjà à autre chose.

» Tu la connais maintenant. Ne la prends pas en dédain, mais plains-la. C'était une fleur du ciel qu'une détestable éducation a fait avorter en serre chaude. On a développé la vanité et fait naître la sensibilité maladive. On ne lui a pas montré une seule fois le soleil. On ne lui a pas appris à admirer quelque chose à travers la cloche de verre de sa plate-bande. Elle s'est persuadé qu'elle était l'objet admirable par excellence, et qu'une femme ne devait contempler l'univers que dans son propre miroir. Ne cherchant jamais son idéal hors d'elle, ne voyant au-dessus d'elle-même ni Dieu, ni les idées, ni les arts, ni les hommes, ni les choses, elle s'est dit qu'elle était belle, et que sa destinée était d'être servie à genoux, que tout lui devait tout, et qu'à rien elle ne devait rien. Elle n'est jamais sortie de là, bien qu'elle ait des paroles qui pourraient énerver la volonté la mieux trempée. Elle a vécu repliée sur elle-même, ne croyant qu'à sa beauté, dédaignant son âme, la niant à l'occasion, doutant de son propre cœur, l'interrogeant et le déchirant avec ses ongles pour le ranimer et le sentir battre, faisant passer le monde devant elle pour qu'il s'efforçât de la distraire, mais ne s'amusant de rien, et murant sa coquille plutôt que de respirer l'air que respirent les autres.

» Avec cela, elle est bonne, en ce sens qu'elle est désintéressée, libérale, et qu'elle plaint les malheureux en leur jetant sa bourse par la fenêtre. Elle est loyale d'intentions et croit ne jamais mentir, parce qu'à force de se mentir à elle-même elle a perdu la notion du vrai. Elle est chaste et digne dans sa conduite, du moins elle l'a été longtemps; douce dans le fait, trop molle et trop fière pour la vengeance préméditée, elle ne tue qu'avec ses paroles, sauf à les oublier ou à les retirer le lendemain.

» Il m'a fallu bien des jours passés à me débattre contre son prestige pour la connaître ainsi. Elle a été longtemps un problème que je ne pouvais résoudre, parce que je ne pouvais me résigner à voir le côté infirme et incurable de son âme. Je crois avoir tout tenté pour la guérir ou la modifier : j'ai échoué, et j'ai demandé à Dieu la force d'accepter sans colère et sans blasphème la plus affreuse, la plus amère de toutes les déceptions.

» Une seconde grossesse m'avait rendu de nouveau son esclave. Sa délivrance fut la mienne, car il se passa alors dans notre intérieur des choses véritablement douloureuses et intolérables pour moi. Notre second fils était chétif et sans beauté. Elle m'en fit un reproche ; elle prétendit que celui-ci était né de mon mépris et de mon aversion pour elle, qu'il lui ressemblait en laid, qu'il était sa caricature, et que c'est ainsi que je l'avais vue en la rendant mère pour la seconde fois.

» Les excentricités d'Alida ne sont pas de celles qu'on peut reprendre avec gaieté et traiter d'enfantillages. Toute contradiction de ce genre l'offense au dernier point. Je lui répondis que, si l'enfant avait souffert dans son sein, c'est parce qu'elle avait douté de moi et de tout : il était le fruit de son scepticisme ; mais il y avait encore du remède. La beauté d'un homme, c'est la santé, et il fallait fortifier le pauvre petit être par des soins assidus et intelligents. Il fallait suivre aussi d'un œil attentif le développement de son âme, et ne jamais la froisser par la pensée qu'il pût être moins aimé et moins agréable à voir que son frère.

» Hélas ! je prononçais l'arrêt de cet enfant en essayant de le sauver. Alida a l'esprit très-faible ; elle se crut coupable envers son fils avant de l'être, elle le devint par la peur de ne pouvoir échapper à la fatalité. Ainsi tous mes efforts aggravaient son mal, et, de toutes mes paroles, elle tirait un sens funeste. Elle s'acharnait à constater qu'elle n'aimait pas le pauvre Paul, que je le lui avais prédit, qu'elle ne pouvait conjurer cette destinée, qu'elle frissonnait en voulant caresser cette horrible créature, sa malédiction, son châtiment et le mien. Que sais-je ! Je la crus folle, je la promenai encore et j'éloignai l'enfant ; mais elle se fit des reproches, l'instinct maternel parla plus haut que les préventions, ou bien l'orgueil de la femme se révolta. Elle voulut en finir avec l'espérance, ce fut son mot. Cela signifiait que, n'étant plus aimée de moi, elle renonçait à me retenir à ses côtés. Elle me demanda de lui faire arranger Valvèdre, qu'elle avait vu un jour en passant, et qu'elle avait déclaré triste et vulgaire. Elle voulait vivre maintenant là avec mes sœurs, qui s'y étaient fixées. Je l'y conduisis, je fis du petit manoir une riche résidence, et je m'y établis avec elle.

» Mon ami, tu le comprends maintenant, il n'y avait plus d'enthousiasme, plus d'espoir, plus d'illusions, plus de flamme dans mon affection pour elle ; mais l'amitié fidèle, un dévouement toujours entier, un grand respect de ma parole et de ma dignité, une compassion paternelle pour cette faible et violente nature, un amour immense pour mes enfants avec une tendresse plus raffinée peut-être pour celui que ma femme n'aimait pas, c'en était bien assez pour me retenir à Valvèdre. J'y passai une année qui ne fut pas perdue pour ma jeune sœur et pour mes fils. Je donnai à Paule une direction d'idées et de goûts qu'elle a religieusement suivie. J'enseignai à ma sœur aînée la science des mères, que ma femme n'avait pas et ne voulait pas acquérir. Je travaillais aussi pour mon compte, et, triste comme un homme qui a perdu la moitié de son âme, je m'attachais à sauver le reste, à ne pas souffrir en égoïste, à servir l'humanité dans la mesure de mes forces en me dévouant au progrès des connaissances humaines, et ma famille, en l'abritant sous la tendresse profonde et sous l'apparente sérénité du père de famille.

» Tout alla bien autour de moi, excepté ma femme, que l'ennui consumait, et qui, se refusant à mon affection toujours loyale, se plaisait à se proclamer veuve et déshéritée de tout bonheur. Un jour, je m'aperçus qu'elle me haïssait, et je me renfermai dans le rôle d'ami sans rancune et sans susceptibilité, le seul rôle qui pût dès lors me convenir. Un autre jour, je découvris qu'elle aimait ou croyait aimer un homme indigne d'elle. Je l'éclairai sans lui laisser soupçonner que j'eusse constaté son déplorable engouement. Elle fut effrayée, humiliée; elle rompit brusquement avec sa chimère, mais elle ne me sut aucun gré de ma délicatesse. Loin de là, elle fut offensée de mon apparente confiance en elle. Elle eût été consolée de son mécompte en me voyant jaloux. Indignée de ne pouvoir plus me faire souffrir ou de ne pas réussir à me le faire avouer, elle chercha d'autres distractions d'esprit. Elle s'éprit tour à tour de plusieurs hommes à qui elle ne s'abandonna pas plus qu'au premier, mais dont les soins, même à distance, chatouillaient sa vanité. Elle entretint beaucoup de correspondances avec des adorateurs plus ou moins avouables; elle se plut à enflammer leur imagination et la sienne propre en de feintes amitiés, où elle porta une immense coquetterie. Je sus tout. On peut me trahir, mais il est plus difficile de me tromper. Je constatai qu'elle respectait nos liens à sa manière, et que mon intervention dans cette manière d'entendre le devoir et le sentiment ne servirait qu'à lui faire prendre quelque parti fâcheux et contracter des liens plus compromettants qu'elle ne le souhaitait elle-même. J'étudiai et je pratiquai systématiquement la prudence. Je fis le sourd et l'aveugle. Elle me traita de *savant* dans toute l'acception du mot, elle me méprisa presque..., et je me laissai mépriser! N'avais-je pas juré à mon premier enfant, dès le sein de sa mère, que cette mère ne souffrirait jamais par ma faute?

» Tu sais, mon cher Henri, comme j'ai vécu depuis six ans que nous sommes intimement liés. Je n'avais qu'un refuge, l'étude, et, devinant le vide de mon intérieur, tu t'es étonné quelquefois de me voir sacrifier la pensée des longs voyages à la crainte de paraître abandonner ma femme. Tu comprends aujourd'hui que ce qui m'a retenu ou ramené près d'elle après de médiocres absences, c'est le besoin de m'assurer d'abord que ma sœur gouvernait mes enfants selon mon cœur et selon mon esprit, ensuite la volonté d'ôter tout prétexte à quelque scandale dans ma maison. Je ne pouvais plus espérer ni désirer l'amour, l'amitié même m'était refusée; mais je voulais que cette terrible imagination de femme connût ou pressentît un frein, tant que mes enfants et ma jeune sœur vivraient auprès d'elle. Je n'ai jamais entravé sa liberté au dehors, et je dois dire qu'elle n'en a point abusé ostensiblement. Elle m'a haï pour cette froide pression exercée sur elle, et que son orgueil ne pouvait attribuer à la jalousie; mais elle a fini par m'estimer un peu... dans ses heures de lucidité !

» À présent, mes enfants sont ici, ma jeune sœur t'appartient, ma sœur aînée est heureuse et vit près de vous, ma femme est libre !

Valvèdre s'arrêta. J'ignore ce qu'Obernay lui répondit. Arraché un instant à l'attention violente avec laquelle j'avais écouté, je m'aperçus de la présence d'Alida. Elle était derrière moi, tenant ma lettre ouverte, que son mari avait lue. Elle venait m'annoncer l'événement et m'engager à fuir; mais, enchaînée par ce que nous venions d'entendre, elle ne songeait plus qu'à écouter son arrêt.

Je voulus l'emmener. Elle me fit signe qu'elle resterait jusqu'au bout. J'étais si accablé de tout ce qui venait d'être dit, que je ne me sentis pas la force de prendre sa main et de la rassurer par une muette caresse. Nous restâmes donc à écouter, mornes comme deux coupables qui attendent leur condamnation.

Quand les paroles qui se disaient de l'autre côté du mur et qui échappèrent un instant à ma préoccupation reprirent un sens pour moi, j'entendis Obernay plaider jusqu'à un certain point la cause de madame de Valvèdre.

— Elle ne me paraît, disait-il, que très à plaindre. Elle ne vous a jamais compris et ne se comprend pas davantage elle-même. C'est bien assez pour que vous ne puissiez plus vous donner du bonheur l'un à l'autre ; mais, puisqu'au milieu des égarements de son cerveau elle est restée chaste, je trouverais trop sévère de restreindre ou de contraindre ses relations avec ses enfants. Mon père, j'en suis certain, aurait une extrême répugnance à jouer ce rôle vis-à-vis d'elle, et je ne répondrais même pas qu'il y consentît, quel que soit son dévouement pour vous.

— Il me suffira de m'expliquer, répondit Valvèdre, pour que tu comprennes mes craintes. La personne dont nous parlons est en ce moment violemment éprise d'un jeune homme qui n'a pas plus de caractère et de raison qu'elle. En proie à mille agitations et à mille projets qui se contredisent, il lui écrivait... *dernièrement...*, dans une lettre que j'ai trouvée sous mes pieds et qui n'était même pas cachetée, tant on se raille de ma confiance : « Si tu le veux, nous enlèverons tes fils, je travaillerai pour eux, je me ferai leur précepteur..., tout ce que tu voudras, pourvu que tu sois à moi et que rien ne nous sépare, etc. » Je sais que ce sont là des paroles, *des mots, des mots !* Je suis bien tranquille sur le désir sincère que cet amant enthousiaste, enfant lui-même, peut avoir de se charger des enfants d'un autre ; mais leur mère peut, dans un jour de folie, prendre l'offre au sérieux, ne fût-ce que pour éprouver son dévouement ! Cela se réduirait probablement à une partie de campagne. Las des marmots, on les ramènerait le soir même ; mais crois-tu que ces pauvres innocents doivent être exposés à entendre, ne fût-ce qu'un jour, ces étranges dithyrambes?

— Alors, répondit Obernay, nous ferons bonne garde ; mais le mieux serait que vous ne partissiez pas encore.

— Je ne partirai pas sans avoir réglé toutes choses pour le présent et l'avenir.

— L'avenir, ne vous en tourmentez pas trop ! Le caprice qui menace sera bientôt passé.

— Cela n'est pas sûr, reprit Valvèdre. Jusqu'ici, elle n'avait encouragé que des hommages peu inquiétants, des gens du monde trop bien élevés pour s'exposer à des esclandres. Aujourd'hui, elle a rencontré un homme intelligent et honnête, mais très-exalté, sans expérience, et, je le crains, sans principes suffisants pour faire triompher les bons instincts, son pareil, son idéal en un mot. Si elle cache soigneusement cette intrigue, je feindrai d'y être indifférent ; mais, si elle prend les partis extrêmes auxquels cet imprudent la convie, il faudra qu'il s'attende à une répression de ma part, ou qu'elle cesse de porter mon nom. Je ne veux pas qu'elle m'avilisse ; mais, tant qu'elle sera ma femme, je ne souffrirai pas non plus qu'elle soit avilie par un autre homme. Voilà ma conclusion.

VIII

Quand Valvèdre et Obernay se furent éloignés et que je ne les entendis plus, je me retournai vers Alida, qui s'était toujours tenue derrière moi ; je la vis à genoux sur le gazon, livide, les yeux fixes, les bras roides, évanouie, presque morte, comme le jour où je l'avais trouvée dans l'église. Les dernières paroles de Valvèdre, que dix fois j'avais été sur le point d'interrompre, m'avaient rendu mon énergie. Je portai Alida dans le casino, et, en dépit des révélations qui m'avaient brisé un instant, je la secourus et la consolai avec tendresse.

— Eh bien, le gant est jeté, lui dis-je quand elle fut en état de m'entendre, c'est à nous de le ramasser! Ce grand philosophe nous a tracé notre devoir, il me sera doux de le remplir. Écrivons-lui tout de suite nos intentions.

— Quelles intentions? quoi? répondit-elle d'un air égaré.

— N'as-tu pas compris, n'as-tu pas entendu M. de Valvèdre? Il t'a mise au défi d'être sincère, et moi, il m'a refusé la force d'être dévoué : montrons-lui que nous nous aimons plus sérieusement qu'il ne pense. Permets-moi de lui prouver que je me crois plus capable que lui de te rendre heureuse et de te garder fidèle. Voilà toute la vengeance que je veux tirer de son dédain !

— Et mes enfants ! s'écria-t-elle, mes enfants ! qui donc les aura ?

— Vous vous les partagerez.

— Ah ! oui, il me donnera Paolino !

— Non, puisque c'est celui qu'il préfère.

— Cela n'est pas ! Valvèdre les aime également, jamais il ne donnera ses enfants !

— Tu as pourtant des droits sur eux. Tu n'as commis aucune faute que la loi puisse atteindre ?

— Non ! Je le jure par mes enfants et par toi ; mais ce sera un procès, un scandale, au lieu d'être une formalité que le consentement mutuel rendrait très-facile. D'ailleurs, je ne sais pas si leur loi protestante n'attribue pas les fils au mari. Je ne sais rien, je ne me suis jamais informée. Mes principes me défendent d'accepter le divorce, et je n'ai jamais cru que Valvèdre en viendrait là !

— Mais que veux-tu donc faire de tes enfants ? lui dis-je, impatienté de cette exaltation maternelle qui ne se réveillait devant moi que pour me blesser. Sois donc sincère vis-à-vis de toi-même, tu n'en aimes qu'un, l'aîné, et c'est justement celui qui, sous toutes les législations, appartient au père, à moins qu'il n'y ait danger moral à le lui confier, et ce n'est point ici le cas. D'ailleurs, de quoi te tourmentes-tu, puisqu'en restant la femme de Valvèdre, tu n'en as pas moins perdu à ses yeux le droit de les élever... et même de les promener? Le divorce ne changera donc rien à ta situation, car aucune loi humaine ne t'ôtera le droit de les voir.

— C'est vrai, dit Alida en se levant, pâle, les cheveux épars, les yeux brillants et secs. Eh bien, alors que faisons-nous?

— Tu écris à ton mari que tu demandes le divorce, et nous partons; nous attendons le temps légal après la dissolution du mariage, et tu consens à être ma femme.

— Ta femme? Mais non, c'est un crime! Je suis mariée et je suis catholique!

— Tu as cessé de l'être le jour où tu as fait un mariage protestant. D'ailleurs, tu ne crois pas en Dieu, ma belle, et ce point-là doit lever bien des scrupules d'orthodoxie.

— Ah! vous me raillez! s'écria-t-elle, vous ne parlez pas sérieusement!

— Je raille ta dévotion, c'est vrai; mais, pour le reste, je parle si sérieusement, qu'à l'instant même je t'engage ma parole d'honnête homme...

— Non! ne jure pas! C'est par orgueil, ce que tu veux faire, ce n'est pas par amour! Tu hais mon mari au point de vouloir m'épouser, voilà tout.

— Injuste cœur! Est-ce donc la première fois que je t'offre ma vie?

— Si j'acceptais, dit-elle en me regardant d'un air de doute, ce serait à une condition.

— Dis! dis vite!

— Je ne veux rien accepter de M. de Valvèdre. Il est généreux, il va m'offrir la moitié de son revenu; je ne veux même pas de la pension alimentaire à laquelle j'ai droit. Il me répudie, il me dédaigne, je ne veux rien de lui! rien, rien!

— C'est justement la condition que j'allais poser aussi, m'écriai-je. Ah! ma chère Alida! combien je te bénis de m'avoir deviné!

Il y avait plus d'esprit que de sincérité dans ces derniers mots. J'avais bien vu qu'Alida avait douté de mon désintéressement : c'était horrible qu'à chaque instant elle doutât ainsi de tout; mais, en ce moment-là, comme il y avait aussi en moi plus de fierté blessée par le mari que d'élan véritable vers la femme, j'étais résolu à ne m'offenser de rien, à la convaincre, à l'obtenir à tout prix.

— Ainsi, dit-elle, non pas vaincue encore, mais étourdie de ma résolution, tu me prendrais telle que je suis, avec mes trente ans, mon cœur déjà dépensé en partie, mon nom flétri probablement par le divorce, mes regrets du passé, mes continuelles aspirations vers mes enfants, et la misère par-dessus tout cela? Dis, tu le veux, tu le demandes?... Tu ne me trompes pas? tu ne te trompes pas toi-même?...

— Alida, lui dis-je en me mettant à ses pieds, je suis pauvre, et mes parents seront peut-être effrayés de ma résolution; mais je les connais, je suis leur unique enfant, ils n'aiment que moi au monde, et je te réponds de te faire aimer d'eux. Ils sont aussi respectables que tendres; ils sont intelligents, instruits, honorés. Je t'offre donc un nom moins aristocratique et moins célèbre que celui de Valvèdre, mais aussi pur que les plus purs... Le peu que ces chers parents possèdent, ils le partageront dès à présent avec nous, et, quant à l'avenir, je mourrai à la peine ou tu auras une existence digne de toi. Si je ne suis pas doué comme poëte, je me ferai administrateur, financier, industriel, fonctionnaire, tout ce que tu voudras que je sois. Voilà tout ce que je peux te dire de la vie positive qui nous attend et qui est la chose dont jusqu'ici tu t'es le moins préoccupée.

— Oui, certes, s'écria-t-elle; l'obscurité, la retraite, la pauvreté, la misère même, tout plutôt que la pitié de Valvèdre!... L'homme que j'ai vu si longtemps à mes pieds ne me verra jamais aux siens, pas plus pour le remercier que pour l'implorer! Mais ce n'est pas de moi, mon pauvre enfant, c'est de toi qu'il s'agit! Seras-tu heureux par moi? M'aimeras-tu à ce point de m'accepter avec l'horrible caractère et l'absurde conduite que l'on m'attribue?

— Cette conduite..., quelle qu'elle soit, je veux l'ignorer, n'en parlons jamais! Quant à ce caractère terrible..., je le connais, et je ne crois pas être en reste avec toi, puisque je suis *ton pareil*, comme dit M. de Valvèdre. Eh bien, nous sommes deux êtres emportés, passionnés, impossibles pour les autres, mais nécessaires l'un à l'autre comme l'éclair à la foudre.

Nous nous dévorerons sur le même brasier, c'est notre vie! Séparés, nous ne serions ni plus tranquilles ni plus sages. Va! nous sommes de la race des poëtes, c'est-à-dire nés pour souffrir et pour nous consumer dans la soif d'un idéal qui n'est pas de ce monde. Nous ne le saisirons donc pas à toute heure, mais nous ne cesserons pas d'y aspirer; nous le rêverons sans cesse et nous l'étreindrons quelquefois. Que veux-tu de mieux ailleurs, âme tourmentée? Préfères-tu le néant de la désillusion ou les faciles amours de la vie mondaine, la retraite à Valvèdre ou l'équivoque existence de la femme sans mari et sans amant? Sache que je me soucie fort peu des jugements de M. de Valvèdre sur ton compte. C'est peut-être un grand homme que tu n'as pas compris; mais il ne t'a pas mieux comprise, lui qui n'a rien su faire de ton individualité, et qui a prononcé l'arrêt de son impuissance morale le jour où il a cessé de t'aimer. Que n'étais-je en face de lui et seul avec lui tout à l'heure! sais-tu ce que je lui aurais dit? « Vous ne savez rien de la femme, vous qui voulez lui tracer un rôle conforme à vos systèmes, à vos goûts et à vos habitudes. Vous ne vous faites aucune idée de la mission d'une créature exquise, et, en cela, vous êtes un pitoyable naturaliste. Vous êtes leibnitzien, je le vois de reste, et vous prétendez que la vertu consiste à concourir au perfectionnement des choses humaines par la connaissance des choses divines. Soit! vous prenez Dieu pour type absolu, et, de même qu'il produit et règle l'éternelle activité, vous voulez que l'homme crée ou ordonne sans cesse la prospérité de son milieu par un travail sans relâche. Vous vous émerveillez devant l'abeille qui fait le miel, devant la fleur qui travaille pour l'abeille; mais vous oubliez le rôle des éléments, qui, sans rien faire de logique en apparence, donnent à toutes choses la vie et l'échange de la vie. Soyez un peu moins pédant et un peu plus ingénieux! Comparez, la logique le veut, les âmes passionnées à la mer qui se soulève et au vent qui se déchaîne pour balayer l'atmosphère et maintenir l'équilibre de la planète. Comparez la femme charmante, qui ne sait que rêver et parler d'amour, à la brise qui promène, insouciante, d'un horizon à l'autre, les parfums et les effluves de la vie. Oui, cette femme, selon vous si frivole, est, selon moi, plus active et plus bienfaisante que vous. Elle porte en elle la grâce et la lumière; sa seule présence est un charme, son regard est le soleil de la poésie, son sourire est l'inspiration ou la récompense du poëte. Elle se contente d'être, et l'on vit, l'on aime autour d'elle! Tant pis pour vous si vous n'avez pas senti ce rayon pénétrer en vous et donner à votre être une puissance et des joies nouvelles! »

Je parlais sous l'inspiration du dépit. Je croyais parler à Valvèdre, et je me consolais de ma blessure en bravant la raison et la vérité. Alida fut saisie par ce qu'elle prenait pour de l'éloquence véritable. Elle se jeta dans mes bras; sensible à la louange, avide de réhabilitation, elle versa des larmes qui la soulagèrent.

— Ah! tu l'emportes, s'écria-t-elle, et, de ce moment, je suis à toi. Jusqu'à ce moment, — oh! pardonne-moi, plains-moi, tu vois bien que je suis sincère! — j'ai conservé pour Valvèdre une affection dépitée, mêlée de haine et de regret; mais, à partir d'aujourd'hui, oui, je le jure à Dieu et à toi, c'est toi seul que j'aime et à qui je veux appartenir à jamais. C'est toi le cœur généreux, l'époux sublime, l'homme de génie! Qu'est-ce que Valvèdre auprès de toi? Ah! je l'avais toujours dit, toujours cru, que les poëtes seuls savent aimer, et que seuls ils ont le sens des grandes choses! Mon mari me repousse et m'abandonne pour une faute légère après dix ans de fidélité réelle, et, toi qui me connais à peine, toi à qui je n'ai donné aucun bonheur, aucune garantie, tu me devines, tu me relèves et tu me sauves. Tiens, partons! va m'attendre à la frontière; moi, je cours embrasser mes enfants et signifier à M. de Valvèdre que j'accepte ses conditions.

Transportés de joie et d'orgueil, allégés pour le moment de toute souffrance et de toute appréhension, nous nous séparâmes après nous être entendus sur les moyens de hâter notre fuite.

Alida alla rejoindre M. de Valvèdre chez les Obernay, où, en présence d'Henri, elle devait lui parler, pendant que je quitterais le casino pour n'y jamais rentrer. Moi aussi, je voulais parler à Henri, mais non dans une auberge, car je ne devais pas laisser savoir à sa famille que je fusse resté ou revenu à Genève, et, le jour de la noce, j'avais été vu de trop de personnes de l'intimité des Obernay pour ne pas risquer d'être rencontré par quelqu'une d'entre elles. Je fis venir une voiture où je m'enfermai, et j'allai demander asile à Moserwald, qui me cacha dans son propre appartement. De là, j'écrivis un mot à Henri, qui vint me trouver presque aussitôt.

Ma soudaine présence à Genève et le ton mystérieux de mon billet étaient des indices assez frappants pour qu'il n'hésitât plus à reconnaître en moi le rival dont Valvèdre, par délicatesse, lui avait caché le nom. Aussi l'explication des faits fut-elle comme sous-entendue. Il contint du mieux qu'il put son chagrin et son blâme, et, me parlant avec une brusquerie froide :

— Tu sais sans doute, me dit-il, ce qui vient de se passer entre M. de Valvèdre et sa femme?

— Je crois le savoir, répondis-je; mais il est très-important pour moi d'en connaître les détails, et je te prie de me les dire.

— Il n'y a pas de détails, reprit-il; madame de Valvèdre a quitté notre maison, il y a une demi-heure, en nous disant qu'une de ses amies mourante, je ne sais quelle Polonaise en voyage, la faisait demander à Vevay, et qu'elle reviendrait le plus tôt possible. Son mari n'était plus là. Elle a paru désirer le voir; mais, au moment où j'allais le chercher, elle m'a arrêté en me disant qu'elle aimait mieux écrire. Elle a écrit rapidement quelques lignes et me les a remises. Je les ai portées à Valvèdre, qui sur-le-champ est accouru pour lui parler. Elle était déjà partie seule et à pied, laissant probablement ses instructions à la Bianca, qui a été impénétrable; mais Valvèdre n'entend pas que sa femme parte ainsi sans qu'il ait eu une explication avec elle. Il la cherche. J'allais l'accompagner quand j'ai reçu ton billet. J'ai compris, j'ai pensé, je pense encore que madame de Valvèdre est ici...

— Sur l'honneur, répondis-je à Obernay en l'interrompant, elle n'y est pas!

— Oh! sois tranquille, je ne chercherai pas à la découvrir, maintenant que je te vois en possession du principal rôle dans cette triste affaire! Vous y allez si vite, que je craindrais une rencontre fâcheuse entre M. de Valvèdre et toi. Quelque sage et patient que soit un homme de sa trempe, on peut être surpris par un accès de colère. Tu as donc bien fait de ne pas te montrer. J'ai caché ta lettre à Valvèdre, et il ne s'avisera guère de te découvrir ici.

— Ah! m'écriai-je en bondissant de rage, tu crois que je me cache?

— Si tu n'avais pas cette prudence et cette dignité, reprit Henri avec autorité, tu serais conduit par un mauvais sentiment à commettre une mauvaise action!

— Oui, je le sais! Je ne veux pas inaugurer ma prise de possession par un éclat. C'est pour te parler de ces choses que j'ai voulu te voir; mais je dois te prier, quelle que soit ton opinion, de me ménager. Je ne suis pas aussi maître de moi-même que s'il s'agissait de faire une analyse botanique !

— Ni moi non plus, reprit Obernay; mais je tâcherai pourtant de ne pas perdre la tête. Pourquoi m'as-tu appelé? Parle, je t'écoute.

— Oui, je vais parler; mais je veux savoir ce que contenait le billet que madame de Valvèdre t'a fait porter à son mari. Il a dû te le montrer.

— Oui. Il contenait ceci en propres termes : « J'accepte l'*ultimatum*. Je pars ! D'accord avec vous, je demande le divorce, et, selon vos désirs, je compte me remarier. »

— C'est bien, c'est très-bien! m'écriai-je soulagé d'une vive anxiété : j'avais craint un instant qu'Alida n'eût déjà changé d'intention et trahi les serments de l'enthousiasme. — A présent, repris-je, tu le vois, tout est consommé! Je vais enlever cette femme, et, aussitôt qu'elle sera libre devant la loi, elle sera ma femme. Tu vois que la question est nettement tranchée.

— La chose ne peut pas se passer ainsi, dit Henri froidement. Tant que le divorce n'est pas prononcé, M. de Valvèdre ne veut pas qu'elle soit compromise. Il faut qu'elle retourne à Valvèdre, ou que tu t'éloignes. C'est un peu de patience à avoir, puisque la réalisation de votre fantaisie ne peut souffrir d'empêchement. Craignez-vous déjà de vous raviser l'un ou l'autre, si vous ne brûlez pas vos vaisseaux par un coup de tête ?

— Point d'épigrammes, je te prie. L'avis de M. de Valvèdre est fort raisonnable à coup sûr ; mais il m'est impossible de le suivre. Il a lui-même créé l'empêchement en me gratifiant de ses dédains, de ses railleries et de ses menaces.

— Où cela ? quand cela donc ?

— Sous la tonnelle de ton jardin, il y a une heure.

— Ah ! tu étais là ? tu écoutais ?

— M. de Valvèdre n'avait aucun doute à cet égard.

— Au fait... oui, je me rappelle ! Il tenait à parler là. J'aurais dû deviner pourquoi. Eh bien, après ? Il a parlé de son rival, non pas comme d'un homme raisonnable, ce qui eût été bien impossible, mais comme d'un honnête homme, et, ma foi...

— C'est plus que je ne mérite selon toi ?

— Selon moi ? Peut-être ! nous verrons ! Si tu te conduis en écervelé, je dirai que tu es encore trop enfant pour avoir bien compris ce que c'est que l'honneur. Que comptes-tu faire ? Voyons ! Te venger de ta propre folie en bravant Valvèdre, lui donner raison par conséquent ?

— Je veux le braver, m'écriai-je. J'ai juré le mariage à sa femme et à ma propre conscience ; donc, je tiendrai parole ; mais, jusque-là, je serai son unique protecteur, parce que M. de Valvèdre a prédit que je serais dupe et que je veux le faire mentir, parce qu'il a promis de me tuer si je ne faisais pas sa volonté, et que je l'attends de pied ferme pour savoir qui des deux tuera l'autre, parce qu'enfin il ne me plaît pas qu'il pense m'avoir intimidé, et que je sois homme à subir les conditions d'un mari qui abdique et qui veut jouer pourtant le beau rôle.

— Tu parles comme un fou! dit Obernay en levant les épaules. Si Valvèdre voulait avoir l'opinion pour lui, il laisserait sa femme chercher le scandale.

— Valvèdre ne craint peut-être pas tant le blâme que le ridicule!

— Et toi donc?

— C'est mon droit encore plus que le sien. Il a provoqué mon ressentiment, il devait en prévoir les conséquences.

— Alors, c'est décidé, tu enlèves?

— Oui, et avec tout le mystère possible, parce que je ne veux pas qu'Alida soit témoin d'une tragédie dont elle ne soupçonne pas l'imminence; et ce mystère, tu ne le trahiras pas, parce que tu n'as pas envie d'être le témoin de Valvèdre contre moi, ton meilleur ami.

— Mon meilleur ami? Non! tu ne le serais plus; tu peux donner ta démission, si tu persistes!

— Au prix de l'amitié, comme au prix de la vie, je persisterai; mais aussitôt que j'aurai mis Alida en sûreté, je reviendrai ici, et je me présenterai à M. de Valvèdre pour lui répéter tout ce que tu viens d'entendre et tout ce que je te charge de lui dire aussitôt que je serai parti, c'est-à-dire dans une heure.

Obernay vit que ma volonté était exaspérée, et que ses remontrances ne servaient qu'à m'irriter davantage. Il prit tout à coup son parti.

— C'est bien, dit-il. Quand tu reviendras, tu trouveras Valvèdre disposé à soutenir ta remarquable conversation, et, jusqu'à demain, il ignorera que je t'ai vu. Pars le plus tôt possible, je vais tâcher de l'aider à ne pas trouver sa femme. Adieu ! Je ne te souhaite pas beaucoup de bonheur; car, si tu en pouvais goûter au milieu d'un pareil triomphe, je te mépriserais. Je compte encore sur tes réflexions et tes remords pour te ramener au respect des convenances sociales. Adieu, mon pauvre Francis ! Je te laisse au bord de l'abîme. Dieu seul peut t'empêcher d'y rouler.

Il sortit. Sa voix était étouffée par des larmes qui me brisèrent le cœur. Il revint sur ses pas. Je voulus me jeter à son cou. Il me repoussa en me demandant si je persistais, et, sur ma réponse affirmative, il reprit froidement :

— Je revenais pour te dire que, si tu as besoin d'argent, j'en ai à ton service. Ce n'est pas que je ne me reproche de t'offrir les moyens de te perdre, mais j'aime mieux cela que de te laisser recourir à ce Moserwald..., qui est ton rival, tu ne l'ignores pas, je pense ?

Je ne pouvais plus parler. Le sang m'étouffait d'une toux convulsive. Je lui fis signe que je n'avais besoin de rien, et il se retira sans avoir voulu me serrer la main.

Quelques instants après, j'étais en conférence avec mon hôte.

— Nephtali, lui dis-je, j'ai besoin de vingt mille francs, je vous les demande.

— Ah! enfin, s'écria-t-il avec une joie sincère, vous êtes donc mon véritable ami!

— Oui; mais écoutez. Mes parents possèdent en tout le double de cette somme, placée sous mon nom. Je n'ai pas de dettes et je suis fils unique. Tant que mes parents vivront, je ne veux pas aliéner ce capital, dont ils touchent la rente. Vous me donnerez du temps, et je vais vous faire une reconnaissance de la somme et des intérêts.

Il ne voulait pas de cette garantie. Je le forçai d'accepter, le menaçant, s'il la refusait, de m'adresser à Obernay, qui m'avait ouvert sa bourse.

— Ne suis-je donc pas assez votre obligé, lui dis-je, vous qui, pour croire à ma solvabilité, acceptez la seule preuve que je puisse vous en donner ici, ma parole?

Au bout d'un quart d'heure, j'étais avec lui dans sa voiture fermée. Nous sortions de Genève, et il me conduisait à une de ses maisons de campagne, d'où je sortis en chaise de poste pour gagner la frontière française.

J'étais fort inquiet d'Alida, qui devait m'y rejoindre dans la soirée et qui me semblait avoir quitté la maison Obernay trop précipitamment pour ne pas risquer de rencontrer quelque obstacle; mais, en arrivant au lieu du rendez-vous, je trouvai qu'elle m'avait devancé. Elle s'élança de sa voiture dans la mienne, et nous continuâmes notre route avec rapidité. Il n'y avait pas de chemins de fer en ce temps-là, et il n'était pas facile de nous atteindre. Cela n'eût pourtant pas été impossible à Valvèdre. On verra bientôt ce qui nous préserva de sa poursuite.

Paris était encore, à cette époque, l'endroit du monde civilisé où il était le plus facile de se tenir caché. C'est là que j'installai ma compagne dans un appartement mystérieux et confortable, en attendant les événements. Je placerai ici plusieurs lettres qui me furent adressées par Moserwald poste restante. La première était de lui.

« Mon enfant, j'ai fait ce qui était convenu entre nous. J'ai écrit à M. Henri Obernay pour lui dire que je savais où vous étiez, que je vous avais donné ma parole de ne le confier à personne, mais que j'étais en mesure de vous faire parvenir n'importe quelle lettre il jugerait à propos de confier à mes soins. Dès le jour même, il a envoyé chez moi le paquet ci-inclus, que je vous transmets fidèlement.

» Vous avez passé le Rubicon comme feu César. Je ne reviendrai pas sur la dose de satisfaction, de douleur et d'inquiétude que cela me met sur l'estomac... L'estomac, c'est bien vulgaire, et *on* en rira sans pitié; mais il faut que j'en prenne mon parti. Le temps de la poésie est passé pour moi avec celui de l'espérance. Je m'étais pourtant senti des dispositions pendant quelques jours... Le dieu m'abandonne, et je ne vais plus songer qu'à ma santé. L'événement auquel je m'attendais et auquel je ne voulais pas croire, votre départ précipité avec *elle*, m'a bouleversé, et j'ai ressenti encore quelques mouvements de bile ; mais cela passera, et la ition de don Quichotte que vous me faites me donnera du courage. J'entends d'ici qu'*on* rit encore ; *on* me compare peut-être à Sancho ! N'importe, je suis à *vous* (au singulier ou au pluriel), à votre service, à votre discrétion, à la vie et à la mort.

« Nephtali. »

La lettre incluse dans celle-ci en contenait une troisième. Les voici toutes les deux, celle d'Henri d'abord :

« J'espère qu'en lisant la lettre que je t'envoie, tu ouvriras les yeux sur ta véritable situation. Pour que tu la comprennes, il faut que tu saches comment j'ai agi à ton égard.

» Tu es bien simple si tu m'as cru disposé à transmettre à M. de V... tes offres provocatrices. Je me suis contenté de lui dire, pour sauvegarder ton honneur, qu'une tierce personne était chargée de te faire tenir tout genre de communications, et que, le jour où il jugerait à propos d'avoir une explication avec toi, j'étais chargé personnellement de t'en prévenir, enfin que, dans ce cas, tu accepterais n'importe quel rendez-vous.

» Ceci établi, je me suis permis de supposer que tu

allais à Bruxelles pour t'entretenir avec tes parens sur tes projets ultérieurs. Quant à *madame,* j'ai fait, sans beaucoup de scrupule, un énorme mensonge. J'ai prétendu savoir qu'elle s'en allait à Valvèdre et, de là, en Italie, pour s'enfermer dans un couvent jusqu'au jour où son mari formerait le premier la demande du divorce, que, jusque-là, la tierce personne pouvait également lui faire connaître toute résolution prise à son égard.

» Il résulte de mon action que M. de Valvèdre..., qui désirait parler à *madame,* s'est rendu sur-le-champ à Valvèdre, où j'aimais mieux le voir, pour sa dignité et pour ma sécurité morale, que sur les traces des *aimables* fugitifs.

» De Valvèdre, il vient donc de m'écrire, et si, quand *madame* et toi aurez lu, vous persistez à méconnaître un tel caractère, je vous plains et n'envie pas votre manière de voir.

» Je ne me ferai pas ici l'avocat de la bonne cause; je regarde comme un très-grand bonheur pour mon ami de ne plus avoir dans sa vie ce lien qui lui confère *la responsabilité sans la répression possible :* problème insoluble où son âme se consume sans profit pour la science. Moins moral et plus positif que lui en ce qui le concerne, je fais des vœux pour que le calme et la liberté des voyages lui soient définitivement rendus. Ceci n'est pas galant, et tu vas peut-être m'en demander raison. Je n'accepterai pas la partie; mais je dois t'avertir d'une chose : c'est que, si tu persistais par hasard à demander réparation à M. de V... *de l'injure qu'il t'a faite en ne te disputant pas sa femme* (car c'était là ton thème), tu aurais en moi, non plus l'ami qui te plaint, mais le vengeur de l'ami que tu m'aurais fait perdre. Valvèdre est brave comme un lion; mais peut-être ne sait-il pas se battre. Moi, j'apprends, — au grand étonnement de ma femme et de ma famille, qui t'envoient mille amitiés. Braves cœurs, ils ne savent rien ! »

DE M. DE V... A HENRI OBERNAY.

« Je ne l'ai pas trouvée ici ; elle n'y est pas venue, et même, d'après les informations que j'ai prises le long du chemin, elle a dû suivre, pour se rendre en Italie, une tout autre direction. Mais est-elle réellement par là et a-t-elle jamais résolu sérieusement de s'enfermer dans un couvent, fût-ce pour quelques semaines?

» Quoi qu'il en soit, il ne me convient pas de la chercher davantage : j'aurais l'air de la poursuivre, et ce n'est nullement mon intention. Je souhaitais lui parler : une conversation est toujours plus concluante que des paroles écrites ; mais le soin qu'elle a pris de l'éviter et de me cacher son refuge décèle des résolutions plus complètes que je ne croyais devoir lui en attribuer.

» D'après les trois mots par lesquels elle a cru suffisant de clore une existence de devoirs réciproques, je vois qu'elle craignait un éclat de ma part. C'était mal me connaître. Il me suffisait, à moi, qu'elle sût mon jugement sur son compte, ma compassion pour ses souffrances, les limites de mon indulgence pour ses fautes ; mais, puisqu'elle n'en a pas jugé ainsi, il me paraît nécessaire qu'elle réfléchisse de nouveau sur ma conduite et sur celle qu'il lui convient d'adopter. Tu lui communiqueras donc ma lettre. J'ignore si, en te parlant, j'ai prononcé le mot de *divorce*, dont elle m'attribue la préméditation. Je suis certain de n'avoir envisagé cette éventualité que dans le cas où, foulant aux pieds l'opinion, elle me mettrait dans l'alternative ou de contraindre sa liberté, ou de la lui rendre entière. Je ne peux pas hésiter entre ces deux partis. L'esprit de la législation que j'ai reconnue en l'épousant prononce dans le sens d'une liberté réciproque, quand une incompatibilité éprouvée et constatée de part et d'autre est arrivée à compromettre la dignité du lien conjugal et l'avenir des enfants. Jamais, quoi qu'il arrive, je n'invoquerai contre celle que j'avais choisie, et que j'ai beaucoup aimée, le prétexte de son infidélité. Grâce à l'esprit de la réforme, nous ne sommes pas condamnés à nous nuire mutuellement pour nous dégager. D'autres motifs suffiraient ; mais nous n'en sommes pas là, et je n'ai point encore de motifs assez évidents pour exiger qu'*elle* se prête à une rupture légale.

» Elle a cru pourtant, dans un moment d'irritation, me donner ce motif en m'écrivant qu'elle comptait se remarier. Je ne suis pas homme à profiter d'une heure de dépit ; j'attendrai une insistance calme et réfléchie.

» Mais probablement elle tient à savoir si je désire le résultat qu'elle provoque, et si j'ai aspiré pour mon compte à la liberté de contracter un nouveau lien. Elle tient à le savoir pour rassurer sa conscience ou satisfaire sa fierté. Je lui dois donc la vérité. Je n'ai jamais eu la pensée d'un second mariage, et, si je l'avais eue, je regarderais comme une lâcheté de ne l'avoir pas sacrifiée au devoir de respecter, dans toute la limite du possible, la sincérité de mon premier serment.

» Cette limite du possible, c'est le cas où madame de V... afficherait ses nouvelles relations. C'est aussi le cas où elle me réclamerait de sang-froid, et après mûre délibération, le droit de contracter de nouveaux engagements.

» Je ne ferai donc rien pour agiter son existence actuelle et pour porter à l'extrême des résolutions que je n'ai pas le droit de croire sans appel. Je ne rechercherai et n'accepterai aucun pourparler avec la personne qui m'a offert de se présenter devant moi. Je ne prévois pas, de ce côté-là plus que de l'autre, des garanties d'association bien durable, mais je n'en serai juge qu'après un temps d'épreuve et d'attente.

» Si on ne m'appelle pas, d'ici à un mois, devant un tribunal compétent à prononcer le divorce, je m'absenterai pour un temps dont je n'ai pas à fixer le terme. A mon retour, je serai moi-même le juge de cette question délicate et grave qui nous occupe, et j'aviserai, mais sans sortir des principes de conduite que je viens d'exposer.

» Fais savoir aussi à madame de V... qu'elle pourra faire toucher à la banque de Moserwald et compagnie la rente de cinquante mille francs qui lui était précédemment servie, et dont elle-même avait fixé le chiffre. S'il lui convient d'habiter Valvèdre ou ma maison de Genève en l'absence de toute relation compromettante pour elle, dis-lui que je n'y vois aucun inconvénient ; dis-lui même que mon désir serait de la voir arriver ici pendant le peu de jours que j'ai encore à y passer. Je n'ai pas d'orgueil, ou du moins je n'en mets pas dans mes rapports avec elle. J'ai dû longtemps éviter des explications qui n'auraient servi qu'à l'irriter et à la faire souffrir. A présent que la glace est rompue, je ne me crois susceptible d'être atteint par aucun ridicule, si elle veut entendre ce que j'ai désormais à lui dire. Il ne sera pas question du passé, je lui parlerai comme un père qui n'espère pas convaincre, mais qui désire attendrir. Complétement désintéressé dans ma propre cause, puisque par le fait, et sans qu'il soit besoin de solennité, nous nous séparons, je sens que j'ai encore besoin, moi, de laisser sa vie, non pas heureuse, elle ne le peut être, mais aussi acceptable que possible pour elle-même. Elle pourrait encore goûter quelque joie intime dans la gloire de sacrifier la fantaisie et ses redoutables conséquences à l'avenir de ses enfants et à sa propre considération, à l'affection de ta famille, au fidèle dévouement de Paule, au respect de tous les gens sérieux... Si elle veut m'entendre, elle retrouvera l'ami toujours indulgent et jamais importun qu'elle connaît bien malgré ses habitudes de méprise... Si elle ne le veut pas, mon devoir est rempli, et je m'éloignerai, sinon rassuré sur son compte, du moins en paix avec moi-même. »

La bonté comique de Moserwald m'avait fait sourire, la rudesse chagrine et railleuse d'Obernay m'avait courroucé, la généreuse douceur de Valvèdre m'écrasa. Je me sentis si petit devant lui, que j'éprouvai un moment de terreur et de honte avant de faire lire à sa femme cette requête à la fois humble et digne; mais je n'avais pas le droit de m'y refuser, et je la lui envoyai par Bianca, qui était venue nous rejoindre à Paris.

Je ne voulais pas être témoin de l'effet de cette lecture sur Alida. J'avais appris à redouter l'imprévu de ses émotions et à en ménager le contre-coup sur moi-même. Depuis huit jours de tête-à-tête, nous avions, par un miracle de la volonté la plus tendue qui fut jamais, réussi à nous maintenir au diapason de la confiance héroïque. Nous voulions croire l'un à l'autre, nous voulions vaincre la destinée, être plus forts que nous-mêmes, donner un démenti aux sombres prévisions de ceux qui nous avaient jugés si défavorablement. Comme deux oiseaux blessés, nous nous pressions l'un contre l'autre pour cacher le sang qui eût révélé nos traces.

Alida fut grande en ce moment. Elle vint me trouver. Elle souriait, elle était belle comme l'ange du naufrage qui soutient et dirige le navire en détresse.

— Tu n'as pas tout lu, me dit-elle; voici des lettres qu'on avait remises à Bianca pour moi au moment où elle a quitté Genève. Je te les avais cachées; je veux que tu les connaisses.

La première de ces lettres était de Juste de Valvèdre.

« Ma sœur, disait-elle, où êtes-vous donc? Cette amie polonaise a quitté Vevay; elle est donc guérie? Elle va en Italie et vous l'y suivez précipitamment, sans dire adieu à personne! Il s'agit donc d'un grand service à lui rendre, d'un grand secours à lui porter? Ceci ne me regarde pas, direz-vous; mais me permettrez-vous de vous dire que je suis inquiète de vous, de votre santé altérée depuis quelque temps, de l'air agité d'Obernay, de l'air abattu de mon frère, de l'air mystérieux de Bianca? Elle n'a pas du tout l'air d'aller en Italie... Chère, je ne vous fais pas de questions, vous m'en avez dénié le droit, prenant ma sollicitude pour une vaine curiosité. Ah! ma sœur, vous ne m'avez jamais comprise; vous n'avez pas voulu lire dans mon cœur, et je n'ai pas su vous le révéler. Je suis une vieille fille gauche, tantôt brusque et tantôt craintive. Vous aviez raison de ne pas me trouver aimable, mais vous avez eu tort de croire que je n'étais pas aimante et que je ne vous aimais pas!

» Alida, revenez, ou, si vous êtes encore près de nous, ne partez pas! Mille dangers environnent une femme séduisante. Il n'y a de force et de sécurité qu'au sein de la famille. La vôtre vous semble quelquefois trop grave, nous le savons, nous essayerons de nous corriger... Et puis c'est peut-être moi qui vous déplais le plus... Eh bien, je m'éloignerai, s'il le faut. Vous m'avez reproché de me placer entre vous et vos enfants et d'accaparer leur affection. Ah! prenez ma place, ne les quittez pas, et vous ne me reverrez plus; mais non, vous avez du cœur, et de tels dépits ne sont pas dignes de vous. Vous n'avez jamais pu croire que je vous haïssais, moi qui donnerais ma vie pour votre bonheur et qui vous demande pardon à genoux, si j'ai eu envers vous quelques moments d'injustice ou d'impatience. Revenez, revenez! Edmond a beaucoup pleuré après votre départ, si peu prévu. Paolino a une idée fantasque, c'est que vous êtes dans le jardin qui est auprès du leur : il prétend qu'il vous y a vue un jour, et on ne peut l'empêcher de grimper au treillage pour regarder derrière le mur où l vous a rêvée, où il vous attend encore. Paule, qui vous aime tant, a beaucoup de chagrin; son mari en est jaloux. Adélaïde, qui me voit vous écrire, veut vous dire quelques mots. Elle vous dit, comme moi, qu'il faut croire en nous et ne pas nous abandonner. »

La lettre d'Adélaïde, plus timide et moins tendre, était plus touchante encore dans sa candeur.

« Chère madame,

» Vous êtes partie si vite, que je n'ai pas pu vous adresser une grave question. Faut-il garnir les chemises de *ces messieurs* (Edmond et Paul) avec de la dentelle, avec de la broderie ou avec un ourlet? Moi, j'étais pour les cols et manchettes bien fermes, bien blancs et tout unis; mais je crois vous avoir entendu dire que cela ressemblait trop à du papier et encadrait trop sèchement ces aimables et chères petites figures rondes. Rosa, qui donne toujours son avis, surtout quand on ne le lui demande pas, veut de la dentelle. Paule est pour la broderie; mais moi, remarquez, je vous en prie, comme je suis judicieuse, je prétends que c'est avant tout à leur petite maman que ces minois doivent plaire, et qu'elle a, d'ailleurs, mille fois plus de goût que de simples Génevoises de notre espèce. Donc, répondez vite, chère madame. On est d'accord pour désirer de vous complaire et de vous obéir en tout. Vous avez emporté un morceau de notre cœur, et cela sans crier gare. C'est mal à vous de ne pas nous avoir donné le temps de baiser vos belles mains et de vous dire ce que je vous dis ici : Guérissez votre amie, ne vous fatiguez pas trop et revenez vite, car je suis au bout de mes histoires pour faire prendre patience à Edmond et pour endormir Paolino. Paule vous écrit. Mon père et ma mère vous offrent leurs plus affectueux compliments, et Rosa veut que je vous dise qu'elle a bien soin du gros myrte que vous aimez, et dont elle veut mettre une fleur dans ma lettre avec un baiser pour vous. »

— Quelle confiance en mon retour! dit Alida quand j'eus fini de lire, et quel contraste entre les préoccupations de cette heureuse enfant et les éclairs de notre Sinaï! Eh bien, qu'as-tu, toi? manques-tu de courage? Ne vois-tu pas que plus il m'en faut, plus il m'en vient? Tu dois trouver que j'ai été bien injuste envers mon mari, envers la sœur aînée et envers cette innocente Adélaïde! Trouve, va! tu ne me feras pas plus de reproches que je ne m'en fais! J'ai douté de ces cœurs excellents et purs, je les ai niés pour m'étourdir sur le crime de mon amour! Eh bien, à présent que j'ouvre les yeux et que je vois quels amis je t'ai sacrifiés, je me réconcilie avec ma faute, et je me relève de mon humiliation. Je suis contente de me dire que tu ne m'as pas ramassée comme un oiseau chassé du nid et jugé indigne d'y reprendre sa place. Tu n'en as pas moins eu tout le mérite de la pitié, et tu as trouvé dans ton cœur généreux la force de me recueillir, un jour que je me croyais avilie et que tu m'avais vu fouler aux pieds. Mais, aujourd'hui, voilà Valvèdre qui se récracte et qui m'appelle, voilà Juste qui me tend les bras en s'agenouillant devant moi, et la douce Adélaïde qui me montre mes enfants en me disant qu'ils m'attendent et me pleurent! Je puis retourner auprès d'eux et y vivre indépendante, servie, caressée, remerciée, pardonnée, bénie ! A présent, tu es libre, cher ange; tu peux me quitter sans remords et sans inquiétude ; tu n'as rien gâté, rien détruit dans ma vie. Au contraire, ce mari très-sage, ces amis très-craintifs du *qu'en dira-t-on* me ménageront d'autant plus qu'ils m'ont vue prête à tout rompre. Tu le vois, nous pouvons nous quitter sans qu'on raille nos éphémères amours. Henri lui-même, ce Génévois mal-appris, me fera amende honorable s'il me voit renoncer volontairement à ce qu'il appelle mon caprice. Eh bien, que veux-tu faire? Réponds! réponds donc! à quoi songes-tu?

Il est des moments dans les plus fatales destinées où la Providence nous tend la planche de salut et semble nous dire : « Prends-la, ou tu es perdu. » J'entendais cette voix mystérieuse au-dessus de l'abîme ; mais le vertige de l'abîme fut plus fort et m'entraîna.

— Alida, m'écriai-je, tu ne me fais pas cette offre-là pour que je l'accepte? Tu ne le désires pas, tu n'y comptes pas, n'est-il pas vrai?

— Tu m'as comprise, répondit-elle en se mettant à genoux devant moi, les mains dans mes mains et comme dans l'attitude du serment. Je t'appartiens, et le reste du monde ne m'est rien ! Tu es tout pour moi : mon père et ma mère qui m'ont quittée, mon mari que je quitte, et mes amis qui vont me maudire, et mes enfants qui vont m'oublier. « Tu es mes frères et mes sœurs, comme dit le poëte, et

Ilion, ma patrie que j'ai perdue! » Non! je ne reviendrai plus sur mes pas, et, puisqu'il est dans ma destinée de mal comprendre les devoirs de la famille et de la société, au moins j'aurai consacré ma destinée à l'amour! N'est-ce donc rien, et celui qui me l'inspire ne s'en contentera-t-il pas? Si cela est, si pour toi je suis la première des femmes, que m'importe d'être la dernière aux yeux de tous les autres? Si mes torts envers eux me sont des mérites auprès de toi, de quoi aurais-je à me plaindre? Si l'on souffre là-bas et si je souffre de faire souffrir, j'en suis fière, c'est une expiation de ces fautes passées que tu me reprochais, c'est ma palme de marytre que je dépose à tes pieds.

Une seule chose peut m'excuser d'avoir accepté le sacrifice de cette femme passionnée, c'est la passion qu'elle m'inspira dès ce moment, et qui ne fut plus ébranlée un seul jour. Certes, je suis bien assez coupable sans ajouter au fardeau de ma conscience. Ma fuite avec elle fut une mauvaise inspiration, une lâche audace, une vengeance, ou du moins une réaction aveugle de mon orgueil froissé. Meilleure que moi, Alida avait pris mon dévouement au sérieux, et, si sa foi en moi fut un accès de fièvre, la fièvre dura et consuma le reste de sa vie. En moi, la flamme fut souvent agitée et comme battue du vent; mais elle ne s'éteignit plus. Et ce ne fut plus la vanité seule qui me soutint, ce fut aussi la reconnaissance et l'affection.

Dès lors il se fit une sorte de calme dans notre vie,

calme trompeur et qui cachait bien des angoisses toujours renaissantes; mais l'idée de nous raviser et de nous séparer ne fut jamais remise en question.

Nous prîmes aussi, ce jour-là, de bonnes résolutions, eu égard à notre position désespérée. Nous fîmes de la prudence avec notre témérité, de la sagesse avec notre délire. Je renonçai à mon hostilité contre Valvèdre, Alida à ses plaintes contre lui. Elle n'en parla plus qu'à de rares intervalles, d'un ton doux et triste, comme elle parlait de ses enfants. Nous renonçâmes aux rêves de libre triomphe qui nous avaient souri, et nous prîmes de grands soins pour cacher notre résidence à Paris et notre intimité. Alida prit la peine de s'expliquer avec son mari dans une lettre qu'elle écrivait à Juste, comme Valvèdre s'était expliqué avec elle dans sa lettre à Obernay. Elle persista dans son projet de divorce; mais elle promit de mener une existence si mystérieuse, que nul ne pourrait se porter son accusateur devant Valvèdre.

« Je sais bien, disait-elle, que mon absence prolongée, mon domicile inconnu, ma disparition inexpliquée pourront faire naître des soupçons, et qu'il vaudrait mieux que la femme de César ne fût pas soupçonnée; mais, puisque César ne veut pas répudier brutalement sa femme, et qu'il s'agit pour tous deux de se quitter sans reproche amer, celle-ci ménagera les apparences et n'affichera pas son futur changement de nom. Elle le cachera au contraire; elle ne verra aucune personne qui pourrait le deviner et le trahir;

elle sera morte pour le monde pendant plusieurs années, s'il le faut, et il ne tiendra qu'à vous de dire qu'elle est réellement dans un couvent, car elle vivra sous un voile et derrière d'épais rideaux. Si ce n'est pas là tout ce que souhaite et conseille César, c'est du moins tout ce qu'il peut exiger, lui qui ne s'est jamais couronné despote, et qui n'a pas plus tué la liberté dans l'hyménée qu'il ne veut la tuer dans le monde.

» Qu'il me permette, ajoutait-elle, de me refuser à l'entretien qu'il me demande. Je ne suis pas assez forte pour que le chagrin de résister à son influence ne me fît pas beaucoup de mal; mais je le suis trop pour qu'aucune considération humaine pût ébranler ma résolution. »

Elle finissait, après avoir, à son tour, demandé pardon à sa belle-sœur de ses injustices et de ses préventions, en lui signifiant qu'elle ne voulait accepter aucun secours d'argent, quelque minime qu'il pût être.

Quand elle écrivit à ses enfants, à Paule et à Adélaïde, elle pleura au point qu'elle trempa de larmes un billet à cette dernière où elle réglait, avec une gravité enjouée, la grande question des cols de chemise. Elle fut forcée de le recommencer, faisant de généreux et naïfs efforts pour me cacher le déchirement de ses entrailles. Je me jetai à ses genoux, je la suppliai de partir avec moi pour Genève. Je t'accompagnerai jusqu'à la frontière, lui dis-je, ou je me cacherai dans la maison de campagne de Moserwald. Tu passeras trois jours, huit jours si tu veux, avec tes enfants, et nous nous sauverons de nouveau; puis, quand tu sentiras le besoin de les embrasser encore, nous repartirons pour Genève. C'est absolument la vie que tu aurais menée, si tu étais retournée à Valvèdre. Tu aurais été les voir deux ou trois fois par an. Ne pleure donc plus, ou ne me cache pas tes larmes. J'avoue que je suis content de te voir pleurer, parce que, chaque jour, je découvre que tu ne mérites pas les reproches qu'on t'adressait, et que tu es une aussi tendre mère qu'une amante loyale; mais je ne veux pas que tu pleures trop longtemps quand je peux d'un mot sécher tes beaux yeux. Viens, viens! partons! Ne recommence pas tes lettres. Tu vas revoir tes amis, tes fils, tes sœurs, et *Ilion* que tu m'as sacrifiée, mais que tu n'as pas perdue!

Elle refusa, sans vouloir s'expliquer sur la cause de son refus. Enfin, pressée de questions, elle me dit:

— Mon pauvre enfant, je ne t'ai pas demandé avec quoi nous vivions et où tu trouvais de l'argent. Tu as dû engager ton avenir, escompter le produit de tes futurs succès... Ne me le dis pas, va, je sais bien que tu as fait pour moi quelque grand sacrifice ou quelque grande imprudence, et je trouve cela tout simple venant de toi; mais je ne dois pas, pour mes satisfactions personnelles, abuser de ton dévouement. Non, je ne le veux pas, n'insiste pas, ne m'ôte pas le seul mérite que j'aie pour m'acquitter envers toi. Il faut que je souffre, vois-tu; cela m'est bon, c'est là ce qui me purifie. L'amour serait vraiment trop facile, si on pouvait se donner à lui sans briser avec ses autres devoirs. Il n'en est pas ainsi, et Valvèdre, s'il m'écoutait, dirait que je proclame un blasphème ou un sophisme, lui qui ne comprenait pas que ce qu'il appelait une oisiveté coupable pût être l'idéal dévouement que j'exigeais de lui; mais, selon moi, le sophisme est de croire que la passion ne soit pas l'immolation des choses les plus chères et les plus sacrées, et voilà pourquoi je veux que tu me laisses venir à toi, dépouillée de tout autre bonheur que toi-même...

Oui, je le crois aujourd'hui, moi aussi, que l'infortunée Alida proclamait un effrayant sophisme, que Valvèdre avait raison contre elle, que le devoir accompli rend l'amour plus fervent, et que lui seul le rend durable, tandis que le remords dessèche ou tue; mais, dans le triomphe de la passion, dans l'ivresse de la reconnaissance, j'écoutais Alida comme l'oracle des divins mystères, comme la prêtresse du dieu véritable, et je partageais son rêve immense, son aspiration vers l'impossible. Je me disais aussi qu'il n'y a pas qu'une seule route pour s'élever vers le vrai; que, si la perfection semble être dans la religion du droit et dans les sanctifiantes vertus de la famille, il y a un lieu de refuge, une oasis, un temple nouveau pour ceux dont la fatalité a renversé les autels et les foyers; que ce droit d'asile sur les hauteurs, ce n'était pas la froide abstinence, la mort volontaire, mais le vivifiant amour. Transfuges de la société, nous pouvions encore bâtir un tabernacle dans le désert et servir la cause sublime de l'idéal. N'étions-nous pas des anges en comparaison de ces viveurs grossiers qui se dépravent dans l'abus de la vie positive? Alida, brisant toute son existence pour me suivre, n'était-elle point digne d'une tendre et respectueuse pitié? Moi-même, acceptant avec énergie son passé douteux et le déshonneur qu'elle bravait, n'étais-je pas un homme plus délicat et plus noble que celui qui cherche dans la débauche ou dans la cupidité l'oubli de son rêve et le débarras de son orgueil?

Mais l'opinion, jalouse de maintenir l'ordre établi, ne veut pas qu'on s'isole d'elle, et elle se montre plus tolérante pour ceux qui se donnent au vice facile, au travers répandu, que pour ceux qui se recueillent et cherchent des mérites qu'elle n'a pas consacrés. Elle est inexorable pour qui ne lui demande rien, pour les amants qui ne veulent pas de son pardon, pour les penseurs qui, dans leur entretien avec Dieu, ne veulent pas la consulter.

Nous entrions donc, Alida et moi, non pas seulement dans la solitude du fait, mais dans celle du sentiment et de l'idée. Restait à savoir si nous étions assez forts pour cette lutte effroyable.

Nous nous fîmes cette illusion, et, tant qu'elle dura, elle nous soutint; mais il faut, ou une grande valeur intellectuelle, ou une grande expérience de la vie pour demeurer ainsi, sans ennui et sans effroi, dans une île déserte. L'effroi fut mon tourment, l'ennui fut le ver rongeur de ma compagne infortunée. Elle avait fait les démarches nécessaires pour obtenir la dissolution de son mariage. Valvèdre n'y avait pas fait opposition; mais il était parti pour un long voyage, disait-on, sans présenter sa propre demande au tribunal compétent. Évidemment, il voulait forcer sa femme à réfléchir longtemps avant de se lier à moi, et, son absence pouvant se prolonger indéfiniment, l'épreuve du temps exigé par la législation étrangère menaçait ma passion d'une attente au-dessus de mes forces. Est-ce là ce que voulait cet homme étrange, ce mystérieux philosophe? Comptait-il sur la chasteté de sa femme au point de lui laisser courir les dangers de mon impatience, ou préférait-il la savoir complétement infidèle, et, par là, préservée de la durée de ma passion? Évidemment, il me dédaignait fort, et j'étais forcé de le lui pardonner, en reconnaissant qu'il n'avait d'autre préoccupation que celle d'adoucir la mauvaise destinée d'Alida.

Cette pauvre femme, voyant des retards infinis à notre union, vainquit tous ses scrupules et se montra magnanime. Elle m'offrit son amour sans restrictions, et, vaincu par mes transports, je faillis l'accepter; mais je vis quel sacrifice elle s'imposait et avec quelle terreur elle bravait ce qu'elle croyait être le dernier mot de l'amour. Je savais les fantômes que pouvaient lui créer sa sombre imagination et la pensée de sa déchéance, car elle était fière de n'avoir jamais trahi la *lettre de ses serments;* c'est ainsi qu'elle s'exprimait quand mon inquiète et jalouse curiosité l'interrogeait sur le passé. Elle croyait aussi que le désir est chez l'homme le seul aliment de l'amour, et par le fait elle craignait le mariage autant que l'adultère.

— Si Valvèdre n'eût pas été mon mari, disait-elle souvent, il n'eût pas songé à me négliger pour la science : il serait encore à mes pieds !

Cette fausse notion, aussi fausse à l'égard de Valvèdre qu'au mien, était difficile à détruire chez une femme de trente ans, indocile à toute modification, et je ne voulus pas d'un bonheur trempé de ses larmes. Je la connaissais assez désormais pour savoir qu'elle ne subissait aucune influence, qu'aucune persuasion n'avait prise sur elle, et que, pour la trouver toujours enthousiaste, il fallait la laisser à sa propre initiative. Il était en son pouvoir de se sacrifier, mais non de ne pas regretter le sacrifice, peut-être, hélas! à toutes les heures de sa vie.

J'étais là dans le vrai, et, quand je repoussai le bonheur, fier de pouvoir dire que j'avais une force surhumaine, je vis, au redoublement de son affection, que je l'avais bien comprise. J'ignore si j'eusse remporté longtemps cette victoire sur moi-même ; des circonstances alarmantes me forcèrent à changer de préoccupations.

IX

Depuis trois mois, nous vivions cachés dans une de ces rues aérées et silencieuses qui, à cette époque, avoisinaient le jardin du Luxembourg. Nous nous y promenions dans la journée, Alida toujours enveloppée et voilée avec le plus grand soin, moi ne la quittant jamais que pour m'occuper de son bien-être et de sa sûreté. Je n'avais renoué aucune des relations, assez rares d'ailleurs, que j'avais eues à Paris. Je n'avais fait aucune visite; quand il m'était arrivé d'apercevoir dans la rue une figure de connaissance, je l'avais évitée en changeant de trottoir et en détournant la tête; j'avais même acquis à cet égard la prévoyance et la présence d'esprit d'un sauvage dans les bois, ou d'un forçat évadé sous les yeux de la police.

Le soir, je la conduisais quelquefois aux divers théâtres, dans une de ces loges d'en bas où l'on n'est pas vu. Durant les beaux jours de l'automne, je la menai souvent à la campagne, cherchant avec elle ces endroits solitaires que, même aux environs de Paris, les amants savent toujours trouver.

Sa santé n'avait donc pas souffert du changement de ses habitudes, ni du manque de distractions; mais, quand vint l'hiver, le noir et mortel hiver des grandes villes du Nord, je vis sa figure s'altérer brusquement. Une toux sèche et fréquente, dont elle ne voulait pas s'occuper, disant qu'elle y était sujette tous les ans à pareille époque, m'inquiéta cependant assez pour que je la fisse consentir à voir un médecin. Après l'avoir examinée, le médecin lui dit en souriant qu'elle n'avait rien; mais il ajouta pour moi seul en sortant :

— Madame votre sœur (je m'étais donné pour son frère) n'a rien de bien grave jusqu'à présent; mais c'est une organisation fragile, je vous en avertis. Le système nerveux prédomine trop. Paris ne lui vaut rien. Il lui faudrait un climat égal, non pas Hyères ou Nice, mais la Sicile ou Alger.

Je n'eus plus dès lors qu'une pensée, celle d'arracher ma compagne à la pernicieuse influence d'un climat maudit. J'avais déjà dépensé, pour lui procurer une existence conforme à ses goûts et à ses besoins, la moitié de la somme empruntée à Moserwald. Celui-ci m'écrivait en vain qu'il avait en caisse des fonds déposés par l'ordre de M. de Valvèdre pour sa femme : ni elle ni moi ne voulions les recevoir.

Je m'informai des dépenses à faire pour un voyage dans les régions méridionales. Les *Guides* imprimés promettaient merveille sous le rapport de l'économie; mais Moserwald m'écrivait :

« Pour une femme délicate et habituée à toutes ses aises, n'espérez pas vivre dans ces pays-là, où tout ce qui n'est pas le strict nécessaire est rare et coûteux, à moins de trois mille francs par mois. Ce sera très-peu, trop peu si vous manquez d'ordre; mais ne vous inquiétez de rien, et partez vite, si *elle* est malade. Cela doit lever tous vos scrupules, et, si vous poussez la folie jusqu'à refuser la pension du mari, le pauvre Nephtali est toujours là avec tout ce qu'il possède, à votre service, et trop heureux si vous acceptez! »

J'étais décidé à prendre ce dernier parti aussitôt qu'il deviendrait nécessaire. J'avais encore un avenir de vingt mille francs à aliéner, et j'espérais travailler durant le voyage, quand je verrais Alida rétablie.

De l'Afrique, je ne vous dirai pas un mot dans ce récit tout personnel de ma vie intime. Je m'occupai de l'établissement de ma compagne dans une admirable retraite, non loin de laquelle je pris pour moi un local des plus humbles, comme j'avais fait à Paris, pour ôter tout prétexte à la malignité du voisinage. Je fus bientôt rassuré. La toux disparut; mais, peu après, je fus alarmé de nouveau. Alida n'était pas phthisique, elle était épuisée par une surexcitation d'esprit sans relâche. Le médecin français que je consultai n'avait pas d'opinion arrêtée sur son compte. Tous les organes de la vie étaient tour à tour menacés, tour à tour guéris, et tour à tour envahis de nouveau par une débilitation subite. Les nerfs jouaient en cela un si grand rôle, que la science pouvait bien risquer de prendre souvent l'effet pour la cause. En de certains jours, elle se croyait et se sentait guérie. Le lendemain, elle retombait accablée d'un mal vague et profond qui me désespérait.

La cause! elle était dans les profondeurs de l'âme. Cette âme-là ne pouvait pas se reposer une heure, un instant. Tout lui était sujet d'appréhension funeste ou d'espérance insensée. Le moindre souffle du vent la faisait tressaillir, et, si je n'étais pas auprès d'elle à ce moment-là, elle croyait avoir entendu mes cris, le suprême appel de mon agonie. Elle haïssait la campagne, elle s'y était toujours déplu. Sous le ciel imposant de l'Afrique, en présence d'une nature peu soumise encore à la civilisation européenne, tout lui semblait sauvage et terrifiant. Le rugissement lointain des lions, qui, à cette époque, se faisait encore entendre autour des lieux habités, la faisait trembler comme une pauvre feuille, et aucune condition de sécurité ne pouvait lui procurer le sommeil. En d'autres moments, sous l'empire d'autres dispositions d'esprit, elle croyait entendre la voix de ses enfants venant la voir, et elle s'élançait ravie, folle, bientôt désespérée en regardant les petits Maures qui jouaient devant sa porte.

Je cite ces exemples d'hallucination entre mille. Voyant qu'elle se déplaisait à ***, je la ramenai à Alger, au risque de n'y pouvoir garder l'incognito. A Alger, elle fut écrasée par le climat. Le printemps, déjà un été dans ces régions chaudes, nous chassa vers la Sicile, où, près de la mer, à mi-côte des montagnes, j'espérais trouver pour elle un air tiède et quelques brises. Elle s'amusa quelques instants de la nouveauté des choses, et bientôt je la vis dépérir encore plus rapidement.

— Tiens, me dit-elle, dans un accès d'abattement invincible, je vois bien que je me meurs!

Et, mettant ses mains pâles et amaigries sur ma bouche :

— Ne te moque pas, ne ris pas! je sais ce que cette gaieté te coûte, et que, la nuit, seul avec la certitude inévitable, tu pleures ton rire! Pauvre cher enfant, je suis un fléau dans ta vie et un fardeau pour moi-même. Tu ferais mieux, pour nous deux, de me laisser mourir bien vite.

— Ce n'est pas la maladie, lui répondis-je navré de sa clairvoyance, c'est le chagrin ou l'ennui qui te consume. Voilà pourquoi je ris de tes maux physiques prétendus incurables, tandis que je pleure de tes souffrances morales. Pauvre chère âme, que puis-je donc faire pour toi?

— Une seule et dernière chose, dit-elle : je voudrais embrasser mes enfants avant de mourir.

— Tu embrasseras tes enfants, et tu ne mourras pas! m'écriai-je.

Et je feignis de tout préparer pour le départ; mais, au milieu de ces préparatifs, je tombais brisé de découragement. Avait-elle la force de retourner à Genève? n'allait-elle pas mourir en route? Une autre terreur s'emparait de moi, je n'avais plus d'argent. J'avais écrit à Moserwald de m'en prêter encore, et je ne pouvais douter de sa confiance en moi. Il n'avait pas répondu : était-il malade ou absent? était-il mort ou ruiné? Et qu'allions-nous devenir, si cette ressource suprême nous manquait?

J'avais fait d'héroïques efforts pour travailler, mais je n'avais pu rien continuer, rien compléter. Alida, malade d'esprit autant que de corps, ne me laissait pas un moment de calme. Elle ne pouvait supporter la solitude. Elle me poussait au travail ; mais, quand j'étais sorti de sa chambre, elle divaguait, et Bianca venait me chercher bien vite.

J'avais essayé de travailler auprès d'elle, c'était tout aussi impossible. J'avais toujours les yeux sur les siens, tremblant quand je les voyais briller de fièvre ou se fixer, éteints, comme si la mort l'eût déjà saisie. D'ailleurs, j'avais bien reconnu une terrible vérité : c'est que ma plume, au point de vue lucratif, était pour le moment, pour toujours peut-être, improductive. Elle eût pu me nourrir très-humblement si j'eusse été seul; mais il me fallait trois mille francs par mois... Moserwald n'avait rien exagéré.

Après avoir épuisé tous les mensonges imaginables pour faire prendre patience à ma malheureuse amie, il me fallut lui avouer que j'attendais une lettre de crédit de Moserwald pour être à même de la conduire en France. Je lui cachai que j'attendais cette lettre depuis si longtemps déjà, que je n'osais plus l'espérer. Je m'étais décidé à l'horrible humiliation d'écrire ma détresse à Obernay. Lui aussi était-il absent? Mais sans doute il allait répondre. Le temps de l'espoir n'était pas épuisé de ce côté-là. Dans le doute, je surmontai la douleur de demander à mes parents un sacrifice : quelques jours de patience, et une réponse quelconque allait arriver. Je suppliai Alida de ne prendre aucune inquiétude.

Elle eut, ce jour-là, son dernier courage. Elle sourit de ce sourire déchirant que je ne comprenais que trop. Elle me dit qu'elle était tranquille et qu'elle était, d'ailleurs, résignée à accepter les dons de son mari comme un prêt que je serais certainement à même de lui faire rembourser plus tard. Elle ménageait ainsi ma fierté ; elle m'embrassa et s'endormit ou feignit de s'endormir.

Je me retirai dans la chambre voisine. Depuis que je la voyais s'éteindre, je ne quittais plus la maison qu'elle habitait. Au bout d'une heure, je l'entendis qui causait avec Bianca. Cette fille, peu scrupuleuse sur le chapitre de l'amour, mais d'un dévouement admirable pour sa maîtresse, qui la maltraitait et la gâtait tour à tour, s'efforçait en ce moment de la consoler et de lui persuader qu'elle reverrait bientôt ses enfants.

— Non, va! je ne les reverrai plus, répondit la pauvre malade : c'est là le châtiment le plus cruel que Dieu pût m'infliger, et je sens que je le mérite.

— Prenez garde, madame, dit Bianca, votre découragement fait tant de mal à ce pauvre jeune homme!

— Il est donc là?

— Mais je crois que oui, dit Bianca en s'approchant du seuil de l'autre chambre.

Je m'étais jeté par hasard sur un fauteuil à dossier

fort élevé. Bianca, ne me voyant pas, crut que j'étais sorti, et retourna auprès de sa maîtresse en lui disant que j'allais certainement rentrer, et qu'il fallait être calme.

— Eh bien, quand tu l'entendras rentrer, dit Alida, tu me feras signe, et je feindrai de dormir. Il se console et se rassure encore un peu quand il s'imagine que j'ai dormi. Laisse-moi te parler, Bianchina ; cela me soulage, nous sommes si peu seules! Ah! ma pauvre enfant, toi-même, tu ne sais pas ce que je souffre et quels remords me tuent! Depuis que j'ai tout quitté pour ce bon Francis, mes yeux se sont ouverts, et je suis devenue une autre femme. J'ai commencé à croire en Dieu et à prendre peur; j'ai senti qu'il allait me punir et qu'il ne me permettrait pas de vivre dans le mal.

Bianca l'interrompit.

— Vous ne faites point de mal, dit-elle; je n'ai jamais vu de femme aussi vertueuse que vous! Et vous auriez tous les droits possibles pourtant, avec un mari si égoïste et si indifférent!...

—Tais-toi, tais-toi! reprit Alida avec une force fébrile; tu ne le connais pas! tu n'es que depuis trois ans à mon service, tu ne l'as vu que longtemps déjà après ma première infidélité de cœur et quand il ne m'aimait plus. Je l'avais bien mérité!... Mais, jusqu'à ces derniers temps, j'ai cru qu'il ne savait rien, qu'il n'avait rien daigné savoir, et que, ne pouvant pas me juger indigne de lui, son cœur s'était retiré de moi par lassitude. Je lui en voulais donc, et, sans songer à mes torts, je m'irritais des siens. Mes torts! je n'y croyais pas; je disais comme toi : « Je suis si vertueuse au fond! et j'ai un mari si indifférent! » Sa douceur, sa politesse, sa libéralité, ses égards, je les attribuais à un autre motif que la générosité. Ah! pourquoi ne parlait-il pas? Un jour enfin... Tiens, c'est aujourd'hui le même jour de l'année!... il y a un an... Je l'ai entendu parler de moi et je n'ai pas compris, j'étais folle! Au lieu d'aller me jeter à ses pieds, je me suis jetée dans les bras d'un autre, et j'ai cru faire une grande chose. Ah! illusion, illusion! dans quels malheurs tu m'as précipitée!

— Mon Dieu, reprit Bianca, vous regrettez donc votre mari à présent? Vous n'aimez donc pas ce pauvre M. Francis?

— Je ne peux pas regretter mon mari, dont je n'ai plus l'amour, et j'aime Francis de toute mon âme, c'est-à-dire de tout ce qui m'est resté de ma pauvre âme!... Mais, vois-tu, Bianca, toi qui es femme, tu dois bien comprendre cela : on n'aime réellement qu'une fois! Tout ce qu'on rêve ensuite, c'est l'équivalent d'un passé qui ne revient jamais. On dit, on croit qu'on aime davantage, on voudrait tant se le persuader! On ne ment pas, mais on sent que le cœur contredit la volonté. Ah! si tu avais connu Valvèdre quand il m'aimait! Quelle vérité, quelle grandeur, quel génie dans l'amour! Mais tu n'aurais pas compris, pauvre petite, puisque je n'ai pas compris moi-même! Tout cela s'est éclairci pour moi à distance, quand j'ai pu comparer, quand j'ai rencontré ces beaux diseurs qui ne disent rien, ces cœurs enflammés qui ne sentent rien...

— Comment! Francis lui-même?...

— Francis, c'est autre chose : c'est un poëte, un vrai poëte peut-être, un artiste à coup sûr. La raison lui manque, mais non le cœur ni l'intelligence. Il a même quelque chose de Valvèdre, il a le sentiment du devoir. Il y a manqué en m'enlevant au mien; il n'a pas les principes de Valvèdre, mais il a de lui les grands instincts, les sublimes dévouements. Cependant, Bianchina, il a beau faire, il ne m'aime pas, lui, il ne peut pas m'aimer! Du moins, il ne m'aime pas comme il pourra aimer un jour. Il avait rêvé une autre femme, plus jeune, plus douce, plus instruite, plus capable de le rendre heureux, une femme comme Adélaïde Obernay. Sais-tu qu'il devait, qu'il pouvait l'épouser, et que c'est moi qui fus l'empêchement? Ah! je lui ai fait bien du mal, et j'ai raison de mourir!... Mais il ne me le reproche pas, il voudrait me faire vivre... Tu vois bien qu'il est grand, que j'ai raison de l'aimer... Tu as l'air de croire que je me contredis... Non, non, je n'ai pas le délire, jamais je n'ai vu si clair. Nous nous sommes monté la tête, lui et moi; nous nous sommes brisés contre le sort, et à présent nous nous pardonnons l'un à l'autre, nous nous estimons. Nous avons fait notre possible pour nous aimer autant que nous le disions, autant que nous nous l'étions promis..., et moi, pleurant Valvèdre quand même, lui, regrettant Adélaïde malgré tout, nous allons nous donner le baiser d'adieu suprême... Tiens, cela vaut mieux que l'avenir qui nous attendait certainement, et je suis contente de mourir...

En parlant ainsi, elle fondait en larmes. Bianca pleurait aussi, sans rien trouver pour la consoler, et moi, j'étais paralysé par l'épouvante et la douleur. Quoi! c'était là le dernier mot de cette passion funeste! Alida mourait en pleurant son mari, et en disant : « *L'autre* ne m'aime pas! » Certes, en voulant l'amour d'une femme dont l'époux était sans reproche, j'avais cédé à une mauvaise et coupable tentation, mais comme j'étais puni!

Je fis un suprême effort, le plus méritoire de ma vie peut-être : je m'approchai de son lit, et, sans me plaindre de rien pour mon compte, je réussis à la calmer.

— Tout ce que tu viens de rêver, lui dis-je, c'est l'effet de la fièvre, et tu ne le penses pas. D'ailleurs, tu le penserais, que je n'y voudrais pas croire. Ne te contrains donc plus devant moi, dis tout ce que tu voudras, c'est la maladie qui parle. Je sais qu'à d'autres heures tu verras autrement mon cœur et le tien. Que tu croies en Dieu, que tu rendes justice à Valvèdre, que tu te reproches de n'avoir pas compris un mari qui n'avait que des vertus et qui savait peut-être aimer mieux que tout le monde, c'est bien, j'y consens, et je le savais. Ne m'as-tu pas dit cent fois que cette croyance et ce remords te faisaient du bien, et que tu m'en offrais la souffrance comme un mérite et une réconciliation avec toi-même? Oui, c'était bien, tu étais dans le vrai; mais pourquoi perdrais-tu le fruit de ces bonnes inspirations? Pourquoi exciter ton imagination pour t'ôter justement à toi-même le mérite du repentir et pour m'arracher l'espérance de ta guérison? Tout est consommé. Valvèdre a souffert, mais il est résigné depuis longtemps : il voyage, il oublie. Tes enfants sont heureux, et tu vas les revoir; tes amis te pardonnent, si tant est qu'ils aient quelque chose de personnel à te pardonner. Ta réputation, si tant est qu'elle soit compromise par ton absence, peut être réhabilitée, soit par ton retour, soit par notre union. Rends donc justice à ta destinée et à ceux qui t'aiment. Moi, soumis à tout, je serai pour toi ce que tu voudras, ton mari, ton amant ou ton frère. Pourvu que je te sauve, je serai assez récompensé. Tu peux même penser ce que tu as dit, ne pas croire au *second amour*, et ne m'accorder que le reste d'une âme épuisée par le premier, je m'en contenterai. Je vaincrai mon sot orgueil, je me dirai que c'est encore plus que je ne mérite, et, si tu as envie de me parler du passé, nous en parlerons ensemble. Je ne te demande qu'une chose : c'est de n'avoir pas de secrets pour moi, ton enfant, ton ami, ton esclave; c'est de ne pas te combattre et t'épuiser en douleurs cachées. Tu crois donc que je n'ai pas de courage? Si, j'en ai, et pour toi j'en peux avoir jusqu'à l'héroïsme. Ne me ménage donc pas, si cela te soulage un peu, et dis-moi que tu ne m'aimes pas, pourvu que tu me dises ce qu'il faut faire et ce qu'il faut être pour que tu m'aimes !

Alida s'attendrit de ma résignation, mais elle n'avait plus la force de se relever par l'enthousiasme. Elle colla ses lèvres sur mon front en pleurant, comme un enfant, avec des cris et des sanglots; puis, écrasée de fatigue, elle s'endormit enfin.

Ces émotions la ranimèrent un instant ; le lendemain, elle fut mieux, et je vis renaître l'impatience du départ. C'est ce que je redoutais le plus.

Nous demeurions près de Palerme. Tous les jours, j'y allais en courant pour voir s'il n'y avait rien pour moi à la poste. Ce jour-là fut un jour d'espoir, un dernier rayon de soleil. Comme j'approchais de la ville, je vis une voiture de louage qui en sortait et qui venait vers moi au galop. Un avertissement mystérieux me cria dans l'âme que c'était un secours qui m'arrivait. Je me jetai à tout hasard, comme un fou, à la tête des chevaux. Un homme se pencha hors de la portière : c'était lui, c'était Moserwald!

Il me fit monter près de lui et donna l'ordre de continuer, car c'est chez nous qu'il venait. Le trajet était si court, que nous échangeâmes à la hâte les explications les plus pressées. Il avait reçu ma lettre, avec celle que je lui envoyais pour Henri, à deux mois de date, par suite d'un accident arrivé à son secrétaire, qui, blessé et gravement malade, avait oublié de la lui remettre. Aussitôt que cet excellent Moserwald avait connu ma situation, il avait jeté au feu ma demande d'argent à Obernay, il avait pris la poste, il accourait ; argent, aide, affection, il m'apportait tout ce qui pouvait sauver Alida ou prolonger sa vie.

Je ne voulus pas qu'il la vît sans que j'eusse pris le temps de la prévenir d'une rencontre amenée, à mon dire, par le hasard. On craint toujours d'éclairer les malades sur l'inquiétude dont ils sont l'objet. Je craignais aussi que le féroce préjugé d'Alida contre les juifs ne lui fît accueillir froidement cet ami si sûr et si dévoué.

Elle sourit de son sourire étrange, et ne fut pas dupe du motif qui amenait Moserwald à Palerme ; mais elle le reçut avec grâce, et je vis bientôt que la distraction de voir un nouveau visage et le plaisir d'entendre parler de sa famille lui faisaient quelque bien. Quand je pus être seul avec Nephtali, je lui demandai son impression sur l'état où il la trouvait.

— Elle est perdue ! me répondit-il ; ne vous faites pas d'illusion. Il ne s'agit plus que d'adoucir sa fin.

Je me jetai dans ses bras et je pleurai amèrement : il y avait si longtemps que je me contenais !

— Écoutez, reprit-il quand il eut essuyé ses propres larmes, il faut, je pense, avant tout, qu'elle ne voie pas son mari.

— Son mari ? où donc est-il ?

— A Naples, il la cherche. Quelqu'un qui vous a aperçus quittant Alger lui a dit que sa femme semblait mourante, et qu'on avait été forcé de la porter pour la conduire au rivage. Il était alors à Rome, s'inquiétant d'elle et s'informant dans tous les couvents, car sa sœur aînée lui avait laissé croire qu'elle n'était pas avec vous et qu'elle s'était mise réellement en retraite.

— Mais vous avez donc vu Valvèdre à Naples? vous lui avez donc parlé?

— Oui; il m'a été impossible de l'éviter. J'ai gardé votre secret malgré ses douces prières et ses froides menaces. J'ai réussi ou j'ai cru avoir réussi à lui échapper : il n'a pu me suivre; mais il est très-tenace et très-fin, et, malheureusement, je suis très-connu. Il s'informera, il découvrira aisément quelle direction j'ai prise. Il a certainement deviné que j'allais vous rejoindre. Je ne serais pas étonné de le voir arriver ici peu de jours après moi. Ne vous y trompez plus, il l'aime encore, cette pauvre femme; il est encore jaloux... Malgré son air tranquille, j'ai vu clair en lui. Il faut vous cacher, j'entends cacher Alida plus loin de la ville, ou dans le port, sur quelque navire. J'en ai là plus d'un à ma discrétion. J'ai beaucoup d'amis, c'est-à-dire beaucoup d'obligés partout.

— Eh bien, non, mon cher Nephtali, répondis-je; ce n'est pas là ce qu'il faut faire, c'est tout le contraire : il faut que vous guettiez l'arrivée de Valvèdre, et que vous me fassiez avertir dès qu'il abordera à Palerme, afin que j'aille au-devant de lui.

— Ah! vous voulez encore vous battre? Vous ne

trouvez pas que la pauvre femme ait assez souffert?

— Je ne veux pas me battre, je veux conduire Valvèdre auprès de sa femme; lui seul peut la sauver.

— Comment? qu'est-ce à dire? elle le regrette donc? elle a donc à se plaindre de vous?

— Elle n'a pas à se plaindre de moi, Dieu merci! mais elle regrette sa famille, voilà ce qui est certain. Valvèdre sera généreux, je le connais. Jaloux ou non, il consolera, il fortifiera la pauvre âme navrée!

Moserwald retourna à Palerme et mit en observation sur le port les plus affidés de ses gens; puis il revint occuper mon petit logement afin d'être à portée de nous servir à toute heure. Il fut admirable de bonté, de douceur et de prévenances. Je dois le dire et ne jamais l'oublier.

Alida voulut le revoir et le remercier de son amitié pour moi. Elle ne voulut pas avoir l'air un seul instant de soupçonner qu'il eût été ou qu'il fût encore amoureux d'elle; mais, chose étrange et qui peint bien cette femme puérile et charmante, elle eut avec lui un accès de coquetterie au bord de la tombe. Elle se fit peindre les sourcils et les joues par Bianca, et, couchée sur sa chaise longue, tout enveloppée de fins tissus d'Alger, elle trôna encore une fois dans la langueur de sa beauté expirante.

Cela était cruel sans doute, car, si elle ne rallumait plus les désirs de l'amour, elle s'emparait encore de l'imagination, et je vis Moserwald frappé d'une douloureuse extase; mais Alida ne songeait point à cela:

elle suivait machinalement l'habitude de sa vie. Elle fut coquette d'esprit autant que de visage. Elle encouragea notre hôte à lui raconter les bruits de Genève, et, pleurant lorsqu'elle revenait à parler de ses enfants, elle eut des accès de rire nerveux quand, avec sa bonhomie railleuse, Moserwald lui retraça les ridicules de certains personnages de son ancien milieu.

En la voyant ainsi, Moserwald reprit de l'espérance.

— La distraction lui est bonne, me disait-il au bout de deux jours : elle se mourait d'ennui. Vous vous êtes imaginé qu'une femme du monde, habituée à sa petite cour, pouvait s'épanouir dans le tête-à-tête, et vous voyez qu'elle s'y est flétrie comme une fleur privée d'air et de soleil. Vous êtes trop romanesque, mon enfant, je ne puis assez vous le répéter. Ah! si c'était moi qu'elle eût voulu suivre! je l'aurais promenée de fête en fête, je lui aurais fait un milieu nouveau. Avec de l'argent, on fait tout ce qu'on veut! Elle a des goûts aristocratiques : l'hôtel du juif serait devenu si luxueux et si agréable, que les plus gros bonnets y fussent venus saluer la beauté reine des cœurs et la richesse reine du monde! Et vous, vous n'avez pas voulu comprendre; vos fiertés, vos cas de conscience, ont fait de votre intérieur une prison cellulaire! Vous n'avez pas pu y travailler, et elle n'a pas pu y vivre. Et que vous fallait-il pour qu'elle fût enivrée, pour qu'elle n'eût pas le temps de se repentir et de regretter sa famille? De l'argent, rien que de l'argent! Or, son mari lui en offrait, à elle, et vous, vous en aviez, puisque j'en ai!

— Ah! Moserwald, lui répondis-je, vous me faites bien du mal en pure perte! Je ne pouvais pas agir comme vous pensez, et, quand je l'aurais pu, ne voyez-vous pas qu'il est trop tard?

— Non, peut-être que non! Qui sait? je lui apporte peut-être la vie, moi, le gros juif si prosaïque! Avant-hier, je l'ai cru au moment d'expirer sous mes yeux; aujourd'hui, elle m'apparaît comme ressuscitée. Qu'elle se soutienne encore ainsi quelques jours, et nous l'emmenons, nous l'entourons de douceurs et d'amusements. J'y dépenserai des millions s'il le faut, mais nous la sauverons!

En ce moment, Bianca vint m'appeler en criant que sa maîtresse était morte. Nous nous précipitâmes dans sa chambre. Elle respirait, mais elle était livide, immobile et sans connaissance.

J'avais pour elle le meilleur médecin du pays. Il l'avait abandonnée en ce sens qu'il n'ordonnait plus que des choses insignifiantes; mais il venait la voir tous les jours, et il arriva au moment où je l'envoyais chercher.

— Est-ce la fin? lui dit tout bas Moserwald.

— Eh! qui sait? répondit-il en levant les épaules avec chagrin.

— Quoi! m'écriai-je, vous ne pouvez pas la ranimer? Elle va mourir ainsi, sans nous voir, sans nous reconnaître, sans recevoir nos adieux?

— Parlez bas, reprit-il, elle vous entend peut-être. Il y a là, je crois, un état cataleptique.

— Mon Dieu! s'écria la Bianca en pâlissant et en nous montrant le fond de la galerie, dont les portes étaient grandes ouvertes pour laisser circuler l'air dans l'appartement; voyez donc *celui* qui vient là!...

Celui qui venait comme l'ange de la mort, c'était Valvèdre!

Il entra sans paraître voir aucun de nous, alla droit à sa femme, lui prit la main et la regarda attentivement pendant quelques secondes; puis il l'appela par son nom, et elle ouvrit les lèvres pour lui répondre, mais sans que la voix pût sortir.

Il se fit encore quelques instants d'un horrible silence, et Valvèdre dit de nouveau en se penchant vers elle, et avec un accent de douceur infinie :

— Alida!

Elle s'agita et se leva comme un spectre, retomba, ouvrit les yeux, fit un cri déchirant, et jeta ses deux bras au cou de Valvèdre.

Quelques instants encore, et elle retrouva la parole et le regard; mais ce qu'elle disait, je ne l'entendis pas. J'étais cloué à ma place, foudroyé par un conflit d'émotions inexprimables. Valvèdre ne semblait, m'a-t-on dit, faire aucune attention à moi. Moserwald me prit vigoureusement le bras et m'entraîna hors de la chambre.

J'y fus en proie à un véritable égarement. Je ne savais plus où j'étais, ni ce qui venait de se passer.

Le médecin vint me secourir à mon tour, et je l'aidai de tout l'effort de ma volonté, car je me sentais devenir fou, et je voulais être de force à accomplir jusqu'au bout mon affreuse destinée. Revenu à moi, j'appris qu'Alida était calme, et pouvait vivre encore quelques jours ou quelques heures. Son mari était seul avec elle.

Le médecin se retira, disant que le nouveau venu paraissait en savoir autant que lui pour les soins à donner en pareille circonstance. Bianca écoutait à travers la porte. J'eus un accès d'humeur contre elle, et je la poussai brusquement dehors. Je ne voulais pas me permettre d'entendre ce que Valvèdre disait à sa femme en ce moment suprême ; la curiosité de cette fille, quelque bien intentionnée qu'elle fût, me paraissait être une profanation.

Resté seul avec Moserwald dans le salon qui touchait à la chambre d'Alida, je demeurai morne et comme frappé d'une religieuse terreur. Nous devions nous tenir là, tout prêts à secourir au besoin. Moserwald voulait écouter, comme avait fait Bianca, et je savais qu'on pouvait entendre en approchant de la porte. Je le gardai d'autorité auprès de moi à l'autre bout du salon. La voix de Valvèdre nous arrivait douce et rassurante, mais sans qu'aucune parole distincte en pût confirmer pour nous les inflexions. La sueur me coulait du front, tant j'avais de peine à subir cette inaction, cette incertitude, cette soumission passive en face de la crise suprême.

Tout à coup, la porte s'ouvrit doucement, et Valvèdre vint à nous. Il salua Moserwald et lui demanda pardon de le laisser seul, en le priant de ne pas s'éloigner; puis il s'adressa à moi pour me dire que madame de Valvèdre désirait me voir. Il avait la politesse et la gravité d'un homme qui fait les honneurs de sa propre maison au milieu d'un malheur domestique.

Il rentra chez Alida avec moi, et, comme s'il m'eût présenté à elle :

— Voici votre ami, lui dit-il, l'ami dévoué à qui vous voulez témoigner votre gratitude. Tout ce que vous m'avez dit de ses soins et de son affection absolue justifie votre désir de lui serrer la main, et je ne suis pas venu ici pour l'éloigner de vous dans un moment où toutes les personnes qui vous sont attachées veulent et doivent vous le prouver. C'est une consolation pour vos souffrances, et vous savez que je vous apporte tout ce que mon cœur vous doit de tendresse et de sollicitude. Ne craignez donc rien, et, si vous avez quelques ordres à donner qui vous semblent devoir être mieux exécutés par d'autres que moi, je vais me retirer.

— Non, non, répondit Alida en le retenant d'une main pendant qu'elle s'attachait à moi de l'autre; ne me quittez pas encore!... Je voudrais mourir entre vous deux, lui qui a tout fait pour sauver ma vie, vous qui êtes venu pour sauver mon âme!

Puis, se soulevant sur nos bras et nous regardant

tour à tour avec une expression de terreur désespérée, elle ajouta :

— Vous êtes ainsi devant moi pour que je meure en paix ; mais à peine serai-je sous le suaire, que vous vous vous battrez !

— Non ! répondis-je avec force, cela ne sera pas, je le jure !

— Je vous entends, monsieur, dit Valvèdre, et je connais vos intentions. Vous m'offrirez votre vie, et vous ne la défendrez pas. Vous voyez bien, ajouta-t-il en s'adressant à sa femme, que nous ne pouvons pas nous battre. Rassurez-vous, *ma fille*, je ne ferai jamais rien de lâche. Je vous ai donné ma parole, ici, tout à l'heure, de ne pas me venger de celui qui s'est dévoué à vous corps et âme dans ces amères épreuves, et je n'ai pas deux paroles.

— Je suis tranquille, répondit Alida en portant à ses lèvres la main de son mari. Oh ! mon Dieu ! vous m'avez donc pardonné !... Il n'y a que mes enfants... mes enfants que j'ai négligés..., abandonnés..., mal aimés pendant que j'étais avec eux..., et qui ne recevront pas mon dernier baiser... Chers enfants ! pauvre Paul ! Ah ! Valvèdre, n'est-ce pas que c'est une grande expiation et qu'à cause de cela tout me sera pardonné ? Si vous saviez comme je les ai adorés, pleurés ! comme mon pauvre cœur inconséquent s'est déchiré dans l'absence ! comme j'ai compris que le sacrifice était au-dessus de mes forces, et comme Paul, celui qui me rendait triste, qui me faisait peur, que je n'osais pas embrasser, m'est apparu beau et bon et à jamais regrettable dans mes heures d'agonie! Il le sait, lui, Francis, que je ne faisais plus de différence entre eux, et que j'aurais été une bonne mère, si... Mais je ne les reverrai pas!... Il faut rester ici sous cette terre étrangère, sous ce cruel soleil qui devait me guérir, et qui rit toujours pendant qu'on meurt!...

— Ma chère fille, reprit Valvèdre, vous m'avez promis de ne penser à la mort que comme à une chose dont l'accomplissement est aussi éventuel pour vous que pour nous tous. L'heure de ce passage est toujours inconnue, et celui qui croit la sentir arriver peut en être plus éloigné que celui qui n'y songe point. La mort est partout et toujours, comme la vie. Elles se donnent la main et travaillent ensemble pour les desseins de Dieu. Vous aviez l'air de me croire tout à l'heure, quand je vous disais que tout est bien, par la raison que tout renaît et recommence. Ne me croyez-vous plus? La vie est une aspiration à monter, et cet éternel effort vers l'état le meilleur, le plus épuré et le plus divin, conduit toujours à un jour de sommeil qu'on appelle mort, et qui est une régénération en Dieu.

— Oui, j'ai compris, répondit Alida... Oui, j'ai aperçu Dieu et l'éternité à travers tes paroles mystérieuses!... Ah! Francis, si vous l'aviez entendu tout à l'heure, et si je l'avais écouté plus tôt, moi!... Quel calme il a fait descendre, quelle confiance il sait donner! *Confiance,* oui, voilà ce qu'il disait, *avoir foi dans sa propre confiance!...* Dieu est le grand asile, rien ne peut être danger, après la vie, pour l'âme qui se fie et s'abandonne ; rien ne peut être châtiment et dégradation pour celle qui comprend le bien et se désabuse du mal!... Oui, je suis tranquille!... Valvèdre, tu m'as guérie !

Elle ne parla plus, elle s'assoupit. Une molle sueur, de plus en plus froide, mouilla ses mains et son visage. Elle vécut ainsi, sans voix et presque sans souffle, jusqu'au lendemain. Un pâle et triste sourire effleurait ses lèvres quand nous lui parlions. Tendre et brisée, elle essayait de nous faire comprendre qu'elle était heureuse de nous voir. Elle appela Moserwald du regard, et du regard lui désigna sa main pour qu'il la pressât dans la sienne.

Le soleil se levait magnifique sur la mer. Valvèdre ouvrit les rideaux et le montra à sa femme. Elle sourit encore, comme pour lui dire que cela était beau.

— Vous vous trouvez bien, n'est-ce pas ? lui dit-il.

Elle fit signe que oui.

— Tranquille, guérie ?

Oui encore, avec la tête.

— Heureuse, soulagée? Vous respirez bien?

Elle souleva sa poitrine sans effort, comme allégée délicieusement du poids de l'agonie.

C'était le dernier soupir. Valvèdre, qui l'avait senti approcher, et qui, par son air de conviction et de joie, en avait écarté la terrible prévision, déposa un long baiser sur le front, puis sur la main droite de la morte. Il reprit à son doigt l'anneau nuptial qu'elle avait cessé longtemps de porter, mais qu'elle avait remis la veille; puis il sortit, il tira derrière lui les verrous du salon, et nous cacha le spectacle de sa douleur.

Je ne le revis plus. Il parla avec Moserwald, qui se chargea de remplir ses intentions. Il le priait de faire embaumer et transporter le corps de sa femme à Valvèdre. Il me demandait pardon de ne pas me dire adieu. Il s'éloigna aussitôt, sans qu'on pût savoir quelle route de terre ou de mer il avait prise. Sans doute, il alla demander aux grands spectacles de la nature la force de supporter le coup qui venait de déchirer son cœur.

J'eus l'atroce courage d'aider Moserwald à remplir la tâche funèbre qui nous était imposée : cruelle amertume infligée par une âme forte à une âme brisée! Valvèdre me laissait le cadavre de sa femme après m'avoir repris son cœur et sa foi au dernier moment

J'accompagnai le dépôt sacré jusqu'à Valvèdre. Je voulus revoir cette maison vide à jamais pour moi, ce jardin toujours riant et magnifique devant le silence de la mort, ces ombrages solennels et ce lac argenté qui me rappelaient des pensées si ardentes et des rêves si funestes. Je revis tout cela la nuit, ne voulant être remarqué de personne, sentant que je n'avais pas le droit de m'agenouiller sur la tombe de celle que je n'avais pu sauver.

Je pris là congé de Moserwald, qui voulait me garder avec lui, me faire voyager, me distraire, m'enrichir, me marier, que sais-je?

Je n'avais plus le cœur à rien, mais j'avais une dette d'honneur à payer. Je devais plus de vingt mille francs que je n'avais pas, et c'est à Moserwald précisément que je les devais. Je me gardai bien de lui en parler ; il se fût réellement offensé de ma préoccupation, ou il m'eût trouvé les moyens de m'acquitter en se trichant lui-même. Je devais songer à gagner par mon travail cette somme, minime pour lui, mais immense pour moi qui n'avais pas d'état, et lourde sur ma conscience, sur ma fierté, comme une montagne.

J'étais tellement écrasé moralement, que je n'entrevoyais aucun travail d'imagination dont je fusse capable. Je sentais, d'ailleurs, qu'il fallait, pour me réhabiliter, une vie rude, cachée, austère ; les rivalités comme les hasards de la vie littéraire n'étaient plus des émotions en rapport avec la pesanteur de mon chagrin. J'avais commis une faute immense en jetant dans le désespoir et dans la mort une pauvre créature faible et romanesque, que j'étais trop romanesque et trop faible moi-même pour savoir guérir. Je lui avais fait briser les liens de la famille, qu'elle ne respectait pas assez, il est vrai, mais auxquels, sans moi, elle ne se serait peut-être jamais ouvertement soustraite. Je l'avais aimée beaucoup, il est vrai, durant son martyre, et je ne m'étais pas volontairement trouvé au-dessous de la terrible épreuve ; mais je ne pouvais pas oublier que, le jour où je l'avais enlevée, j'avais obéi à l'orgueil et à la vengeance plus qu'à l'amour. Ce retour sur moi-même consternait mon âme. Je n'étais plus orgueilleux, hélas! mais de quel prix j'avais payé ma guérison!

Avant de quitter le voisinage de Valvèdre, j'écrivis à Obernay. Je lui ouvris les replis les plus cachés de ma douleur et de mon repentir. Je lui racontai tous les détails de cette cruelle histoire. Je m'accusai sans me ménager. Je lui fis part de mes projets d'expiation. Je voulais reconquérir, un jour, son amitié perdue.

Je mis trente heures à écrire cette lettre; les larmes m'étouffaient à chaque instant. Moserwald, me croyant parti, avait repris la route de Genève.

Quand j'eus réussi à compléter et mon récit et ma pensée, je sortis pour prendre l'air, et insensiblement, machinalement, mes pas me portèrent vers le rocher où, l'année précédente, j'avais déjeuné avec Alida, active, résolue, levée avec le jour, et arrivée là sur un cheval fier et bondissant. Je voulus savourer l'horreur de ma souffrance. Je me retournai pour regarder encore la villa. J'avais marché deux heures par un chemin rapide et fatigant; mais, en réalité, j'étais encore si près de Valvèdre que je distinguais les moindres détails. Que je m'étais senti fier et heureux à cette place! quel avenir d'amour et de gloire j'y avais rêvé!

— Ah! misérable poëte, pensai-je, tu ne chanteras

plus ni la joie, ni l'amour, ni la douleur! tu n'auras pas de rimes pour cette catastrophe de ta vie! Non, Dieu merci, tu n'es pas encore desséché à ce point. La honte tuera ta pauvre muse : elle a perdu le droit de vivre!

Un son lointain de cloches me fit tressaillir : c'était le glas des funérailles. Je montai sur la pointe la plus avancée du rocher, et je distinguai, spectacle navrant, une ligne noire qui se dirigeait vers le château. C'étaient les derniers honneurs rendus par les villageois des environs à la pauvre Alida ; on la descendait dans la tombe, sous les ombrages de son parc. Quelques voitures annonçaient la présence des amis qui plaignaient son sort sans le connaître, car notre secret avait été scrupuleusement gardé. On la croyait morte dans un couvent d'Italie.

J'essayai pendant quelques instants de douter de ce que je voyais et entendais. Le chant des prêtres, les sanglots des serviteurs et même, il me sembla, des cris d'enfants montaient jusqu'à moi. Était-ce une illusion? Elle était horrible, et je ne pouvais m'y soustraire. Cela dura deux heures! Chaque coup de cette cloche tombait sur ma poitrine et la brisait. A la fin, j'étais insensible, j'étais évanoui. Je venais de sentir Alida mourir une seconde fois.

Je ne revins à moi qu'aux approches de la nuit. Je me traînai à la Rocca, où mes vieux hôtes n'étaient plus qu'un. La femme était morte. Le mari m'ouvrit ma chambre sans s'occuper autrement de moi. Il revenait de l'enterrement de *la dame,* et, veuf depuis quelques semaines, il avait senti se rouvrir devant ces funérailles la blessure de son propre cœur. Il était anéanti.

Je délirai toute la nuit. Au matin, ne sachant où j'étais, j'essayai de me lever. Je crus avoir une nouvelle vision après toutes celles qui venaient de m'assiéger. Obernay était assis près de la table d'où je lui avais écrit la veille; il lisait ma lettre. Sa figure assombrie témoignait d'une profonde pitié.

Il se retourna, vint à moi, me fit recoucher, m'ordonna de me taire, fit appeler un médecin, et me soigna pendant plusieurs jours avec une bonté extrême. Je fus très-mal, sans avoir conscience de rien. J'étais épuisé par une année d'agitations dévorantes et par les atroces douleurs des derniers mois, douleurs sans épanchement, sans relâche et sans espoir.

Quand je fus hors de danger et qu'il me fut permis de parler et de comprendre, Obernay m'apprit que, prévenu par une lettre de Valvèdre, il était venu avec sa femme, sa belle-sœur et les deux enfants d'Alida assister aux funérailles. Toute la famille était repartie; lui seul était resté, devinant que je devais être là, me cherchant partout, et me découvrant enfin aux prises avec une maladie des plus graves.

— J'ai lu ta lettre, ajouta-t-il. Je suis aussi content de toi que je peux l'être après ce qui s'est passé. Il faut persévérer et reconquérir, non pas mon amitié, que tu n'as jamais perdue, mais l'estime de toi-même. Tiens, voilà de quoi t'encourager.

Il me montra un fragment de lettre de Valvèdre.

« Aie l'œil sur ce jeune homme, disait-il ; sache ce qu'il devient, et méfie-toi du premier désespoir. Lui aussi a reçu la foudre ! Il l'avait attirée sur sa tête ; mais, anéanti comme le voilà, il a droit à ta sollicitude. Il est le plus malheureux de tous, ne l'oublie pas, car il ne se fait plus d'illusions sur l'œuvre maudite qu'il a accomplie !

» Aux grandes fautes les grands secours avant tout, mon cher enfant ! Ton jeune ami n'est pas un être lâche ni pervers, tant s'en faut, et je n'ai pas à rougir pour *elle* du dernier choix qu'elle avait fait. Je suis certain qu'il l'eût épousée si j'eusse consenti au divorce, et j'y eusse consenti si elle eût longtemps insisté. Il faut donc remettre ce jeune homme dans le droit chemin. Nous devons cela à la mémoire de celle qui voulait, qui eût pu porter son nom.

» S'il demandait, un jour, à voir les enfants, ne t'y oppose pas. Il sentira profondément devant les orphelins son devoir d'homme et l'aiguillon salutaire du remords.

» Enfin, sauve-le ; que je ne le revoie jamais, mais qu'il soit sauvé ! Moi, je le suis depuis longtemps, et ce n'est pas de moi, de mon plus ou de mon moins de tristesse que tu dois t'occuper. S'oublier soi-même, voilà la grande question quand on n'est pas plus fort que son mal ! »

X

Sept ans me séparaient déjà de cette terrible époque de ma vie quand je revis Obernay. J'étais dans l'industrie. Employé par une compagnie, je surveillais d'importants travaux métallurgiques. J'avais appris mon état en commençant par le plus dur, l'état manuel. Henri me trouva près de Lyon, au milieu des ouvriers, noirci, comme eux, par les émanations de l'antre du travail. Il eut quelque peine à me reconnaître; mais je sentis à son étreinte que son cœur d'autrefois m'était rendu. Lui n'était pas changé. Il avait toujours ses fortes épaules, sa ceinture dégagée, son teint frais et son œil limpide.

— Mon ami, me dit-il quand nous fûmes seuls, tu sauras que c'est le hasard d'une excursion qui m'amène vers toi. Je voyage en famille depuis un mois, et maintenant je retourne à Genève; mais, sans la circonstance du voyage, je t'aurais rejoint, n'importe où, un peu plus tard, à l'automne. Je savais que tu étais au bout de ton expiation, et il me tardait de t'embrasser. J'ai reçu ta dernière lettre, qui m'a fait grand bien; mais je n'avais pas besoin de cela pour savoir tout ce qui te concerne. Je ne t'ai pas perdu de vue depuis sept ans. Tu n'as voulu recevoir de moi aucun service de fait ; tu m'as demandé seulement de t'écrire quelquefois avec amitié, sans te parler du passé. J'ai cru d'abord que c'était encore de l'orgueil, que tu ne voulais même pas d'assistance morale, craignant surtout de vivre sous l'influence indirecte, sous la protection cachée de Valvèdre. A présent, je te rends pleine justice. Tu as et tu auras toujours beaucoup d'orgueil, mais ton caractère s'est élevé à la hauteur de la fierté, et je ne me permettrai plus jamais d'en sourire. Ni moi ni personne ne te traitera plus d'enfant. Sois tranquille, tu as su faire respecter tes malheurs.

— Mon cher Henri, tu exagères ! lui répondis-je. J'ai fait bien strictement mon devoir. J'ai obéi à ma nature, peut-être un peu ingrate, en me dérobant à la pitié. J'ai voulu me punir tout seul et de mes propres mains en m'assujettissant à des études qui m'étaient antipathiques, à des travaux où l'imagination me semblait condamnée à s'éteindre. J'ai été plus heureux que je ne le méritais, car l'acquisition d'un savoir quelconque porte avec elle sa récompense, et, au lieu de s'abrutir dans l'étude où l'on se sent le plus revêche, on s'y assouplit, on s'y transforme, et la passion, qui ne meurt jamais en nous, se porte vers les objets de nos recherches. Je comprends à présent pourquoi certaines personnes — et pourquoi ne nommerais-je pas M. de Valvèdre? — ont pu ne pas devenir matérialistes en étudiant les secrets de la matière. Et puis je me suis rappelé souvent ce que souvent tu me disais autrefois. Tu me trouvais trop ardent pour être un écrivain littéraire; tu me disais que je ferais de la poésie folle, de l'histoire fantastique ou de la critique emportée, partiale, nuisible par conséquent. Oh! je n'ai rien oublié, tu vois. Tu disais que les organisations très-vivaces ont souvent en elles une fatalité qui les entraine à l'exubérance, et qui hâte ainsi leur destruction prématurée; qu'un bon conseil à suivre serait celui qui me détournerait de ma propre excitation pour me jeter dans une sphère d'occupations sérieuses et calmantes; que les artistes meurent souvent ou s'étiolent par l'effet des émotions exclusivement cherchées et développées; que les spectacles, les drames, les opéras, les poëmes et les romans étaient, pour les sensibilités trop aiguisées, comme une huile sur l'incendie; enfin que, pour être un artiste ou un poëte durable et sain, il fallait souvent retremper la logique, la raison et la volonté dans des études d'un ordre sévère, même s'astreindre aux commencements arides des choses. J'ai suivi ton conseil sans m'apercevoir que je le suivais, et, quand j'ai commencé à en recueillir le fruit, j'ai trouvé que tu ne m'avais pas assez dit combien ces études sont belles et attrayantes. Elles le sont tellement, mon ami, que j'ai pris les arts d'imagination en pitié pendant quelque temps... ferveur de novice que tu m'aurais pardonnée; mais, aujourd'hui, tout en jouissant en artiste des rayons que la science projette sur moi, je sens que je ne me détacherai plus d'une branche de connaissances qui m'a rendu la faculté de raisonner et de réfléchir : bienfait inappréciable, qui m'a préservé également de l'abus et du dégoût de la vie ! A présent, mon ami, tu sais que j'approche du terme de ma captivité...

— Oui, reprit-il, je sais qu'avec des appointements qui ont été longtemps bien minimes, tu as réussi à t'acquitter peu à peu avec Moserwald, lequel déclare avec raison que c'est un tour de force, et que tu as dû t'imposer, pendant les premières années surtout, les plus dures privations. Je sais que tu as perdu ta mère, que tu as tout quitté pour elle, que tu l'as soignée avec un dévouement sans égal, et que, voyant ton père très-âgé, très-usé et très-pauvre, tu t'es senti bien heureux de pouvoir doubler pour lui, par un placement en viager, à son insu, la petite somme qu'il te réservait, et qu'il t'avait confiée pour la faire valoir. Je sais aussi que tu as eu des mœurs austères, et que tu as su te faire apprécier pour ton savoir, ton intelligence et ton activité au point de pouvoir prétendre maintenant à une très-honorable et très-heureuse existence. Enfin, mon ami, en approchant d'ici, j'ai su et j'ai vu que tu étais aimé à l'adoration par les ouvriers que tu diriges ;... qu'on te craignait un peu,... il n'y a pas de mal à cela, mais que tu étais un ami et un frère pour ceux qui souffrent. Le pays est en ce moment plein de louanges sur une action récente...

— Louanges exagérées ; j'ai eu le bonheur d'arracher à la mort une pauvre famille.

— Au péril de ta vie, péril des plus imminents! On t'a cru perdu.

— Aurais-tu hésité à ma place?

— Je ne crois pas! Aussi je ne te fais pas de compliments; je constate que tu suis sans défaillance la ligne de tes devoirs. Allons, c'est bien; embrasse-moi, on m'attend.

— Quoi! je ne verrai pas ta femme et tes enfants, que je ne connais pas?

— Ma femme et mes enfants ne sont pas là. Les marmots ne quittent pas si longtemps l'école du grand-père, et leur mère ne les quitte pas d'une heure.

— Tu me disais être en famille.

— C'était une manière de dire. Des parents, des amis... Mais je ne te fais pas de longs adieux. Je reconduis mon monde à Genève, et, dans six semaines, je reviens te chercher.

— Me chercher?

— Oui. Tu seras libre?

— Libre? Mais non, je ne le serai jamais.

— Tu ne seras jamais libre de ne rien faire; mais tu seras libre de travailler où tu voudras. Ton engagement avec ta compagnie finit à cette époque; je viendrai alors te soumettre un projet qui te sourira peut-être, et qui, en te créant de grandes occupations selon tes goûts actuels, te rapprochera de moi et de ma famille.

— Me rapprocher de vous autres? Ah! mon ami, vous êtes trop heureux pour moi! Je n'ai jamais envisagé la possibilité de ce rapprochement qui me rappellerait à toute heure un passé affreux pour moi; cette ville, cette maison!...

— Tu n'habiteras pas la ville, et cette maison, tu ne la reverras plus. Nous l'avons vendue, elle est démolie. Mes vieux parents ont regretté leurs habitudes, mais ils ne regrettent plus rien aujourd'hui. Ils demeurent chez moi, en pleine campagne, dans un site magnifique, au bord du Léman. Nous ne sommes plus entassés dans un local devenu trop étroit pour l'augmentation de la famille. Mon père ne s'occupe plus que de nos enfants et de quelques élèves de choix qui viennent pieusement chercher ses leçons. Moi, je lui ai succédé dans sa chaire. Tu vois en moi un grave professeur ès sciences que la botanique ne possède plus exclusivement. Allons, allons, tu as assez vécu seul! Il faut quitter la Thébaïde; tu manques à mon bonheur complet, je t'en avertis.

— Tout cela est fait pour me tenter, mon ami; mais tu oublies que j'ai un vieux père infirme, qui vit encore plus seul et plus triste que moi. Tout l'effort de ma liberté reconquise doit tendre à me rapprocher de lui.

— Je n'oublie rien, mais je dis que tout peut s'arranger. Ne m'ôte pas l'espérance et laisse-moi faire.

Il me quitta en m'embrassant avec tant d'effusion, que la source des douces larmes, depuis longtemps tarie, se rouvrit en moi. Je retournai au travail, et, quelques heures après, je vis, dans un de mes ateliers, un jeune garçon, un enfant de quatorze ou quinze ans, de mine résolue et intelligente, qui avait l'air de chercher quelqu'un, et dont je m'approchai pour savoir ce qu'il voulait.

— Rien, me répondit-il avec assurance ; je regarde.

— Mais savez-vous, mon beau petit bourgeois, lui dit en raillant un vieil ouvrier, qu'il n'est pas permis de regarder comme ça ce qu'on ne comprend pas?

— Et, si je comprends, reprit l'enfant, qu'avez-vous à dire?

— Et qu'est-ce que vous comprenez? lui demandai-je en souriant de son aplomb. Racontez-nous cela.

Il me répondit par une démonstration chimico-physico-métallurgique si bien récitée et si bien rédigée, que le vieil ouvrier laissa tomber ses bras contre son corps et resta comme une statue.

— Dans quel manuel avez-vous appris cela? demandai-je au petit, — car il était petit, fort et laid, mais d'une de ces laideurs singulières et charmantes qui sont tout à coup sympathiques. Je l'examinais avec une émotion qui arrivait à me faire trembler. Il avait de très-beaux yeux, un peu divergents, et qui lui faisaient deux profils d'expression différente, l'un bienveillant, l'autre railleur. Le nez, délicatement découpé, était trop long et trop étroit, mais plein d'audace et de finesse; le teint sombre, la bouche saine, garnie de fortes dents bizarrement plantées, je ne sais quoi de caressant et de provoquant dans le sourire, un mélange de disgrâce et de charme. Je sentis que je l'aimais, et, si j'eus une terrible commotion de tout mon être, je ne fus presque pas surpris quand il me répondit :

— Je n'étudie pas les manuels, je récite la leçon de M. le professeur Obernay, mon maître. Le connaissez-vous par hasard, le père Obernay? Il n'est pas plus sot qu'un autre, hein?

— Oui, oui, je le connais, c'est un bon maître! Et vous, êtes-vous un bon élève, monsieur Paul de Valvèdre?

— Tiens! reprit-il sans que son visage montrât aucune surprise, voilà que vous savez mon nom, vous? Comment donc est-ce que vous vous appelez?

— Oh! moi, vous ne me connaissez pas; mais comment êtes-vous ici tout seul?

— Parce que je viens y passer six semaines pour étudier, pour voir comment on s'y prend et comment les métaux se comportent dans les expériences en grand. On ne peut pas se faire une idée de cela dans les laboratoires. Mon professeur a dit : « Puisqu'il mord à cette chose-là, je voudrais qu'il pût voir fonctionner quelque grande usine spéciale. » Et son fils Henri lui a répondu : « C'est bien simple. Je vais du côté où il y en a, et je l'y conduirai. J'ai par là des amis qui lui montreront tout avec de bonnes explications; et me voilà. »

— Et Henri est parti?... Il vous laisse avec moi?

— Avec vous! Ah! vous disiez que je ne vous connaissais pas ! Vous êtes Francis ! Je vous cherchais, et j'étais presque sûr de vous avoir reconnu tout de suite !

— Reconnu ? Depuis...

— Oh ! je ne me souvenais guère de vous ; mais votre portrait est dans la chambre d'Henri, et vous n'êtes pas bien différent !

— Ah ! mon portrait est toujours chez vous ?

— Toujours ! Pourquoi est-ce qu'il n'y serait pas ? Mais, à propos, j'ai une lettre pour vous, je vais vous la donner.

La lettre était d'Henri.

« Je n'ai pas voulu te dire ce qui m'amenait. J'ai voulu t'en laisser la surprise. Et puis tu m'aurais peut-être fait des observations. Il t'aurait fallu peut-être une heure pour *te ravoir* de cette émotion-là, et je n'ai pas une heure à perdre. J'ai laissé ma femme sur le point de me donner un quatrième enfant, et j'ai peur que son zèle ne devance mon retour. Je ne te dis pas d'avoir soin de notre Paolino comme de la prunelle de tes yeux. Tu l'aimeras, c'est un démon adorable. Dans six semaines, jour pour jour, tu me le ramèneras à Blanville, près des bords du Léman. »

J'embrassai Paul en frémissant et en pleurant. Il s'étonna de mon trouble et me regarda avec son air chercheur et pénétrant. Je me remis bien vite et l'emmenai chez moi, où son petit bagage avait été déposé par Henri.

J'étais bien agité, mais, en somme, ivre de bonheur

d'avoir à soigner et à servir cet enfant, qui me rappelait sa mère comme une image confuse à travers un rayon brisé. Par moments, c'était elle dans ses heures si rares de gaieté confiante. D'autres fois, c'était elle encore dans sa rêverie profonde; mais, dès que l'enfant ouvrait la bouche, c'était autre chose : il avait, non pas rêvé, mais cherché et médité sur un fait. Il était aussi positif qu'elle avait été romanesque, passionné comme elle, mais pour l'étude, et ardent à la découverte.

Je le promenai partout. Je le présentai aux ouvriers comme un fils de l'atelier, et sur l'heure il fut pris en grande tendresse par ces braves gens. Je le fis manger avec moi. Je le fis coucher dans mon lit. C'était mon enfant, mon maître, mon bien, ma consolation, mon pardon !

Mais il se passa deux jours avant que j'eusse la force de lui parler de ses parents. Il n'avait presque rien oublié de sa mère. Il se rappelait surtout avoir vu revenir un cercueil après un an d'absence. Il était retourné tous les ans à Valvèdre depuis ce temps, avec son frère et sa tante Juste; mais il n'y avait jamais revu son père.

— Mon papa n'aime plus cet endroit-là, disait-il; il n'y va plus du tout.

— Et ton père..., lui dis-je avec une timidité pleine d'angoisse, il sait que tu es avec moi?

— Mon père ? Il est bien loin encore. Il a été voir l'Himalaya. Tu sais où c'est ? Mais il est en route pour revenir. Dans deux mois, nous le reverrons. Ah! quel bonheur! Nous l'aimons tant! Est-ce que tu le connais, toi, mon père?

— Oui! vous avez tous raison de l'aimer. Est-ce qu'il est absent depuis...?

— Depuis dix-huit mois; cette fois-ci, c'est bien long! Les autres années, il revenait toujours au printemps. Enfin voilà bientôt l'automne! Mais, dis donc, Francis, si nous allions un peu *piocher*, au lieu de bavarder si longtemps?

« Qu'as-tu fait? écrivais-je à Henri. Tu m'as confié cet enfant, que j'adore déjà, et son père n'en sait rien! Et il nous blâmera peut-être, toi de me l'avoir fait connaître, moi d'avoir accepté un si grand bonheur. Il commandera peut-être à Paul d'oublier jusqu'à mon nom. Et, dans six semaines, je me séparerai de mon trésor pour ne le revoir jamais!... Avais-je besoin de cette nouvelle blessure?... Mais non, Valvèdre pardonnera à notre imprudence; seulement, il souffrira de voir que son fils a de l'affection pour moi. Et pourquoi le faire souffrir, lui qui n'a rien à se reprocher! »

Peu de jours après, je recevais la réponse d'Henri.

« Ma femme vient de me donner une ravissante petite fille. Je suis le plus heureux des pères. Ne t'inquiète pas de Valvèdre. Ne te souviens-tu pas qu'aux plus tristes jours du passé, il m'écrivait: « Laissez-lui » voir les enfants, s'il le désire. Avant tout, qu'il soit » sauvé, qu'il fasse honneur à la mémoire de celle

» qui a failli porter son nom ! » Tu vois bien que, sans oser le dire, tu avais besoin de cela, puisque tu es si heureux d'avoir Paolino ! Tu verras l'autre aussi. Tu nous verras tous. Le temps est le grand guérisseur. Dieu l'a voulu ainsi, lui dont l'œuvre éternelle est d'effacer pour reconstruire. »

Les six semaines passèrent vite. — J'avais pris pour mon élève une affection si vive, que j'étais disposé à tout pour ne pas me séparer de lui irrévocablement. Je refusai le renouvellement de mon emploi, j'acceptai les offres d'Obernay sans les connaître, à la seule condition de pouvoir décider mon vieux père à venir se fixer près de moi. Ne devant plus rien à personne, je n'étais pas en peine de l'établir convenablement et de lui consacrer mes soins.

Blanville était un lieu admirable, avec une habitation simple, mais vaste et riante. Les belles ondes du Léman venaient doucement mourir au pied des grands chênes du parc. Quand nous approchâmes, Obernay arrivait au-devant de nous dans une barque avec Edmond Valvèdre, grand, beau et fort, ramant lui-même avec *maestria*. Les deux frères s'adoraient et s'étreignirent avec une ardeur touchante. Obernay m'embrassa en toute hâte et pressa le retour. Je vis bien qu'il me ménageait quelque surprise et qu'il était impatient de me voir heureux ; mais le héros de la fête fit manquer le coup de théâtre qu'on me préparait. Plus impatient que tous les autres, mon vieux père goutteux, courant et se traînant moitié sur sa béquille, moitié sur le bras jeune et solide de Rosa, vint à ma rencontre sur la grève.

—Oh! mon Dieu, mon Dieu, c'est trop de bonheur! m'écriai-je. Vous trouver là, vous!

—C'est-à-dire m'y retrouver définitivement, répondit-il, car je ne m'en vais plus d'ici, moi! On s'est arrangé comme je l'exigeais; je paye ma petite pension, et je ne regrette pas tant qu'on le croirait mes brouillards de Belgique. Je ne serai pas fâché de mourir en pleine lumière au bord des flots bleus. Tout cela, tu comprends? c'est pour te dire tout de suite que tu restes et que nous ne nous quittons plus!

Paule arriva aussi en courant avec Moserwald, à qui elle reprochait d'être moins agile qu'une nourrice portant son poupon. Je vis du premier coup d'œil qu'on s'était intimement lié avec lui et qu'il en était fier. L'excellent homme fut bien ému en me voyant. Il m'aimait toujours et mieux que jamais, car il était forcé de m'estimer. Il était marié, il avait épousé des millions israélites, une bonne femme vulgaire qu'il aimait parce qu'elle était sa femme et qu'elle lui avait donné un héritier. Il avait fini le roman de sa vie, disait-il, sur une page trempée de larmes, et la page n'avait jamais séché.

Le père et la mère d'Obernay n'avaient presque pas vieilli; la sécurité du bonheur domestique leur faisait un automne majestueux et pur. Ils m'accueillirent comme autrefois. Connaissaient-ils mon histoire? Ils ne me l'ont jamais laissé deviner.

Deux personnes l'ignoraient à coup sûr, Adélaïde et Rosa. Adélaïde était toujours admirablement belle, et même plus belle encore à vingt-cinq ans qu'à dix-huit; mais elle n'était plus, sans contestation, la plus belle des Genevoises : Rosa pouvait, sinon l'emporter, du moins tenir la balance en équilibre. Ni l'une ni l'autre n'était mariée; elles étaient toujours les inséparables d'autrefois, toujours gaies, studieuses, se taquinant et s'adorant.

Au milieu de l'affectueux accueil de tous, je m'inquiétais de celui qui m'attendait de la part de mademoiselle Juste. Je savais qu'elle demeurait à Blanville, et ne m'étonnais pas qu'elle ne vînt pas à ma rencontre. Je demandai de ses nouvelles. Henri me répondit qu'elle était un peu souffrante et qu'il me conduirait la saluer.

Elle me reçut gravement, mais sans antipathie, et, Henri nous ayant laissés seuls, elle me parla du passé sans amertume.

— Nous avons beaucoup souffert, me dit-elle, — et, quand elle disait *nous*, elle sous-entendait toujours son frère; — mais nous savons que vous ne vous êtes ni épargné ni étourdi depuis ce temps-là. Nous savons qu'il faut, je ne dis point oublier, cela n'est pas possible, mais pardonner. Une grande force est nécessaire pour accepter le pardon, plus grande que pour l'offrir, je sais cela aussi, moi qui ai de l'orgueil! Donc, je vous estime beaucoup d'avoir le courage d'être ici. Restez-y. Attendez mon frère. Affrontez le premier abord, quel qu'il soit, et, s'il prononce ce mot terrible et sublime : *Je pardonne!* courbez la tête et acceptez. — Alors, seulement alors, vous serez absous à mes yeux... et aux vôtres, mon cher monsieur Francis !

Valvèdre arriva huit jours après. Il vit ses enfants d'abord, puis sa sœur aînée et Henri. Sans doute, celui-ci plaida ma cause; mais il ne me convenait pas d'en attendre le jugement. Je le provoquai. Je me présentai à Valvèdre avant peut-être qu'il eût pris une résolution à mon égard. Je lui parlai avec effusion et loyauté, hardiment et humblement, comme il me convenait de le faire.

Je mis à nu sous ses yeux tout mon cœur, toute ma vie, mes fautes et mes mérites, mes défaillances et mes retours de force.

— Vous avez voulu que je fusse sauvé, lui dis-je; vous avez été si grand et si vraiment supérieur à moi dans votre conduite, que j'ai fini par comprendre le peu que j'étais. Comprendre cela, c'est déjà valoir mieux. Je l'ai compris chaque jour davantage depuis sept ans que je me châtie sans ménagement. Donc, si je suis sauvé, ce n'est pas à ma douleur et à la bonté très-grande, il est vrai, des autres que je le dois; cette bonté ne venait pas encore d'assez haut pour réduire un orgueil comme le mien. Venant de vous, elle m'a dompté, et c'est à vous que je dois tout. Éprouvez-moi, connaissez-moi tel que je suis aujourd'hui, et permettez-moi d'être l'ami dévoué de Paul. Par lui, on m'a amené ici malgré moi; on y a installé mon père, sans que j'en fusse averti; on m'offre un emploi important et intéressant dans la partie que j'ai étudiée et que je crois connaître. On m'a dit que Paul avait une vocation déterminée pour les sciences auxquelles ce genre de travail se rattache essentiellement, et que vous approuviez cette vocation. On m'a dit encore que vous consentiriez peut-être à ce qu'il fît auprès de moi, et sous ma direction, son premier apprentissage... Mais cela, on a eu de la peine à me le faire croire ! Ce que je sais, ce que je viens vous dire, c'est que, si ma présence devait vous éloigner de Blanville, ou seulement vous en faire franchir le seuil avec moins de plaisir, si le bien qu'on veut me faire vous semblait trop près de ma faute, et que, me jugeant indigne de me consacrer à votre enfant, vous désapprouviez la confiance que m'accorde Obernay, je me retirerais aussitôt, sachant très-bien que ma vie entière vous est subordonnée, et que vous avez sur moi des droits auxquels je ne puis poser aucune limite.

Valvèdre me prit la main, la garda longtemps dans la sienne, et me répondit enfin :

— Vous avez tout réparé, et vous avez tant expié, qu'on vous doit un grand soulagement. Sachez que madame de Valvèdre était frappée à mort avant de vous connaître. Obernay vient de me révéler ce que j'ignorais, ce qu'il ignorait lui-même, et ce qu'un homme de la science, un homme sérieux, lui a appris dernièrement. Vous ne l'avez donc pas tuée... C'est peut-être moi ! Peut-être aussi l'eussé-je fait vivre plus longtemps, si elle ne se fût pas détachée de moi. Ce mystère de notre action sur la destinée, personne ne peut le sonder. Soumettons-nous au fait accompli et ne parlons pas du reste. Vous voilà. On vous aime, et vous pouvez encore être heureux ; il est de votre devoir de chercher à l'être. Les malheureux volontaires ne sont pas longtemps utiles. Dieu les abandonne ; il veut que la vie soit une floraison et une fructification. Mariez-vous. Je sais qu'Obernay, dans le secret de sa pensée, vous destine une de ses sœurs ; laquelle, je n'en rien, je ne le lui ai pas demandé. Je sais que ces enfants n'ont aucune notion de son projet. Cette famille-là est trop religieuse pour qu'il s'y commette des imprudences ou seulement des légèretés. Henri, dans la crainte de vous créer un trouble en cas de répulsion de la part de la jeune fille ou de la vôtre, ne vous en parlera jamais ; mais il espère que l'affection viendra d'elle-même, et il sait que vous aurez cette fois confiance en lui. Essayez donc de reprendre goût à la vie, il en est temps ; vous êtes dans votre meilleur âge pour fonder votre avenir. Vous me consultez avec une déférence filiale, voilà mon conseil. Quant à Paul, je vous le confie avec d'autant moins de mérite que je compte rester au moins un an à Genève et que je pourrai voir si vous continuez à faire bon ménage ensemble. J'irai souvent à Blanville. L'établissement que vous allez faire valoir est bien près de là. Nous nous verrons, et, si vous avez d'autres avis à me demander, je vous donnerai non pas ceux d'un sage, mais ceux d'un ami.

Pendant trois mois, je ne fus occupé que de mon installation industrielle. J'avais tout à créer, tout à diriger ; c'était une besogne énorme. Paul, toujours à mes côtés, toujours enjoué et attentif, s'initiait à tous les détails de la pratique, charmant par sa présence et son enjouement l'exercice terrible de mon activité. Quand je fus au courant, le chef principal de l'entreprise, qui n'était autre que Moserwald, m'assigna une jolie habitation et un traitement plus qu'honorable.

Je revenais à la vie, à l'amitié, à l'épanouissement de l'âme. Chaque jour éclaircissait le sombre nuage qui avait si longtemps pesé sur moi, chaque parole amie y faisait percer un rayon de soleil. J'en vins à songer avec une émotion d'espérance et de terreur au projet d'Henri, que m'avait révélé Valvèdre. Valvèdre lui-même y faisait souvent allusion, et, un jour que, rêveur, je regardais de loin les deux sœurs marcher, radieuses et pures comme deux cygnes, sur les herbes du rivage, il me surprit, me frappa doucement sur l'épaule et me dit en souriant :

— Eh bien, laquelle ?

— Jamais Adélaïde ! lui répondis-je avec une spontanéité qui était devenue l'habitude de mon cœur avec lui, tant il s'était emparé de ma foi, de ma confiance et de mon respect filial.

— Et pourquoi jamais Adélaïde ? Je veux savoir pourquoi ! Allons, Francis, dites !

— Ah ! cela... je ne puis.

— Eh bien, moi, je vais vous le dire, car elle me l'a dit, *celle qui ne souffre plus !* Elle en était jalouse, et vous craignez que son fantôme ne vienne pleurer et menacer à votre chevet ! Rassurez-vous, ce sont là des croyances impies. Les morts sont purs ! Ils remplissent ailleurs une mission nouvelle, et, s'ils se souviennent de nous, c'est pour bénir, et pour demander à Dieu de réparer leurs erreurs et leurs méprises en nous rendant heureux.

— Êtes-vous bien certain de cela? lui dis-je; est-ce là votre foi?

— Oui, inébranlable

— Eh bien,... tenez! Adélaïde, cette splendeur d'intelligence et de beauté, cette sérénité divine, cette modestie adorable... tout cela ne s'abaissera jamais jusqu'à moi! Que suis-je auprès d'elle? Elle sait toutes choses mieux que moi : la poésie, la musique, les langues, les sciences naturelles,... peut-être la métallurgie, qui sait? Elle verrait trop en moi son inférieur.

— Encore de l'orgueil! dit Valvèdre. Souffre-t-on de la supériorité de ce qu'on aime?

— Mais... je ne l'aime pas, moi! je la vénère, je l'admire, mais je ne puis l'aimer d'amour!...

— Pourquoi?

— Parce qu'elle en aime un autre.

— Un autre? vous croyez?...

Valvèdre resta pensif et comme plongé dans la solution d'un problème. Je le regardai attentivement.

Il avait quarante-sept ans, mais il eût pu en cacher dix ou douze. Sa beauté mâle et douce, d'une expression si haute et si sereine, était encore la seule qui pût fixer les regards d'une femme de génie ; mais son âme était-elle restée aussi jeune que son visage? N'avait-il pas trop aimé, trop souffert?

— Pauvre Adélaïde! pensai-je, tu vieilliras peut-être seule comme Juste, qui a été belle aussi, femme supérieure aussi, et qui, peut-être comme toi, avait placé trop haut son rêve de bonheur!

Valvèdre marchait en silence auprès de moi. Il reprit la conversation où nous l'avions laissée.

— Alors, dit-il, c'est Rosa qui vous plaît?

— C'est à elle seule que j'oserais songer, si j'espérais lui plaire.

— Eh bien, vous avez raison; Rosa vous ressemble davantage. Il y a toujours un peu de fougue dans son caractère, et ce ne sera pas un défaut à vos yeux. Avec cela, elle est douce dans la pratique de la vie, non pas résignée, non pas dominée par des convictions aussi arrêtées et aussi raisonnées que celles de sa sœur, mais persuadée et entraînée par la tendresse qu'elle ressent et qu'elle inspire. Moins instruite, elle l'est assez pour une femme qui a les goûts du ménage et les instincts de la famille. Oui, Rosa est aussi un rare trésor, je vous l'ai déjà dit, il y a longtemps. Je ne sais si vous lui plairez. Il y a tant de calme dans la chasteté de ces deux filles! mais il y a un grand moyen pour être aimé, vous le savez : c'est d'aimer soi-même, d'aimer avec le cœur, avec la foi, avec la conscience, avec tout son être, et vous n'avez pas encore aimé ainsi, je le sais!

Il me quitta, et je me sentis vivifié et comme béni par ses paroles. Cet homme tenait mon âme dans ses mains, et je ne vivais plus, pour ainsi dire, que de son souffle bienfaisant. En même temps que chaque aperçu de son lumineux esprit m'ouvrait les horizons du monde naturel et céleste, chaque élan de son cœur généreux et pur fermait une plaie ou ranimait une faculté du mien.

Je l'ouvris bientôt, ce cœur renouvelé, à mon cher Henri. Je lui dis que j'aimais Rose, mais que jamais je ne le laisserais soupçonner à celle-ci sans l'autorisation de sa famille.

— Allons donc! dit Obernay en m'embrassant, voilà ce que j'attendais! Eh bien, la famille consent et désire. L'enfant t'aimera quand elle saura que tu l'aimes. C'est ainsi chez nous, vois-tu! On ne se jette pas dans les rêves romanesques, même quand on est disposé à se laisser convaincre; on attend la certitude, et on ne pâlit ni ne maigrit en attendant! Et pourtant on s'aime longtemps, toujours! Vois mon père et ma mère, vois Paule et moi... Ah! que Valvèdre eût été heureux!...

— S'il eût épousé Adélaïde? Je me le suis dit cent fois!

— Tais-toi! dit Obernay en me serrant le bras avec force. Jamais un mot là-dessus...

Je m'étonnais, il m'imposa encore silence avec autorité.

J'y revins pourtant ; le lendemain de mon mariage avec ma bien-aimée Rose, j'insistai. J'étais si heureux ! J'aimais enfin, et je combattais presque la passion, tant son frère aîné, l'amour, me paraissait plus beau et plus vrai. Aussi, loin d'être porté à l'égoïsme du bonheur, je sentais l'ardent besoin de voir heureux tous ceux que j'aimais, surtout Valvèdre, celui à qui je devais tout, celui qui m'avait sauvé du naufrage, celui qui, par moi blessé au cœur, m'avait tendu sa main libératrice.

Obernay, vaincu par mon affection, me répondit enfin :

— Tu as cru deviner que, depuis longtemps, bien longtemps déjà, dix ans peut-être, Valvèdre et Adélaïde s'aimaient d'un grand amour ; tu ne t'es peut-être pas trompé. Et moi aussi, j'ai eu cent fois, mille fois cette pensée, qui, en de certains moments, devenait une presque certitude. Valvèdre a présidé à l'éducation de mes sœurs autant qu'à celle de ses propres enfants. Il les a vues naître ; il a paru les aimer d'une égale tendresse. Si Adélaïde a reçu de mon père l'éducation la plus brillante et de ma mère l'exemple de toutes les vertus, c'est à Valvèdre qu'elle doit le feu sacré, cette flamme intérieure qui brûle sans éclat, cachée au fond du sanctuaire, gardée par une modestie un peu sauvage, le grain de génie qui lui fait idéaliser et poétiser saintement les études les plus arides. Elle n'est donc pas seulement son élève reconnaissante, elle est son fervent disciple; il est, lui, sa religion, son révélateur, l'intermédiaire entre elle et Dieu. Cette foi date de l'enfance, et ne périra qu'avec elle. Valvèdre ne peut pas l'ignorer; mais Valvèdre ne se croit pas aimé autrement que comme un père, et, quoiqu'il ait été plus d'une fois, dans ces derniers temps surtout, très-ému, plus que paternellement ému en la regardant, il se juge trop âgé pour lui plaire. Il a combattu sans relâche son inclination et l'a si vaillamment refoulée, qu'on eût pu la croire vaincue...

— Ami, dis-je en interrompant Obernay, puisque nous avons entamé un sujet aussi délicat, dis-moi tout... Déjà j'ai été allégé d'un remords affreux en apprenant, grâce à tes investigations, que madame de Valvèdre était mortellement atteinte avant de me connaître. Dis-moi maintenant, — ce que je n'ai jamais osé chercher à savoir, — ce que Moserwald croyait avoir deviné : dis-moi si Valvèdre avait encore de l'amour pour sa femme quand je l'ai enlevée.

— Non, répondit Obernay; je sais que non, j'en suis certain.

— Il te l'a dit, je le sais, il t'a parlé d'elle avec le plus profond détachement, il se croyait bien guéri; mais l'amour a des inconséquences mystérieuses.

— La *passion*, oui; l'*amour*, non ! La passion est illogique et incompréhensible; c'est là son caractère, et je te dirai ici un mot de Valvèdre : « La passion est un amour malade qui est devenu fou ! »

— On pourrait tout aussi bien dire que l'amour est une passion qui se porte bien.

— On peut jouer sur tous les mots ; mais Valvèdre ne joue avec rien, lui ! Il était trop grand logicien pour se mentir à lui-même. L'âme d'un vrai savant est la droiture même, parce qu'elle suit la méthode d'un esprit adonné à la scrupuleuse clairvoyance. Valvèdre est très-ardent et même impétueux par nature. Son mariage irréfléchi prouve la spontanéité de sa jeunesse, et, dans son âge mûr, je l'ai vu aux prises avec la fureur des éléments, emporté lui-même au delà de toute prudence par la fureur des découvertes. S'il eût eu de l'amour pour sa femme, il eût brisé ses rivaux et toi-même. Il l'eût poursuivie, il l'eût ramenée et passionnée de nouveau. Ce n'était pas difficile avec une âme aussi flottante que celle de cette pauvre femme ; mais une pareille lutte n'était pas digne d'un homme détrompé, et il savait qu'Alida, rendue pour quelque temps à ses devoirs, ne pouvait pas être sauvée. Il craignait, d'ailleurs, de la briser elle-même en la domptant, et, avant tout, par instinct et par principe, il a horreur de faire souffrir. N'exagère donc rien, calme l'excès de tes remords, et d'êtres humains ne fais pas des héros fantastiques. Certes, Valvèdre, amoureux de sa femme et te ramenant auprès de son lit de mort pour te pardonner devant elle, serait plus poétique ; mais il ne serait pas vrai, et je l'aime mieux vrai, parce que je ne puis aimer ce qui est contraire aux lois de la nature. Valvèdre n'est pas un dieu, c'est un homme de bien. Je me méfierais beaucoup d'un homme qui ne pourrait pas dire : *Homo sum!...*

— Je te remercie de me dire tout cela, d'autant plus que cela n'ôte rien pour moi à la grandeur de Valvèdre. Amoureux et jaloux, il eût pu, dans sa générosité, ne céder qu'aux faiblesses, qui sont, tout aussi bien que les violences, du domaine de la passion. Cette grande amitié compatissante qui, en lui, survivait à l'amour, ce besoin d'adoucir les plaies des autres en respectant leur liberté morale, ce soin religieux de conduire doucement à la tombe la mère de ses enfants, de sauver au moins son âme, tout cela est au-dessus de la nature humaine ordinaire, tu auras beau dire!

— Rien de ce qui est beau n'est au-dessus d'elle dans l'ordre des sentiments vrais et de la part d'une âme d'élite. Aussi tu penses bien que je ne fais plus la guerre à ton enthousiasme quand c'est Valvèdre qui en est l'objet. Te voilà rassuré sur certains points; mais il ne faut pas aller d'un excès à l'autre. Si tu n'as pas infligé les tortures de la jalousie, tu as profondément contristé et inquiété le cœur de l'époux, toujours ami, et du père, soucieux de la dignité de sa famille. Les grands caractères souffrent dans toutes leurs affections, parce que toutes sont grandes, de quelque nature qu'elles soient. A la mort de sa femme, Valvèdre a donc cruellement souffert de la pensée qu'elle avait vécu sans bonheur, et qu'il n'avait pu, par aucun dévouement, par aucun sacrifice, lui donner autre chose qu'un instant de calme et d'espoir à sa dernière heure. Voilà Valvèdre tout entier ; mais Valvèdre amoureux d'un plus pur idéal redevient mystérieux pour moi. Le respect de cet idéal va chez lui jusqu'à la peur. Moi, au refroidissement graduel de sa familiarité avec Adélaïde, qu'il tutoie encore, mais qu'il n'embrasse plus au front comme il embrasse Rose, j'ai vu qu'elle n'était plus pour lui comme les autres enfants de la maison. J'ai cru voir aussi, à chaque voyage qu'il a entrepris, au dernier surtout, un effort suprême, comme un devoir accompli, mais plus pénible de jour en jour. Enfin il l'aime, je le crois ; mais je ne le sais pas, et ma position m'empêche de le lui demander. Il est fort riche, d'un nom célèbre dans la science, très-au-dessus, selon le monde, de cette petite bourgeoise qui cache avec un soin farouche ses talents et sa beauté. Je ne crains pas que lui m'accuse jamais d'ambition ; pourtant il est des convenances d'éducation au-dessus desquelles je ne suis pas encore assez philosophe pour me placer, et, si Valvèdre me cache depuis si longtemps son secret, c'est qu'il a des raisons que j'ignore, et qui rendraient mes avances pénibles pour lui, humiliantes pour moi.

— Ces raisons, je les saurai, m'écriai-je, je veux les savoir.

— Ah ! prends garde, prends garde, mon ami ! Si nous nous trompions sur le compte d'Adélaïde ! si, au moment où, encouragé et renaissant à l'espérance, Valvèdre s'apercevait qu'il n'est pas aimé comme il aime! Adélaïde est un bien autre mythe que lui! Cette fille qui a l'air si heureux, l'œil si pur, le caractère si égal, l'esprit si studieux, la joue si fraîche, que ni le désir, ni l'espérance, ni la crainte ne semblent pouvoir atteindre; cette Andromède souriante au milieu des monstres et des chimères, sur son rocher d'albâtre inaccessible aux souillures comme aux tempêtes... pourquoi à vingt-six ans n'est-elle pas mariée? Elle a été demandée par des hommes de mérite placés dans les conditions les plus honorables, et, malgré les désirs de sa mère, malgré mes instances, malgré les conseils de Juste et de ma femme, elle a souri en disant : « Je ne veux pas me marier! — Jamais? lui a dit un jour Valvèdre. — Jamais! »

— Dis-moi, Henri, Alida vivait-elle alors?

— Oui.

— Et, depuis qu'elle n'est plus, Adélaïde a-t-elle répété *jamais?*

— Maintes fois.

— Valvèdre présent?

— Je ne sais plus. Tu m'y fais songer! il était peut-être loin, elle avait peut-être reperdu l'espérance.

— Allons, allons! tu n'as pas encore assez bien observé. C'est à moi de travailler à déchiffrer la grande énigme. La philosophie stoïcienne, acquise par l'étude de la sagesse, est une sainte et belle chose, puisqu'elle peut alimenter des flammes si pures, si constantes et si paisibles; mais toute vertu a son excès et son péril. N'en est-ce pas un très-grand que de condamner au célibat et à un éternel combat intérieur deux êtres dont l'union semble être écrite à la plus belle page des lois divines?

— Juste Valvèdre a vécu très-calme, très-digne, très-forte, très-féconde en bienfaits et en dévouements,... et pourtant elle a aimé sans bonheur et sans espoir.

— Qui donc?

— Tu ne l'as jamais su?

— Et je ne le sais pas.

— Elle a aimé le frère de ta mère, l'oncle qui te chérissait, l'ami et le maître de Valvèdre, Antonin Valigny. Malheureusement, il était marié, et Adélaïde a beaucoup réfléchi sur cette histoire.

— Ah! voilà donc pourquoi Juste m'a pardonné d'avoir tant offensé et affligé Valvèdre! Mais mon oncle est mort, et la mort ne laisse pas d'agitation. Sois sûr, Henri, qu'Adélaïde souffre plus que Juste. Elle est plus forte que sa souffrance, voilà tout; mais son bonheur, si elle en a, est l'œuvre de sa volonté, et j'ai cru, moi aussi, pendant sept ans, qu'on pouvait vivre sur son propre fonds de sagesse et de résignation. Aujourd'hui que je vis à deux, je sais bien qu'hier je ne vivais pas!...

Henri m'embrassa et me laissa agir. Ce fut une œuvre de patience, de ruse innocente et d'obstination dévouée. Il me fallut surprendre des quarts de mots et des ombres de regard; mais ma chère Rose, plus hardie et plus confiante, m'aida et vit clair avant moi.

Ils s'aimaient et ne se croyaient pas aimés l'un de l'autre. Le jour où, par mes soins et mes encouragements, ils s'entendirent fut le plus beau de leur vie et de la mienne.

FIN.

IMPRIMERIE DE L. TOINON ET Cᵉ, A SAINT-GERMAIN.

www.ingramcontent.com/pod-product-compliance
Lightning Source LLC
Chambersburg PA
CBHW070904170426
43202CB00012B/2187